충남문화
찾아가기

전국 방방곡곡을 돌아다니면서 문화유산과 만난다.

진기한 이야기를 듣고 좋은 시를 읊으면서 마음을 깨우친다.

놀라운 유형문화재를 차근차근 구경하면서 안목을 새롭게 한다.

기대 이상으로 진기한 맛집에서 입을 즐겁게 한다.

충남문화
찾아가기

조동일 · 허 균 · 이은숙

푸른사상
PRUNSASANG

충남은 경기도 남쪽에 바로 이어져 있다. 아주 가까운 곳이며, 교통이
편리하다. 서울에서 천안이나 신창까지 전철이 다닌다. 경부선 고속열차
는 수도권을 벗어난 첫 역 천안아산까지 35분, 다음 역 대전까지 1시간에
이른다. 장항선으로 3시간 남짓 달리면 충남 맨 남쪽 장항에 이른다. 고속
도로가 이리저리 연결되고, 일반 국도도 잘 닦여 있다.

아주 편리한 교통편을 이용해 충남 일대를 휙 돌아보면 상쾌할 수는 있
으나 얻는 것이 적다. 기억에 남는 것이 얼마 되지 않고, 남들에게 들려줄
말이 없다. 여행이란 길을 간다는 것인데, 길을 가는 수고가 경감되어 여
행의 의의가 상실될 수 있다. 풍요가 빈곤이고, 행운이 불운임을 절감한
다. 이 시대에 사는 것을 옛사람들에게 자랑할 것인가?

되도록 많이 걸어야 상실을 회복할 수 있다. 차를 타고 가는 동안에도
전에는 걸어서 다니고, 기껏 해야 말을 타면서 어떤 고생을 했는지 생각해
보아야 여행을 진지하게 하는 흉내라도 낼 수 있다. 여행은 만남이다. 산
천과 만나고, 유적을 다시 보면서 과거와 만나고, 어떤 방식으로든 고금의
대화를 해야 여행을 제대로 한다. 문화유산과 만나는 깊은 체험을 해야 여
행을 하는 보람이 있다.

옛사람은 어떻게 길을 갔는가? 이에 대해 알아야 고금의 만남이 시작되
고, 문화유산 체험에 들어선다. 옛사람과 만나려면 남긴 글을 찾아 읽어야
한다. 윤기(尹愭)라는 분이 남긴 「호서기행(湖西紀行)」을 읽어보기로 하자.

서울에서 출발해 충남 해미로 친척을 만나러 가는 여행기를 적은 장시이다.

작자 윤기(1741~1826)는 오랫동안 어렵게 지내다가 1792년(정조 16)에야 가까스로 과거에 급제해 관직에 진출했다. 예사 사람들보다 조금 나은 위치에 있었다. 시를 읽어보면, 정조가 1793년부터 몇 년 동안 수원성을 쌓아 도시를 다시 만들고 1800년 세상을 떠난 사이에, 해미까지 가는 여행을 한 것을 알 수 있다. 200여 년이 지난 지금 그 여행을 다시 한다고 생각하면서 시를 읽어보자.

번역만 읽으면 실감이 부족하므로 원문 일부를 제시한다. 거부감을 가지지 말고 살펴보자. 다 읽고 모두 알아야 할 필요는 없다. 난삽하다고 생각되는 것에 험한 길을 간 수고가 나타나 있다고 여기면 좋은 구경거리이다. 한문을 외면하고 전통문화와 만날 수는 없으니, 조금이라도 친해지기 바란다.

호서의 해미현은	湖西海美縣
서울에서 삼백 리.	去京三百里

● "해미현(海美縣)"은 지금의 서산시 해미면이다.

재종들 네 형제가	再從四昆季
한 마을에 산다네.	竝居一壑裏

나만 홀로 외떨어져,	而我獨離索
산과 물 막혀 슬퍼하네.	悵望隔山水
지난 세월 수십 년 동안,	爾來數十年
가난 탓에 갈 수 없었다.	欲往貧無以
올봄에 기회를 얻어,	今春得歸便
과감하게 길을 나섰네.	勇決不移晷
몸에 지닌 것 없도록,	身外更無物
숙연하게 행장을 사양했네.	蕭然謝行李

● 노자가 없어 가능하지 않았던 여행을 관직에 진출한 다음 할 수 있는 여유를 얻고 기회가 생겨 과감하게 나서면서, 최대한 단출하게 하고, 남의 도움은 사양했다. 그러나 걷지 않고 말을 타고 간 것이 다음 대목에서 드러난다.

| 저녁나절 동작나루 건너고 | 晡渡銅雀津 |
| 저물어 율림지에서 묵었다. | 暮宿栗林趾 |

● "동작진(銅雀津)"은 지금의 동작동에 있는 나루이다. 배를 타고 건넌 것이 오늘날과 다르다. "율림(栗林)"은 지금의 과천이라고 생각된다. 『신증동국여지승람』에서 과천은 고구려 "율목군(栗木郡)"이었다고 했다. "율목"이나 "율림"은 "밤나무골"의 한자 표기라고 생각된다. 과천까지 가고는 더 가지 못하고 하룻밤 묵었다. 느리게 가니 보고 느끼는 것이 더 많았다.

새벽부터 말을 달리니,	凌晨策羸馬
시냇물과 골짜기 서로 쓰러뜨리네.	川谷互靡靡
화성이 갑자기 눈에 들어오더니,	華城忽入矚

흰 성벽에 성가퀴 늘어섰네.　　　　　粉堞列千雉

길게 두른 만석거에는　　　　　　　　逶迤萬石渠

물이 가득 넘실거린다.　　　　　　　　盈陂水浩瀰

● 세차게 달리는 것을 보니 좋은 말을 탔다. "만석거(萬石渠)"는 1795년
(정조 19)에 만든 저수지이다. 성가퀴는 성 위에 낮게 쌓은 담이며 몸을 숨
기고 감시하거나 공격하는 곳이다. 그때의 성이 지금도 남아 있어 세계문
화유산으로 등재되었다.

경기를 넘어 호서로 들어와,　　　　　越畿遂入湖

새벽에 길을 나서 저녁에 멈추었다.　　曉發昏則止

넓은 들은 외나무다리인 듯 가로지르니,　野曠渡略彴

첩첩 벼랑이 빙 둘러 험하구나.　　　　岸疊凌別崺

신원의 비석에는 이끼 푸르고,　　　　新院苔碑蒼

삽교 황토 웅덩이 붉구나.　　　　　　雪橋潴土紫

● "신원(新院)"은 『신증동국여지승람』에서 목천현(木川縣, 지금의 목천읍)
"고을 남쪽 5리에 있다"고 했다. 숙박업소가 있던 곳이다. "삽교(雪橋)"는
예산군 삽교(삽다리)이다.

밤비는 아침나절까지 내리고,　　　　夜雨響崇朝

광풍이 뒤이어 거세게 일어나네.　　　獰飇仍怒起

바위 골짜기 찢어질 듯 울부짖고,　　　谷巖吼方裂

꽃이나 풀은 죽겠다고 벌벌 떠네.　　　卉草戰欲死

솔방울과 상수리 문지르고 부딪쳐,　　松橡相摩戛

이 소리 저 소리 어지럽게 섞인다.　　亂鳴雜宮徵

층층 구름에 들어 있는 재마루,　　　有嶺入雲矗

그 이름을 일컬어 대치라 하네.　　　　　　　　　　其名曰大峙

● "대치(大峙)"는 예산군 덕산면 남쪽의 덕숭산(德崇山)과 북쪽의 가야산(伽倻山) 사이에 있는 고개이며, 지금은 45번 국도가 나 있어 쉽게 지나다닌다. 편안하게 가는 길이 그처럼 험해 고생을 해야 했다.

활 같은 바위 벼랑에 매달려 있고,	穹石懸絶壑
긴 폭포는 등나무 얽힌 데로 떨어진다.	飛瀑穿縈蘁
백 굽이나 돌아가는 험준한 돌길,	危磴幾百折
이곳이 바로 구절양장이 아니랴.	羊腸無乃是
부여잡고 걸음걸음 힘들게 가니,	攀援步步囏
뼈마디가 굽어지는 느낌이다.	骨節覺觟骳
덩굴 헤치고 올라가 숨을 길게 쉬고,	披藤輒長嘯
바위를 만나 잠시 기대고 있다.	遇喦頻蹔倚
거센 바람 맞아 숨 쉬기 어려운데	況復遡孔偯
갓과 신발을 날려버리기까지 했다.	吹倒失冠履
땅거미 질 무렵 꼭대기에 당도하니	昏黑到上頭
숙박할 주막이 있어 다행이구나.	逆旅幸在此

● 험한 고개를 힘들게 넘어가자 꼭대기에 숙박할 주막이 있어, 고진감래의 교훈을 주는 것 같다.

술을 청해 허기와 갈증 풀고,	呼酒解飢渴
쓰러져 누우니 온갖 근심 사라진다.	頹臥萬慮弛
장사꾼들 고슴도치처럼 모여들어	商賈集如蝟
무례한들 어찌 나무라겠나.	無禮何誅爾
농지거리 사이에 노래도 불러,	諧謔間謳謠

민간 풍속을 알아볼 수 있다.   亦可徵俗俚

● 주막 풍속을 흥미롭게 그렸다. 지금의 숙박업소는 어느 것이든 너무
삭막하지 않은가?

아침에 산정에 올라보니   平明據山頂
사방이 발아래 굽어보인다.   四郊入俯視

● 근처의 큰 산 해발 677.6미터 가야산 정상에서는 너무 멀어 해미가
보이지 않는다. 해미 근처 작은 산에 올라간 것 같다.

갖가지 장관이 눈을 놀라게 하고,   萬象駭心目
호탕한 광경이 어찌 이리 모였는가.   浩蕩何戢香
위대하다, 조화옹이여,   偉哉造化翁
기이한 것들로 장난을 치네.   遊戲恣譎詭
고을 이름이 잘못 되지 않아,   邑號信不爽
성곽에다 탱자 울타리 둘렀다.   有城環以枳

● "枳"는 "탱자 지" 자이다. 해미읍성 둘레에 탱자나무 울타리가 둘려
있어 "탱자나무성[枳城]"이라고도 했다. 해미는 조선시대 서해안 방어 사
령부가 있던 곳이어서 성을 쌓았다. 지금은 성 밖에는 탱자나무 울타리를
볼 수 없고 안쪽에만 길게 있다.

많고 많은 살고 있는 사람들   穰穰赴虛人
누가 시킨 듯 다투어 모여든다.   爭先誰所使
이고 지고 와서는 요란하게 떠들어   負戴事亂聒

간사하게 속이며 몇 갑절 남긴다.	騙刁期倍蓰
백성들은 본디 고유한 욕심 있어	齊民固有欲
저마다 각기 생계를 도모한다.	各自圖生理
이걸 보고서 세상 물정 깨달아,	覽兹悟物情
까닭이 있기에 근심 걱정 잊노라.	因以忘憂悷

● 해미 고을 좁은 곳에서 장사가 이렇게까지 번성한 것은 놀랄 일이다. 복원해서 잘 보전하고 있는 지금의 해미읍성 안에는 사람이 살고 있지 않다.

갖은 고생 감수하며 산 넘고 물 건너,	跋涉甘辛苦
구불구불 이어진 길 휘돌아왔구나.	迂回任邐迤
타향에서 일가친척 모이니,	他鄕花樹會
만나는 사람마다 반가운 얼굴.	相看面面喜
친지들 여럿 반갑게 맞이하고,	親朋多逢迎
아이들은 공손히 절을 한다.	兒童能拜跪
환하게 웃으며 얼굴을 잠시 펴고,	歡笑眉蹔伸
이야기 나누며 손바닥 자주 치네.	談論掌頻抵

● 해미에서 친척들을 만난 즐거움을 이렇게 말했다. 멀리서 어렵게 찾아가서 더욱 반가웠다.

바다 가까우면서 산이 깊고,	海近亦山深
노을은 비단을 깐 듯 아름답네.	烟霞似散綺
언덕엔 나무들 빽빽하고,	平塢樹戟攢
들녘엔 촌락이 즐비하다.	長郊村櫛比
저녁 광주리에 통발 걷어	暮筐收溪籔
아침 시장에서 잉어를 판다.	朝市買江鯉
집에 돌아오면 다투어 맞이해	競邀歸其家

잔치 열듯이 상을 차린다.   肆筵或設几

● 해미가 얼마나 좋은 곳인지 이렇게 말했다. 해미를 찾아가 그 흔적을
찾아보자.

　　날이 저물도록 즐거이 노닐며,   遊衍竟日夕
　　형제들 나이 순서대로 앉았구나.   兄弟序以齒
　　옛일 생각하니 마음이 서글프지만,   愴舊含凄其
　　편안히 지내면서 즐거움 누리라네.   綏履勉樂只

● 재종형제들과 만나 즐거운 시간을 보내는 것을 이렇게 말했다. 이 뒤
에는 자기 신세를 한탄하며 양자를 얻어 데리고 가는 사연이 길게 이어져
생략한다.

　지금은 이런 고생을 하지 않으니 다행이라고 하고 말 것은 아니다. 충남
은 가기 쉬운 곳이라, 진가가 알려지지 않고 있다. 멀리 가야 좋은 여행을
한다고 여기고 충남은 지나치는 것이 잘못이다. 백제의 옛 터전에 많은 문
화유산이 전해지고, 곳곳에 진기한 전승이 있는 것을 찾아내자.
　대전과 세종이 행정구역에서는 충남에서 분리되었으나 별도로 취급하
지 않고 함께 다룬다. 군, 시, 직할시, 특별시를 구분하지 않고 모두 대등
하게 여긴다. 전승되는 문화의 무게는 행정적 위상과 무관하다.

                                                    2020년 3월
                                                    저자 대표 조동일

충남문화 찾아가기 ●●●

계룡

鷄龍

▲ 계룡산

신도안면

● 무상사

엄사면

● 계룡시청
금암동

두마면

▲ 무상사 대웅전

　충남 동남부에 있는 시이다. 1989년부터 1993년까지 대한민국 육·해·공군 3군 본부 계룡대가 이전하면서 도시화가 진행되었다. 2003년 9월에 충청남도 논산시에서 분리되어 독립된 시가 되었다. 3개면 1행정동뿐인 작은 시이다. 북쪽에 계룡산(鷄龍山)이 있어 계룡시라고 한다. 생긴 지 얼마 되지 않은 시이지만, 오랜 역사적 유래를 간직하고 있다. 계룡이라는 이름 그대로 신이한 곳이다. 외국인 전용 도량 무상사가 계룡산 자락에 있다. 아직도 칼을 벼리는 대장간이 시장 안에 있다.

계룡 알기

누룩바위를 쌓은 산신할머니

계룡산 신원사 방향 능선을 따라 가다 보면 육중한 무게의 바위가 신기하게도 층층이 쌓여 있고, 흔들면 흔들리기도 한다. 이 바위는 누룩처럼 생겼다고 하여 누룩바위라고 불리어진다. 전해지는 이야기로는 계룡산 산신할머니가 치마폭에 바위를 담아서 쌓아놓고 갔다고 한다. 산신할머니가 치마폭에 바위를 담아 가지고 오면서 바위틈에 숨어 있는 가재를 동쪽으로 버렸다. 그래서 동쪽 방향에 있는 신도안 방향 개울가에는 가재가 많다고 한다. 서쪽으로는 게를 버려서 지금도 상월면 지경리 쪽으로는 게가 많이 잡힌다고 한다. 마을 사람들은 매년 음력 10월 2일, 늦은 밤 11시에 산제당에 모여 계룡산 산신할머니께 제사를 지낸다.

● 계룡산 산신할머니는 이른 시기부터 숭상하던 거인 여신이다. 제주도의 설문대할망, 여러 곳의 마고할미와 상통한다. 치마에 바위를 담아 날랐다는 것은 공통의 전설이고, 가재나 게를 버렸다는 것은 특이한 사항이다.

조선의 도읍이 될 뻔한 계룡산 신도안

▲ 계룡산

● 계룡산은 공주시 계룡면과 계룡시에 걸쳐 있는데, 최고봉 천왕봉과 신도안이 계룡시에 속하므로 여기서 다룬다.

계룡산은 신라 오악(五嶽) 가운데 서악(西嶽)이다. 조선시대에는 삼악(三嶽) 중 중악(中嶽)이다. 계룡산이란 명칭은 산의 형국을 "금계포란형(金鷄抱卵形), 비룡승천형(飛龍昇天形)" 즉 "금닭이 알을 품고, 용이 날아 하늘로 올라가는 형국이다."라고 한 데서 계(鷄)와 용(龍)을 따왔다는 설이 있다. 『정감록(鄭鑑錄)』같은 비기류(祕記類)에서는 한양을 이을 도읍지라고 한다.

고려를 무너뜨리고 새 왕조를 세운 이성계는 새 도읍지를 물색하다가 계룡산 신도안 일대가 명당이라는 이야기를 듣고 이곳을 도읍지로 삼고자 하였다. 직접 신도안에 내려온 이성계는 궁궐 자리를 정한 뒤 작업을 서둘러 주춧돌까지 다 마련했다. 그런데 어느 날 밤 꿈에 웬 노인이 나타나서 "여기는 네 자리가 아니고, 정씨가 팔백 년 도읍을 할 자리니 물러가라"고 했다. 노인이 바로 계룡산신이었다. 이성계는 할 수 없이 신도안을 포기하고 물러가서 한양을 도읍지로 정하였다. 신도안에서 도읍 건설을 할 때 사람들이 신발에 묻은 흙을 한곳에 모아서 털었는데 그 흙이 쌓여서 산이 되어 신트리봉이라 불린다. 사람들이 떠나면서 말채찍을 꽂아놓고 간 것이 살아나 나무로 자라나 말채나무라고 불린다.

조선왕조가 망한 뒤 계룡산에 새로운 도읍을 세울 사람은 정도령이라고 한다. "해도정출(海島鄭出)"이라 해서 정도령이 바다에서 나온다고도 하고, "육대구월(六代九月)에 해운개(海雲開)"나 "계룡석백(鷄龍石白)하고 초포행선(草浦行船)이면 세사가지(世事可知)"와 같은 참언들도 전해진다. 공주시 계룡면의 무네미고개가 터져 물이 흐르게 되면 계룡산 형세가 산태극·수태극이 되어 도읍지가 될 것이라고도 한다.

● 계룡산이 신이하다고 하는 갓가지 전승이 있다.

계룡산을 보며(見鷄龍山)	노인(魯認)
아침에 공주성 떠나 공암에 들렀다가	朝發公城過孔巖
산빛이 너무 좋아 말안장을 풀었네.	爲憐山色卸征驂
어찌하면 구름 위로 이 몸 올려다가	騰身安得凌雲頂
높이 솟은 만 길 산을 하늘에서 볼까	突起空看萬仞嶄

● 말안장을 풀었으니 오래 머문다. 계룡산의 아름다움을 조금 말하고 많이 상상하게 한다.

신도(新都)	윤증(尹拯)
돌은 궁궐의 주추라 하고	石在稱宮礎
내를 쌓은 둑은 어구라 하네.	川防號御溝
도승이 남긴 산 기록 망령되고,	道僧山記妄

시골에서 하는 말 허망한 꿈이다.	齊野夢言浮
성스러운 선조가 잡은 천년의 땅,	聖祖千年地
신령한 도읍은 한강 가에 있네.	神京漢水洲
나는 여기 와서 옛 자취 찾고,	我來尋古迹
차례대로 가을 유람 하려고 하네.	取次作秋遊

●조선왕조의 도읍을 계룡산으로 옮기려고 하다가 그만둔 일을 말한다. "도승산기(道僧山記)"는『정감록(鄭鑑錄)』이고, 승려가 지었다고 여겼다. 도읍을 옮기는 공사를 하다가 중단한 곳을 신도안이라고 한다. 이 시는 오늘날 서울을 세종시로 옮기려 한 것을 다시 생각하게 한다.

호랑이가 된 정도령

『정감록』에서 계룡산은 장차 정도령이 도읍할 곳이라고 한다. 정도령 전설이 다음과 같이 전하면서, 그 가능성을 부인한다.

아주 먼 옛날, 나라 임금이 주색에 빠져 있어 백성은 굶주리고 도적이 들끓었다. 옥황상제가 세상을 내려다보고, 신하를 계룡산 신도안 정도령에게 보내 "그대는 후덕해 만백성이 우러러 보고 따를 것이다."라고 하고, "계룡산에 단을 쌓고 천일기도를 하면 내 세상을 다스릴 비법을 전해줄 것이다"고 했다.

정도령은 좌우에서 보필하는 남녀 두 사람을 데리고 계룡산 천황봉에 단을 쌓고 천일기도를 드리기 시작했다. 두 사람은 하늘로 통하는 문인 문다래미 앞에 무릎을 꿇고 같이 기도를 드렸다. 두 남녀는 서로 사랑하는 사이였는데, 정도령의 태평성대가 시작되면 혼인하기로 했다.

999일의 기도를 마치고 하루만 더 기도를 드리면 정도령은 이 어지러운 세상을 구제할 비법을 옥황상제에게서 전달받기로 되어 있었다. 그런데 정도령이 장차 옥황상제의 자리를 탐한다는 간신들의 거짓 간언에 옥황상제가 진노해, "정도령과 두 연놈이 두 번 다시 인간으로 태어나지 못하도록 동물로 만들리라."고 했다. 정도령은 범이 되고 두 사람은 개와 두꺼비로 환생했다. 원통하게 여긴 백성들의 피와 눈물이 흘러 암수 용추를 만들었다.

● 정도령이 조선왕조를 대신하는 새로운 왕조를 세울 가능성을 부인하는 이야기이다.

암수 용추

암수 용추 이야기는 다르게 전하기도 한다. 신도안 지역에 있는 두 개의 못에 용이 살았다. 한 곳에는 암놈이 살고, 다른 한 곳에는 수놈이 살았다고 한다. 둘은 사이좋게 살다가 굴을 뚫고 나와 함께 하늘로 승천했다. 암용추와 수용추는 거리가 꽤 떨어져 있는데 밑에서 서로 연결돼 있어 암용추에 물건을 넣으면 수용추로 나온다고 한다.

● 흔히 있는 이야기로 신도안의 신이함을 추가했다.

신흥종교의 중심지, 신도안

이성계가 도읍지로 삼으려고 했던 곳 신도안은 『정감록』의 예언을 근거로 좋은 세상을 열려고 하는 여러 신흥종교의 중심지가 되었다. 정도령 출현 신앙뿐만 아니라, 불교의 미륵하생 신앙, 단군 신앙, 개신교의 재림 신앙 등의 교단이 다투어 들어섰다.

1975년 8월 정화작업이 있기 전까지 종교단체의 수는 100여 개나 되었다. 1983년 8월부터 1984년 6월 30일까지 계룡대 이전사업이 극비로 실시되어, 신도안의 모든 민간인이 밀려났다. 그러나 대부분의 신종교인들은 계룡산을 중심으로 한 지역에서 멀리 떠나지 않고, 주변에 머무르면서 머지않아 다가올 새 세상을 기다리고 있다.

● 오랜 전승이 쉽게 없어지지 않는다.

피가 나는 바위, 암소바위

고려 태조가 후삼국을 통일한 고려의 국운을 빌기 위해 개태사(開泰寺)를 세웠다. 승병 3천 명을 두어 유사시에 군사력으로 이용하려고 했다. 세월이 흘러 고려 중엽이 되자 승병들이 인근 주민을 괴롭히는 약탈자가 되었다. 나라에서 토벌하려고 하자 최일이라는 장군이 자진해서 나섰다. 최일이 군사를 이끌고 개태사로 가자 안개가 끼어 접근할 수 없었다.

들에서 소를 몰고 밭을 가는 노인이 말했다. "이놈의 소가 최일만큼이나 미련하구나." 최일이 듣고 무슨 말인가 물었더니 노인이 말했다. 지금의 계룡시 금암동 산 위에 커다란 바위가 있으니 찾아가서 칼로 베라고 했다. 그대로 했더니 바위에서 피가 났다. 그러자 날이 개어 개태사 승병을 토벌할 수 있었다. 암소바위라고 하는 그 바위가 지금도 갈라져 있다.

● 고려 태조가 절을 세운 뜻이 사라지고 개태사 승려들이 약탈자가 되

었다는 것은 뜻밖의 일이다. 왕권과 불교, 이 둘에 대한 반감이 복합되어 생긴 이야기 같다. 암소바위를 칼로 치자 날이 개었다는 것은 더욱 이해하기 어려운 일이다.

계룡 즐기기

콩밭가인 두부보쌈

충남 계룡시 새터산길 12 (금암동 6-9)
042-841-6776
주요 음식 : 두부보쌈, 두부낚지볶음, 들
깨수제비

▲ 두부보쌈

두부보쌈은 돼지고기 수육, 생김치와 함
께 나온다. 두부 전문점답게 두부 맛이 좋
다. 이것저것 섭섭하지 않게 나오는 곁반
찬 중 참나물, 고구마순이 눈에 띈다.

두부보쌈의 두부는 양념 없이 먹어도
고소하고, 김치 쌈으로 먹어도 고소하다.
돼지고기 수육은 김치의 강한 맛을 잡아
속을 부드럽게 한다. 곁반찬 참나물, 마른
고구마순 들깨볶음도 맛과 향이 다 좋아
밥상과 영양을 다채롭게 한다. 국물 없이
바싹 무쳐낸 고구마순 볶음은 손 많이 간
음식, 손 간 만큼 젓가락도 자주 간다.

들깨수제비탕은 주요리를 능가할 정도

로 맛있다. 수제비도 쫄깃거리고 국물 맛
도 깊고 실해서 탄수화물인데도 그릇을 비
우게 된다. 들깨수제비는 마무리 주식이어
서 기분 좋게 식사를 마무리할 수 있다. 고
소하고 풍미가 있어 두부와 앞뒤로 잘 어
울린다.

끝없이 몰려드는 손님, 알려진 이름값이
재산임은 분명하다. 하지만 다양한 메뉴에
욕심을 내기보다 잘하는 음식에 더 정성을
모으는 것이 실속 있는 전략이 아닐까 생
각해본다.

공주

公州

유구읍

정안면

● 마곡사

의당면

사곡면

신관동

신풍면

우성면

월송동

곰나루 ● ● 국립공주박물관

웅진동

공주시청 ●

옥룡동

금학동

중학동

이인면

계룡면

반포면

갑사 ●

● 남매탑

● 동학사

탄천면

▲ 공주박물관에 전시된 도기들

충청남도 중앙에 있다. 곰나루 또는 웅천(熊川)이라고도 한다. 동남쪽에는 계룡산(鷄龍)이 우뚝 솟아 있다. 북쪽과 남쪽은 산지를 이루고 중앙부의 하천 유역에는 평야가 전개된다. 금강은 시의 동에서 서로 관류하면서, 많은 지류와 합류하고 비옥한 범람원을 이루었다. 백제의 수도였다. 백제 시대의 유적 공산성(公山城)이 있다. 무령왕릉(武寧王陵)에서 많은 유물이 발견되어, 국립공주박물관에 전시되어 있다. 갑사(甲寺), 동학사(東鶴寺), 마곡사(麻谷寺)가 모두 오래된 절이다.

공주 알기

곰나루의 잊혀진 신화

공주 근처 연미산(燕尾山)에 살던 암곰이 나무꾼 한 사람을 잡아다 남편으로 삼아서 자식을 둘이나 낳았다. 세상이 그리워진 나무꾼은 굴을 뛰쳐나와 도망쳤다. 아내곰이 되돌아오지 않으면 자식들을 죽이겠다고 위협했다. 나무꾼이 말을 듣지 않자, 아내곰은 물에 빠져 죽고 말았다고 한다.

곰나루, 웅천, 공주라는 지명이 이런 유래가 있어 생겼다. 원래는 곰이 숭배의 대상이어서, 제사를 성대하게 거행했으리라고 추측된다. 최근에 곰상(像)과 곰사당을 새로 조성해놓았다.

● 곰과 사람이 부부가 된 것이 웅녀(熊女)와 환웅(桓雄)의 관계와 상통한다. 곰나루 이야기도 신화적인 유래가 있었을 것 같은데 잊혀졌다.

서거정의 「공주십경(公州十景)」

● 서거정(徐居正)이 공주의 아름다운 경치 열 곳을 노래했다. 그 가운데

둘을 든다.

1경 금강의 봄놀이(錦江春遊)

금강 가의 천지가 봄이로다.	濯錦江邊天地春
이삼월 접어드니 천기가 새롭다.	二月三月天氣新
옥병에 술사서 향기로움 찾아가니,	玉壺沽酒尋芳菲
긴 날 따뜻한 바람 사람을 괴롭힌다.	遲日暖風惱殺人
맑은 강 새로 불어 포도주 빛 넘치니,	晴江新漲金葡萄
목란 노 멋대로 저어 그림 배 옮기자.	蘭橈隨意移畫舠
살구꽃 성긴 그림자 취한 몸 부축하니,	杏花疎影醉扶歸
옥 젓대 한 소리에 산 달이 높구나.	玉笛一聲山月高

● 봄날이 너무 좋아 사람을 괴롭힌다고 했다. 어디서든지 부를 봄노래
가 더욱 흥겨우니 공주는 좋은 곳이다.

3경 웅진의 밝은 달(熊津明月)

웅진의 물은 맑고 잔물결 일어나는데,	熊津之水清且漪
웅진의 밝은 달은 언제 다시 떠오르는가?	熊津有月來何時
백제의 옛일은 새가 날듯이 가버렸으나,	百濟往事如鳥過
밝은 달에게 내가 물으면 달은 응당 알겠지.	我問明月月應知
거대한 배들이 한번 바다를 건너온 뒤로,	一自樓船駕海來
사직은 폐허이고 당나라가 통치하기 시작했네	國社已墟唐府開
낙화암 앞에는 봄 시름 참으로 깊은데,	落花巖前春正愁
조룡대 아래 조수만 절로 돌아오는구나.	釣龍臺下潮自回

● 공주는 기쁨이 넘치는 곳이라고 하더니, 여기서는 백제가 망한 내력

을 회고하며 비탄에 잠겼다.

금강을 노래한 한시들

금강(錦江)　　　　　　　　　　　　　　　　　　　　이승소(李承召)

금강이라 불은 봄물 이끼보다 푸르며,	錦江春水碧於苔
강가 양쪽 푸른 산은 그림을 펼쳤구나.	挾岸靑山罨畵開
물가 가득 풀이 자라 한 가닥의 빛 푸르고,	莎草滿汀靑一抹
길에 쌓인 버들개지 천 무더기 흰빛이네.	楊花撲逕白千堆
석양 비친 옛 나루에 사람들 다투어 건너고,	夕陽古渡人爭涉
비 내리는 빈 해자에 기러기 홀로 날아오네.	細雨空埠雁獨來
역말을 탄 총총걸음 돌아갈 마음 급하니,	馹騎忙忙歸去急
물결 위의 흰 갈매기 응당 보고 조롱하리라.	白鷗波上也相猜

● 조선 초기 시인이 본 금강이 오늘날과 그리 다르지 않다.

금강 누각을 지나며(過錦江樓)　　　　　　　　　　　이행(李荇)

평소에 금강을 말로만 듣다가,	平時聞錦水
오늘은 강의 누각을 지나간다.	今日過江樓
이름난 땅이라 풍류가 빼어나고,	地擅風流勝
하늘이 유람객을 한가하게 한다.	天慳汗漫遊
인생 백 년 물에 뜬 부평초인가,	百年同泛梗
만 리 바다 갈매기 보기 부끄럽다.	萬里愧溟鷗
늙은 말이 가파른 길 찾아가는데,	老馬尋危磴
긴 파도는 어두운 수심을 일으킨다.	長波起暗愁

● 옛 시인은 금강을 지나가면서 아름답고 한가한 곳이 삶을 되돌아보고 수심에 잠기게 한다고 했다.

조선조에 이미 퇴락한 유구역

유구역(維鳩驛)   이승소(李昇召)

비바람에 퇴락하여 반 기울어 넘겨지니   風摧雨剝半欹危
기운 곳에 작은 나무 가지고서 버텨놨네.   危處還將寸木支
무너진 것 일으킴은 쉬운 일이 아니거니   起廢從來非易事
어느 날에 이곳에서 환륜송을 부를 건가.   奐輪何日頌於斯

● 오늘날의 공주시 유구읍은 역(驛)이 있었던 곳이다. 조선 초기 시인이 찾았을 때 역사가 퇴락해 있어 안타깝다고 한다. 이미 오랜 세월이 지난 것을 알 수 있다. "환륜송(奐輪頌)"은 『예기(禮記)』에서 유래한 말이며, 집이 크고 아름다운 것을 찬탄하는 노래이다.

은혜 갚은 호랑이, 남매탑

동학사에서 갑사로 넘어가는 길에는 남매탑(오뉘탑)이 있다. 한 스님이 도를 닦다가 호랑이 목에 걸린 비녀를 빼주었는데, 그 호랑이가 보답으로 웬 처녀를 산 채로 물어다 주었다. 스님이 혼인을 할 수 없다고 하자 처녀는 스님과 남매를 이루어 평생 함께 살면서 도를 닦았다. 사람들이 그들의 덕을 기려 두 개의 탑을 세우니 바로 남매탑이다.

● 흔히 있는 이야기에 남매탑이라는 증거물이 있다. 산을 오르내리는 사람들이 그 탑을 소중하게 여긴다.

법당을 짓는 소, 갑사 공우탑

계룡산 갑사(甲寺)는 신라의 아도(阿道)가 창건했다고도 하는데, 의상(義湘)이 중수해 화엄 교학을 편 곳이다. 정유재란 때 불타고 철당간만 남았다.

인호 스님을 위시한 20여 명의 스님들이 갑사를 중창할 원력을 세우고 화주도 다니고 기도와 염불, 강학과 정진의 수행에 매진했다. 우람한 소 한 마리가 절을 사흘이나 찾아드는 기이한 일이 일어났다.

소 주인이 찾아와 물었다.

"스님, 이 소를 아십니까?"

"네. 제가 며칠 전 화주를 나가다가 고삐에 목이 감겨 몹시 고통당하고 있는 소를 발견하고 그 고삐를 풀어준 적이 있는데 이 소가 그때 그 소인 듯합니다."

"스님. 이 소가 스님에게 목숨을 살려준 은혜를 갚으려고 이렇게 아침마다 절을 찾아오는 것 같습니다. 제가 비록 가진 것 없는 농부이지만 소의 마음을 모를 리 없습니다. 혹시 이 소를 시주해도 된다면 저는 아침마다 소를 찾아 절에 올라오는 일을 하지 않으렵니다."

그러고 난 다음 마침 시작된 불사에 소의 힘을 요긴하게 쓰게 됐다. 진 흙을 퍼 나르는 데도 소는 그 우직한 힘을 보탰고 돌을 구해 올 때도 소의 등에 실었다. 또 한나절 이상을 걸어가야 하는 곰나루에서 그 무거운 목재 들을 실어 오기도 했다. 커다란 두 눈을 껌뻑이며 종일 일을 하면서도 힘 든 내색을 하지 않는 소는 날이 갈수록 스님들의 사랑을 받았다.

"참으로 가상한 축생이야. 아마 법당 짓는 일에 힘을 보태는 저 소는 다음 생에 반드시 훌륭한 사람으로 태어날 거야."

"그렇고말고. 장정 수십 명이 할 일을 저 소가 혼자 감당하고 있으니 얼마나 고마운 일인가."

드디어 법당이 완공됐다. 목수들은 소가 있어 일이 빨리 진행되었다고 저마다 한마디씩 했다. 스님들은 소를 다시 주인에게 돌려주기로 했다. 그러나 스님들의 뜻은 이뤄지지 못했다. 아침 일찍 소를 데리러 온 농부가 "스님, 소가 죽었습니다."라고 안타까운 소식을 전하며 눈물을 흘렸던 것이다. 스님들과 목수 신도들 모두 소의 주검 앞에서 숙연히 극락왕생을 빌었다.

"소의 죽음은 안타까운 일이지만 어쩌면 이 소는 법당을 짓는 데 사력을 다하고 이제 몸을 바꾸려고 현생의 인연을 마친 것인지 모르겠습니다. 그러니 우리는 이 소의 극락왕생을 빌고 소가 보여준 보은의 공덕을 기리기 위해 탑을 하나 세우는 것이 좋겠습니다."

그 탑을 공우탑(功牛塔)이라고 부르며 소가 전하는 말없는 교훈을 되새겼다.

● 절간을 짓기 위해 소가 수고한 것을 감사하게 여기고, 그 은공에 보답하고자 하는 마음이 갸륵하다.

갑사의 불목하니 영규대사

영규(靈圭)대사는 계룡산 갑사의 천한 불목하니였다. 산에서 나무로 몽둥이를 해 와 마루 밑에 쌓아두었으며, 밤중에 몽둥이를 군사로 만들어 훈

▲ 갑사

▲ 갑사 입구

련을 시키기도 했다. 멀리 해인사에 불이 났는데 하룻밤 사이에 달려가서 끄고 와 스님들을 놀라게 하기도 했다.

영규는 임진왜란이 발발하자 스님들을 모아놓고 높은 짐대(철당간)에 뛰어올라 나라를 구하자고 독려했다. 영규는 승군을 이끌고 금산으로 가서 조헌(趙憲)이 이끄는 의병부대에 합류했는데, 조헌이 영규의 의견을 무시하고 산기슭에 진을 쳐서 크게 패했다. 영규는 총에 맞아 치명상을 입은 배를 움켜쥔 채 원군을 안 보낸 감사를 죽이겠다며 공주로 향했으나, 강물을 건너다 황토물이 상처에 들어가는 바람에 쓰러져 죽었다.

계룡면 월암리에 있는 영규의 비각 앞으로 관리가 말을 타고 지나가면 말발굽이 붙어 떨어지지 않았다. 6·25전쟁 때 바로 옆에 큰불이 났어도 비각은 멀쩡했다고 한다.

● 미천한 인물이 남다른 잠재력을 크게 발휘해 위대한 업적을 이룩하고 희생된 이야기의 좋은 본보기이다.

동학사의 두 전승

(가) 동학사(東鶴寺)는 신라 고찰이며 원래 청량사(清凉寺)라고 했다. 신라 충신 박제상(朴堤上)의 초혼제(招魂祭)를 지내기 위해 동학사(東鶴祠)를 지어, 절 이름이 동학사(東鶴寺)로 바뀌었다고 한다. 절 동쪽에 학 모양의 바위가 있으므로 동학사(東鶴寺)라고 했다는 말도 있다. 구내의 숙모전(肅慕殿)에서 단종(端宗), 사육신, 역대 충신들을 제사지낸다.

(나) 갑사에 짐대라 불리는 커다란 철당간이 있다. 갑사와 동학사의 장사가 서로 철당간을 차지하려 경쟁했는데, 갑사의 장사는 영규대사이고, 동학사의 장사는 여장군이었다. 여장군이 힘이 더 셌지만 영규대사가 커다란 짚신을 삼아 길가에 떨어뜨려놓은 걸 보고 여장군이 짐대를 포기했다고 한다.

● 두 가지 전승은 층위가 다르다. (가)와 (나)는 표면화된 충절에 대한 추모, 이면의 능력에 대한 경탄의 차이가 있다.

새소리가 듣기 좋은 마곡사

마곡사는 사곡면에 있는 고찰이다. 김구(金九)가 몸을 숨긴 곳으로 알려졌다. 옛 시인은 이 절에 대해 다음과 같은 시를 남겼다.

마곡사(麻谷寺)	황현(黃玹)
칠흑 같은 소나무가 멀리 보이더니,	遠看松似墨
마을이 다한 곳에 총림이 있네.	村盡有叢林

▲ 마곡사 전경

▲ 태화산 마곡사 비석

물과 돌이 깨끗함을 서로 겨루고,	水石淸相敵
암자가 깊은 골에 흩어져 있네.	庵寮散各深
세태가 경박하니 복지를 찾고,	世澆尋福地
사람은 늙으면 참선할 마음 생긴다.	人老發禪心
산행의 고생을 잊을 수 있는 것은	忘却山行苦
새들의 노랫소리가 듣기 좋기 때문이다.	嚶鳴競好音

● "총림(叢林)"은 스님들이 모여 있는 곳이다. 마곡사가 좋은 곳임을 실감 나게 알려주어, 시를 읽으면 가서 보고 싶게 한다.

공주 보기

화엄 10대 사찰, 갑사

충청남도 공주시 계룡면 중장리 계룡산의 서편 기슭에 자리 잡은 절이다. 고구려 승려 아도화상이 선산에 도리사를 창건하고 자국으로 돌아가기 위해 백제 땅 계룡산을 지나갈 때 산중에서 상서의 빛이 하늘까지 뻗쳐오르는 것을 보고 찾아가보니 천진보탑이 있어 예배하고 갑사를 창건했다는 전설이 있다.

백제 위덕왕 때 혜명대사가 천불전과 보광명전, 대광명전을 중건했고, 통일신라시대 의상대사가 천여 칸의 당우를 중수함으로써 우리나라 화엄 10대 사찰의 하나가 되었다. 신라 진흥왕 원년 무염대사에 의한 중창이 있었고 사세는 고려시대로 이어졌다. 정유재란을 당해 많은 전각들이 소실된 것을 선조 때 승려 인호, 경순 등이 대웅전과 진해당을 중건했다. 이후에도 부분적인 개축과 중수를 거쳐 고종 12년에 대웅전이 중수되었고 그후 적묵당이 신축되어 오늘에 이르렀다. 갑사는 임진왜란 때 승병장 영규대사를 배출한 호국불교 도량으로도 유명하다.

갑사는 '갑사(岬寺)', '갑사사(岬士寺)', '계룡갑사(鷄龍甲寺)' 등으로 불리

▲ 갑사 대웅전

▲ 갑사 대적전

다가 18세기 말 산 이름을 따서 '계룡갑사(鷄龍甲寺)'로 불리게 되었다. 1911년 제정된 사찰령에 따라 마곡사의 수(首)말사가 되었다. 경내에는 15동의 불전과 승당, 부속 전각들이 있으며 주변 산골짝 여러 곳에 산내 암자가 있다.

대웅전과 대적전

갑사 대웅전(충청남도 유형문화재 제105호)은 절의 중심 위치에 있는 법당으로 원래는 대적전 근처에 있던 것을 이곳으로 옮겨 지은 것이라 한다. 정면 5칸, 측면 4칸 규모이며, 지붕은 맞배지붕이다. 기둥 위에서 지붕 처마를 받치는 공포를 기둥 위와 기둥 사이에도 설치한 다포양식이다. 내부 천장은 우물천장이고 불단에는 석가여래를 주불로 하는 불상이 모셔져 있다.

대적전(충청남도 유형문화재 제106호)의 연혁은 정면 어간에 걸린 현판에 쓰인 '도광 6년 4월 목암서(道光六年四月牧岩書)'라는 관지를 볼 때 1826년(순조 26)에 건립된 것으로 추정된다. 갑사 경역을 흐르는 계곡 건너편에 요사채 1동과 일곽을 이루며 서향하고 있다.

대적전은 앞면 3칸, 옆면 3칸이며, 지붕은 팔작지붕 형태다. 공포가 기둥 위와 기둥 사이에도 있는 다포식 건물이다. 내부에는 불단을 설치하고 위에 천장을 한 단 올림으로써 닫집의 효과를 나타내었다.

강당

갑사 강당(충청남도 유형문화재 제95호)은 스님들이 법문을 강론하거나 법회를 열 때 사용하는 건물로 정유재란 때 불타 없어진 것을 후에 복원한 것이다. 앞면 3칸, 옆면 3칸의 규모이며 맞배지붕집이다. 가운데 부분이 볼록한 배흘림의 기둥 위에 지붕 처마를 받치면서 장식을 겸하는 공포를 짰는데, 공포가 기둥 위와 기둥 사이에도 설치된 다포식 건물이다. 절도사 홍재의가 쓴 '鷄龍甲寺(계룡갑사)'라는 현판이 걸려 있다. 전체적으로 기교를 부리지 않은 조선 후기 건축의 특징을 보여준다

팔상전

갑사 팔상전(충청남도 문화재자료 제54호)은 석가모니불과 팔상탱화, 그리고 신중탱화를 모신 전각이다. 팔상탱화는 석가여래의 일대기를 8부분으로 나누어 그린 불화로, ① 도솔내의상(兜率來儀相) : 석가모니가 도솔천에서 마야부인의 태중으로 내려오는 장면 ② 비람강생상(毘藍降生相) : 룸비니 동산에서 태어나는 장면, ③ 사문유관상(四門遊觀相) : 싯다르타 태자가 동서남북 각각의 성문 밖으로 나가서 세상을 두루 살펴보는 장면. ④ 유성출가상(逾城出家相) : 태자의 신분을 버리고 성을 뛰어넘어 출가자로서

▲ 갑사 팔상전 내부

의 삶을 시작하는 장면. ⑤ 설산수도상(雪山修道相) : 깨달음을 성취하기 위해서 고행 정진하는 장면. ⑥ 수하항마상(樹下降魔相) : 나무 아래서 선정을 닦으며 마왕을 굴복시키는 장면. ⑦ 녹원전법상(鹿苑轉法相) : 깨달음을 성취한 뒤 녹야원에서 설법을 펴는 장면. ⑧ 쌍림열반상(雙林涅槃相) : 사라쌍수 아래서 입적하는 장면으로 나눠진다.

삼신불 괘불탱화

갑사 삼신불 괘불탱화(국보 제298호)는 길이 12.47미터, 폭 9.48미터에 이르는 초대형 괘불화이다. 조선 효종 원년(1650)에 완성된 작품으로 17세기를 대표하는 수작(秀作)으로 꼽는다. 이 탱화는 비로자나불을 중심으로 석가모니불과 노사나불 등 삼신불이 진리를 설법하고 있는 장면을 그리고 있다. 괘불탱화는 절에서 큰 법회나 의식을 행하기 위해 법당 앞뜰에 걸

▲ 삼신불 괘불탱화

어놓고 예배를 드리는 대형 불화다. 크기가 보통 수 미터에서 수십 미터에 이르기 때문에 평소에는 걸어두지 않고 나무 상자(괘불함)에 넣어 대웅전이나 극락전 같은 전각의 뒤쪽 공간에 보관한다. 영산재, 수륙재, 예수재 또는 사월초파일 같은 많은 대중이 모이는 규모가 큰 야외법회가 열릴 때면 괘불도를 밖으로 모셔와 대웅전 앞에 있는 괘불대에 걸어놓고 의식을 행하곤 한다.

당간지주와 부도

절에 큰 행사가 있을 때 깃발을 달아두는 장대를 당간(幢竿)이라 하고, 장대를 양쪽에서 지탱해주는 두 기둥 돌을 당간지주라 한다. 갑사 동남쪽 기슭에 세워져 있는 철당간 및 지주(보물 제256호)는 통일신라시대 당간 유적으로 유일한 것으로 알려져 있다. 당간은 원래 28개의 철통으로 연결되어 있었으나 1899년(고종 35)에 벼락을 맞아 4개가 부러지고 지금은 24개만 남아 있다. 지주는 동·서로 마주서 있는데, 그 모습이 꾸밈없고 소박하다.

대적전 앞마당에 있는 갑사 부도(보물 제257호)는 전체 높이가 205센티미터인 팔각원당형(八角圓堂形) 부도로, 통일신라시대 양식을 계승한 고려시대 부도다. 원래 중사자암에 있던 것을 지금의 자리로 옮겼다. 하대석에 사자·구름·용이 조각되어 있으며, 중대석에는 각 귀퉁이마다 꽃봉오리가 새겨져 있고 그 사이사이에는 주악천인상이 양각돼 있다. 상대석에는 연화문이 둘러져 있고, 문과 열쇠, 그리고 사천왕상이 각 면에 부조돼 있다. 전체적으로 섬세하고도 화려한 느낌을 준다.

동종

갑사 동종(보물 제478호)은 임금의 만수무강을 축원하기 위해 1584년(선조 17)에 제작되었다. 종 꼭대기에 음통이 없고, 포뢰 용 두 마리가 고리를 대신하고 있다. 종의 어깨에는 꽃무늬가 둘러져 있고, 바로 밑에는 상하로 나뉘어 연꽃무늬와 범자(梵字)가 새겨져 있다. 그 아래 4곳에 사각형의 유곽을 두었는데 밖에는 당초문이 새겨져 있다. 그 안에는 연화문을 9개 시문했다. 연꽃무늬로 장식된 당좌와 당좌 사이에는 구름 위에 석장(錫杖)을 잡고 서 있는 지장보살이 부조되어 있다. 종의 하대(下帶)에는 2개의 띠를 만들고 그 안에 활짝 핀 연꽃과 보상화를 돌려 새겼다. 일제강점기 때 헌납 명목으로 공출될 위기를 맞은 적이 있으나 다행히 모면했다.

석조약사여래입상

갑사 석조여래입상(충청남도 유형문화재 제50호)은 고려시대 작품으로 갑사 중사자암에 있던 것을 현재 위치로 옮겨왔다고 전해진다. 갑사 동쪽 계곡 약 100미터 떨어져 있는 자연암석으로 이루어진 석벽 동굴에 남향으로 모셔져 있다. 굴곡이 부드러운 나발의 불두가 큼직하고 상호는 긴 편이다. 목에 삼도(三道)가 뚜렷하고 법의는 양 어깨에서 무릎 아래까지 흘러내린 모습이다. 손모양은 오른손을 가슴까지 들어 손바닥을 밖으로 하고 왼손에 약합을 들고 있어 약사여래임을 한 눈에 알 수 있다. 역사여래는 동방

정유리세계에 있으면서 모든 중생의 질병을 치료하고 재앙을 소멸시키며, 부처의 원만행을 닦는 이로 하여금 무상보리의 묘과(妙果)를 증득하게 하는 부처이다. 그의 이름을 외우고 그의 가호(加護)를 빌면 모든 재액이 소멸되고 질병이 낫게 된다고 한다.

인류의 문화유산, 마곡사

마곡사는 충청남도 공주시 사곡면 운암리 태화산을 끼고 흐르는 마곡천이 주변에 자리 잡고 있다. 명실 공히 산수(山水)가 겸비된 아름다운 승지(勝地) 사찰이다. 2018년 6월에 통도사, 부석사, 봉정사, 법주사, 선암사, 대흥사와 함께 "산사, 한국의 산지 승원"이라는 이름으로 유네스코 세계문화유산 목록에 등재되었다. 이것은 마곡사가 인류가 공동으로 보존하고 관리해야 할 탁월한 보편적 가치를 지닌 문화유산이라는 것을 의미한다.

「마곡사 사적입안」에 의하면 마곡사는 신라 고승 자장율사(慈藏律師)가 640년 창건한 것으로 되어 있지만 다른 기록에서는 9세기 보조선사 체칭이 창건한 것으로 나와 있다. 어쨌든 마곡사는 창건 후 조선시대에 이르는 시기에 여러 차례의 중수를 거치면서 지역 불교 발전의 중추적 역할을 담당하고 있다.

마곡사는 과거 남부 지역의 대표적 화소사찰(畵所寺刹)이었다. 남양주 흥국사, 금강산 유점사와 어깨를 겨루면서 수많은 화승들을 길러냈다. 19세기 말 약효스님으로부터 근대의 문성스님, 일섭스님을 거쳐 현대의 석정스님에 이르는 계보로 이어진 바 있다.

마곡사에서는 다른 사찰에서는 볼 수 없는 '백범당(白凡堂)'이라는 건물이 있다. 김구 선생은 1896년 일본군 중좌 살해 혐의로 인천교도소에 투옥돼 있다가 탈옥하여 여주 신륵사 등 사찰을 전전하다가 마곡사로 들어와 승려 생활을 했는데, 그 인연으로 마곡사에 백범당이 생기게 된 것이다.

마곡사 경역은 사찰을 감싸 흐르는 하천을 경계로 '남원'과 '북원'으로 나눠져 있다. 현재 남원에는 영산전이 있고, 북원에는 대광보전, 대웅보전을 비롯하여 응진전, 명부전, 오층석탑이 자리 잡고 있다. 대광보전과 대웅보전이 중심 축선상에 배치돼 있는데, 둘 중 어느 불전이 주불전인지 판단하기 어려운 실정이다. 한 사찰에 두 개의 주불전이 있는 사례는 있으나 마곡사의 경우처럼 하나의 축선 상에 나란히 배치되어 있는 경우는 드물다. 사내 부속 암자로는 은적암, 부용암, 백련암 등이 있다.

대웅보전

마곡사 대웅보전(보물 제801호)은 경내 가장 높은 위치에 있다. 임진왜란 때 소실됐다가 조선 효종 2년(1651)에 각순대사에 의해 중수되었다. 중수 기록에는 대장전으로 건립된 것으로 돼 있으나 언제부터 성격이 대웅보전으로 바뀌었는지는 분명치 않다. 대장전은 불교 삼보 가운데 법보(法寶)에 해당하는 대장경을 봉안하는 불전 이름이다. 법보전(法寶殿)이라고도 하는데, 보통 진리 그 자체를 상징하는 비로자나불이나 비로자나불 진리를 설법한 석가모니불을 봉안한다. 마곡사 대웅보전 경우는 후자에 속한다고 볼 수 있는데, 지금 불단에는 주불인 석가모니불을 중심으로 왼쪽에 약사여래, 오른쪽에 아미타불이 모셔져 있다. 불상 뒤에는 각 부처의 회상(會上)을 그린 후불탱화가 걸려 있다.

마곡사 대웅보전은 내부는 통층이면서 외부는 중층 구조를 보이는 위엄 있고 아름다운 건물이다. 중층은 단층의 공간적 한계를 극복하고 확장하여 주불의 권위를 높이기 위한 가구법이다. 같은 계열의 불전으로 금산

▲ 마곡사 대웅보전   ▲ 마곡사 대광보전

사 미륵전, 화엄사 각황전, 무량사 극락전 등이 있다.

전면 기둥에 "古佛未生前(고불미생전)" "凝然一相圓(응연일상원)" "釋迦猶未會(석가유미회)" "迦葉豈能傳(가섭기능전)" "本來非皀白(본래비조백)" "無短亦無長(무단역무장)"이라 쓴 주련이 걸려 있는데, 앞의 네 구절은 선가에서 자주 인용하는 말이다. 그 뜻은 "옛 부처님 나시기 전부터 일원상의 진리는 항상 존재하고 있었으나 석가모니불도 확실히 알지 못했거늘 하물며 제자인 가섭이 어찌 그 뜻을 후세에 전할 수 있겠는가."라는 의미로 풀이된다.

대광보전

마곡사 대광보전(보물 제802호)은 대웅보전과 함께 사찰 경역의 중심을 차지하고 있다. 1788년에 중창된 건물로, 불단에는 서쪽에서 동쪽을 바라보고 앉은 법신 비로자나불이 모셔져 있다. 서방정토의 주재자인 아미타불은 영주 부석사 무량수전의 경우처럼 서좌동향(西坐東向)으로 봉안된 경우가 있으나 비로자나불이 이 같은 좌향으로 봉안된 예는 드물다.

비로자나불은 연화장세계(蓮華藏世界)에 존재하면서 지혜와 덕으로 온 세상을 두루 비춰주는 광명의 부처다. 대승불교의 중심 경전인 『화엄경』과 『범망경』의 주존으로, 밀교에서는 대일여래로서 본존불로 신앙되기도 한다. 비로자나불은 두 손을 가슴 앞으로 올려 모으고 왼손 검지를 곧게 편 후 오른손 둘째 검지로 윗부분을 감싸 쥔 지권인을 결하고 있다. 이 수인은 이(理)와 지(智)가 둘이 아니고 부처와 중생 또한 같은 것이며, 미혹과 깨달음도 본래는 하나라는 것을 상징한다.

대광보전에는 숨은 불화가 있다. 비로자나불상 뒤쪽 벽 후면의 백의관음벽화가 그것이다. 흰옷 입은 관세음보살이 쳐다보는 불자들을 압도한다. 백의관음이라는 이름은 하얀 옷을 입은 때문인데, 관세음보살 33화신 중 하나로 순조로운 출산과 어린아이의 생명을 지키는 보살로 신앙된다.

대광보전 건축 장식 중에서 흥미를 끄는 것이 어간의 두 기둥머리에 장식된 용(龍)이다. 하나는 물고기, 다른 하나는 여의주를 물고 있다. 여의주를 문 용은 많이 볼 수 있지만 물고기를 문 용은 흔치 않다. 그러나 '물고기를 문 용' 도상(圖像)의 역사는 오래됐다. 중국에서는 오래전부터 '魚(yú)' 발음이 '如(rú)'와 비슷한 데 근거해서 물고기를 '여의(如意)'의 상징으로 여겼다. 여기에 신령과 벽사(辟邪) 의미를 더하여 최고의 길상 상징으로 활용했다. 따라서 물고기의 상징성은 여의주의 것과 같고 물고기를 문 용은 여의주를 문 용과 같은 것으로 볼 수 있다. 결국 물고기를 문 용은 여의주를 문 용의 또 다른 조형적 표현인 셈이다.

오층석탑

마곡사 오층석탑(보물 제799호)은 대광보전 앞마당 중앙에 세워져 있다.

▲ 오층석탑

일제강점기 때까지만 해도 대광보전 축대에서 1∼2미터 떨어진 가까운 지점에 있었다. 풍마동(風磨銅)이라 불리는 청동제 상륜부(相輪部)가 라마식 보탑(寶塔)과 비슷하다는 점을 근거로 중국 원나라 영향을 받은 고려 후기 작품으로 추정하고 있다. 각 층 옥개석은 많이 상했지만 초층과 2층 옥신석에 모각한 자물쇠와 사방불(四方佛)은 아직도 선명하게 남아 있다. 최상층 옥개석에는 원래 4개의 풍탁이 달려 있었을 것으로 추정되지만 지금은 2개만 남아 있다. 1972년 이 탑을 해체, 복원할 때 합자(盒子) 1개, 쇠 향로 2개, 문고리 3개, 만(卍)자 장식 금포(金布) 1장이 나왔다.

영산전

마곡사 영산전(보물 제800호)은 이 절에서 가장 연대가 올라가는 건물이다. 영산(靈山)은 석가모니불이 『법화경』을 설한 영축산의 준말로 불교의 대표적인 성지로 되어 있다. 영산전은 이 영산을 상징한다. 주불인 석가모니불을 비롯한 여섯 불상이 봉안돼 있고, 작게 만든 천 개의 불상이 모셔져 있어 천불전이라 불리기도 한다.

석가모니괘불탱

마곡사 석가모니괘불탱 (보물 제1260호)은 중후한 형태, 화려한 색채 등에서 17세기 전반 불화의 특징을 잘 보여준다. 석가모니 전신상을 화면 중앙에 크게 그리고 다른 보살과 권속들은 주변에 작게 그리는 방법으로 위엄과 위신력을 높였는데, 보살형으로 형상화한 것이 특징이다. 석가모니불은 두광과 신광을 갖추고 양손으로

▲ 석가모니괘불탱

연꽃을 든 모습으로 묘사돼 있는데, 비교적 큰 두광에는 화불(化佛) 여럿이 나타나 있다.

등장하는 각 상들의 면면을 살펴보면, 주존인 석가모니불을 중심으로 관음, 대세지, 문수, 보현보살을 포함한 8대 보살과 가섭, 아난 등 10대 제자, 그리고 제석천과 범천, 사천왕, 아수라, 용왕 등 신중들이 등장하고 있다. 화기 등 관련 기록을 보면 시주자를 비롯한 여러 승려와 일반인들이 괘불 제작에 참여했으며 석가탄신일 외에 수륙재와 49재 때 이 괘불을 사용했음을 알 수 있다.

삼신불 가운데 석가불을 노사나불과 동일하게 보살형으로 형상화한 독특한 형태의 그림이며 '천백억화신석가모니불'이란 석가의 존명과 함께 각 상들의 명칭도 기록되어 있어 불화 연구에 더욱 중요한 가치를 지니는

작품이다.

계룡산 중악단

충청남도 공주시 계룡면 양화리 신원사(新元寺) 경역에 있는 중악단(보물 제1293호)은 계룡산 주봉인 천황봉을 주산으로 하는 산신제단으로 국가 차원에서 계룡 산신께 제사 지내던 곳이다. 계룡산 신사는 삼국시대로부터 고려시대까지 전해진 산천신 제의를 이어 조선시대에도 국가 제사처로 선정되어 태조 2년에 지리산, 무등산, 금성산, 계룡산, 감악산, 삼각산, 백악(白嶽)의 여러 산과 함께 호국백(護國伯) 작호를 받았다. 세종대에는 명산이라 하여 소사(小祀)로 정해 매년 봄, 가을에 향과 축문을 내려 제사했다. 1651년(효종 2년)에 미신 타파 명분으로 일시 폐지되었다.

『동국여지승람』의 계룡산사(鷄龍山祀) 조에 "공주 남쪽 40리 지점에 계룡산사가 있다"고 했는데 그것이 신원사 중악단을 가리킨 것인지는 확실치 않다. 1879년의 계룡산신에 대한 고종과 명성황후의 관심으로 현재의 중악단 모습으로 중건되었다. 왕실 후원을 받은 건물답게 단묘(壇廟) 건축의 격식과 기법이 엄격히 적용되었다. 대문간채, 중문간채, 중악단이 일직선상에 놓여 있고, 사방에는 길상문자 문양이 아름다운 화담이 둘러져 있다. 지붕에는 궁궐 건물에서 볼 수 있는 잡상이 장식되어 있는 것이 흥미롭다. 계룡산에는 중악단을 비롯하여 다수의 산신당, 사찰과 굿당이 분포하고 있다. 이것은 계룡산이 불교문화의 성지이자 풍수 도참 신앙의 장소, 산신의 제사처로서의 성격을 가진 산임을 말해준다.

중악단에서는 2012년부터 일제에 의해 시해당한 명성황후의 원혼을 풀어 드리기 위해 2012년 10월 8일을 '제1회 명성황후 추모대제의 날'로 정

▲ 계룡산 중악단

해 기도를 올리고 있다. 추모대제 날짜를 10월 8일로 지정한 것은, 대한제
국이 새 시대의 기원을 펴지 못하고 결국 일본 미우라 공사의 칼에 국모가
시해 당한 을미사변의 만행일(1895년 10월 8일)을 잊지 않기 위해서다.

공주 즐기기

신풍인삼면옥 인삼갈비탕

인삼 테마의 음식들이 저마다 원재료에 인삼을 더해 치장하고 선보인다. 새로운 음식이에요. 나 어때요? 한국음식의 확장이다. 보태진 맛이 원재료를 더 살리고 있어 다행스럽다.

충남 공주시 신풍면 신풍길 58(산정리 185-2)
041-841-9982
주요 메뉴 : 인삼갈비전골, 인삼불고기 전골, 인삼갈비탕, 인삼튀김

인삼이 주제여서 음식마다 인삼 맛이 감돈다. 인삼갈비탕에는 향긋한 인삼과 함께 전복도 들어 있다. 진귀한 것이 다 모였다. 깍두기, 배추김치, 고추된장무침, 시금치 등 곁반찬도 모두 좋다. 깍두기는 성큼한 조각에 담백하면서도 개운하고 깊은 맛, 시원한 맛이 다 담겨 있다.

갈비탕은 국물 맛이 좋다. 갈비탕 국물은 틉틉하면 재미없다. 맑은 국물로 간장 간을 살려 맛을 낸다. 귀한 전복과 인삼이 들어가 최상층 귀족 음식이 되었다. 전복의 귀족스러운 맛과 인삼의 향이 음식에 품격과 맛을 더한다.

인삼튀김은 포슬거리면서도 약간 설컹거리는 맛에 수삼의 육질이 그대로 담겨 있다. 보신식품인 데다 인삼향이 더 상그로워서 주전부리로 이만한 게 없다. 조청이 소금 간 없는 인삼과 잘 어울린다.

금산에서 약 20년 전부터 시작했다는 인삼튀김, 이제 금산 아니어도 맛볼 수 있다. 인삼은 김치 다음의 한국 얼굴 식품이다. 고려인삼은 향과 생산 방식, 생산과 교역의 역사 등등이 모두 알려진 세계적 상품이다. 여러 나라 인삼 중 캐나다와 중국의 인삼은 우리의 경쟁품이다. 국내외 소비 진작 뒷심은 소비자의 몫이다.

인삼은 인삼차, 건강식품, 화장품 등등

▲ 인삼튀김

▲ 인삼갈비탕

다양한 형태로 소비된다. 그중 식품은 본질 영역이다. 가장 연원이 오랜 전통적인 음식은 삼계탕인데, 최근에는 인삼김치, 인삼정과, 인삼불고기, 양삼탕(해삼+인삼탕) 등등 수많은 음식이 개발되었다. 그중 주재료로 삼은 음식 중 가장 돋보이는 것이 인삼튀김이다. 인삼튀김은 캐나다, 중국 등 어느 나라에서도 본 적이 없다. 우리가 새로 개척한 영역이다.

인삼튀김은 조리 방법에서 한국적 전통이 약하지만, 갈비인삼탕은 갈비탕 자체가 전통음식이라 다르다. 삼계탕처럼 인삼을 부재료로 한 특별음식으로 주목받을 수 있다. 중국학생들에게 맛있는 한국음식을 물으면 태반이 삼계탕이라 답한다. 닭고기+인삼 조합 자체를 좋아하는 것이다. 더 맛있는 소갈비와 인삼이 만났으니 좋아할 것은 불문가지다.

인삼 경쟁력은 가공 능력도 중요하지만 새로운 상품을 만들어내는 것이 중요하다. 인삼튀김, 인삼갈비탕은 국내의 인삼 소비를 넘어 국제적으로 새로운 한국 음식문

화를 알리는 방법이다. 음식한류가 이렇게 진폭을 넓혀가고 있다. 인삼갈비전골과 불고기전골도 특별한 맛으로 합류할 것이라 기대된다.

새이학가든 공주국밥

내력이 있는 맛집이 새 단장을 하고 손을 부른다. 깔끔하고 단정한 찬이 프로 솜씨를 보여준다. 국밥은 간단한 재료로 맛을 냈다. 호주산으로도 이렇게 맛을 낼 수 있다.

충남 공주시 금강공원길 15-2
041-855-7080
주요메뉴 : 국밥, 묵밥

국밥에는 고기 외에 무와 대파가 주요 건더기 재료다. 국물은 개운하다기보다 들큰하다. 기호에 따라 호불호가 나뉠 수 있

다. 짜지 않고 진하지 않아 먹기에 부담이
없다는 점이 강점이다.

　김치 맛이 다 좋다. 생김치가 신선하고
탱탱한 식감으로 국밥의 들큰함도 잡아주
며 밥상을 화려하게, 진지하게 만든다. 특
히 김치는 양념을 줄이면서도 제맛을 내어
부담 없는 맛을 낸다.

　하루나무침은 하루나를 데쳐 된장기를
약간 해서 무쳤다. 상큼한 맛이 좋다. 강한
맛이 아니고 부드러우면서도 옅은 풀내음
이 좋은 나물이다. '하루나'는 유채의 충남
방언이다. 유채는 관상용으로도 심고, 씨앗
에서 카놀라 기름을 추출하기도 한다. 연
한 잎과 줄기는 나물로 먹는다. 하루나는
보통 겉절이로 많이 먹으며 초무침 겉절이
도 애용된다.

　김치, 깍두기에 곁들여 국밥에 내력 있
는 하루나무침을 더하니 상차림의 정성이
돋보인다.

　이학가든은 원래 고씨 부부(고봉덕)가
운영하던 것이고, 지금은 두 아들이 각각
이학식당과 새이학가든이라는 이름으로
공주국밥을 내며 가업을 잇고 있다. 한쪽
은 시장터에 자리잡았고, 한쪽은 금강가에
말쑥한 새 건물로 단장해서 확장했다. 내
외분이 모두 학을 좋아하여 두 마리 학이
라는 이름의 이학을 상호로 썼다는 이학식
당, 지금은 그냥 이학과 새이학으로 이름
을 달리했지만 둘 다 이학의 계승이다.

　공주국밥이라 하여 여러 집에서 국밥을
내지만 공주국밥의 유명도에 가장 많이 기

▲ 공주국밥

여한 곳이 바로 이 식당이다. 6 · 25사변 전
부터 시작하였으니 반세기가 넘었다. 덕분
에 국밥은 공주를 대표하는 음식이 되었
다. 아직까지 파고 있는 한우물 덕에 음식
도 식당도 이름을 얻었지만, 수성은 지금
부터다. 충청도, 척박한 땅에 지역 음식 문
화를 계승하고 발전시킬 책임이 있다.

　공주는 유네스코 백제유물 도시다. 새이
학식당은 공산성 바로 옆에 있다. 식후에
거닐어보면 역사의 향기과 금강의 경관에
취할 수 있다.

금산

錦山

복수면

추부면

군북면

▲ 대성산

▲ 대둔산
● 태고사

금성면

진선면

칠백의총 ●

제원면

● 금산군청

금산읍

남이면

● 보석사

부리면

▲ 마이산

남일면

▲ 금강

　충청남도 동북쪽에 있다. 동쪽 대성산(大聖山), 서쪽 대둔산(大芚山), 마이산(馬耳山), 북쪽 망월산(望月山) 등 많은 산이 있는 산악지대이다. 산중의 흥취를 누릴 수 있다. 여러 물줄기가 금강에 합류된다. 대둔산에 있는 태고사(太古寺)가 명찰이다. 임진왜란 때 조헌(趙憲)과 영규(靈圭)가 이끄는 700명의 의병이 왜군과 싸우다 모두 전사한 곳이어서, 칠백의총(七百義塚)이 있다. 인삼의 명산지이다.

금산 알기

금산을 읊은 한시

금산 동헌에서(錦山東軒韻)　　　　　　　　　　　　이숙감(李淑瑊)

길은 양의 창자처럼 돌아가는데,	路轉羊腸去
산은 말 머리를 좇아 나오네.	山從馬首來
물음과 의논 공연히 자부했구나,	咨諏空自負
품은 생각 누구에게 털어놓으리.	懷抱向誰開
가을은 늦어 단풍잎 나부끼고,	秋晚飄紅葉
못이 거칠어 자태만 길게 자랐다.	池荒長紫苔
이 고을의 서재는 진실로 절경이라,	郡齋眞絶境
눈에 보이는 모두가 시의 소재로구나.	觸眼摠詩材

● 미리 말한 것은 공연한 수작이고, 찾아가서 발견한 산중의 절경이 놀랍다고 했다. 사람 사는 모습은 달라졌어도 산세는 그대로 있다. 찾아가면 이 시인의 감회를 느낄 수 있다.

◀ 태고사

원효와 최치원의 만남, 태고사

태고사는 원효(元曉)가 창건했다는 절이다. 원효가 태고사 자리를 보고 너무 기뻐 사흘 동안 춤을 추었다는 말이 있다. 한용운(韓龍雲)이 "대둔산 태고사를 보지 않고 천하의 승지(勝地)를 논하지 말라"고 할 만큼 빼어난 곳이다.

조선시대에 한 어부가 파선을 당해 어떤 섬에 이르렀는데, 홍안백발의 두 노인이 바둑을 두고 있었다. 어부가 시장해 밥을 청했더니, 잠시 후 불기(佛器)에 김이 무럭무럭 나는 밥을 가져다주었다. 며칠 뒤 그곳을 떠나려 하자, 불기를 태고사에 가져다주라고 해서 가지고 태고사를 찾아갔다. 그 불기는 전날 태고사에서 공양한 것이고, 바둑을 두던 두 노인은 원효(元曉)와 최치원(崔致遠)이었다고 한다.

● 태고사가 대단한 곳이라고 하려고 이 말, 저 말 만들었다. 조선시대 어부가 신라 사람 원효와 최치원을 만났다는 놀라운 이야기를 지금도 한다.

칠백의총

조헌이 어느 백정에게 바둑을 여러 판 져서 무시할 수 없게 되었다. 그러자 백정이 여자에게 원한을 산 적 없느냐 하고, 그 때문에 죽을 것이라고 했다. 조헌을 짝사랑하던 여자가 뜻을 이루지 못하고 자살한 일이 있었다.

임진왜란이 나서 왜적이 쳐들어왔다. 깊이를 알 수 없는 흙탕물이 있어 왜적이 진격을 멈추었다. 어느 여자가 나타나 물을 건너니 물이 깊지 않은 것을 알고, 왜적이 건너와 조헌의 부대 7백여 명을 다 무찌르고 죽였다. 죽은 사람들을 함께 묻은 무덤이 칠백의총이라고 한다.

● 조헌이 패전한 이유를 말하지 않을 수 없어 이런 이야기를 한다. 어떤 여자에게 원한을 사서 패전했다고 하고서 일련의 사건을 지어냈다. 원귀가 된 여자가 물을 건너는 것을 보고 왜적이 안심하고 진격했다고 했다. 왜적이 강성해 조헌은 속수무책인 채로 패망했다. 조헌은 모르는 일을 백정은 알고 있었다고 했다.

너무 짧고, 되다가 만 이야기라고 나무라며 물러날 수는 없다. 많은 것이 생략되어 있을 뿐만 아니라, 연결이 순조롭지 않고 짜임새가 엉성해 의혹의 함정을 만들어놓았다. 함정에 빠져, 말하지 않은 데 깊은 뜻이 있지 않을까 생각하지 않을 수 없게 한다. 통상적인 수준의 합리적 사고를 충격은 줄이면서 근본적으로 뒤집어놓는 이야기인 줄 알면, 의혹이 해소되고 각성이 나타나기 시작한다.

조헌은 여자에게 아무런 해도 끼치지 않았는데도 원한을 사서 패망을 초래했으며, 조헌과 함께 종군한 사람들은 죄가 없어도 함께 벌을 받았다. 인연의 그물은 생각할 수 있는 것보다 훨씬 넓다. 원귀가 된 여자가 조용히 물을 건너기만 한 것은 엄청난 원한 풀이여서, 왜군이 조헌의 군대를 다 무찌르도록 했다. 겉과 속은 반대일 수 있어, 조용하고 부드럽게 보이는 것이 강력한 힘을 지닌다. 사소한 사안이 엄청난 결과를 가져와 전세를 뒤집고 나라를 위태롭게 했다. 작은 것이 크고, 큰 것이 작을 수 있다.

세상일은 이처럼 얽혀 있어 단순한 인과 논리로 파악하려고 하지 말아야 한다. 이런 사실을 지체와 학식이 높은 조헌은 전혀 몰라 당하기만 하고, 미천하고 무식한 백정은 알고 있어 내려다본다. 이야기의 연결이 순조롭지 않고, 짜임새가 엉성하다고 하는 것은 조헌 수준의 몽매이다. 나는 어떻게 해야 하는가? 모든 것을 알고 내려다보는 지혜를 얻으려면 어떻게 해야 하는가? 미천한 처지로 내려가야 세상을 내려다보고, 무식해야 알아야 할 것을 아는가?

재난을 예고한 쥐 떼

고려시대 금산 지방에 정장자라는 사람이 다금리 약바위 밑에 살고 있었는데, 어느 여름날 우연히 자기 집 쥐가 떼를 지어 산으로 도망가는 광경을 보았다. 필연코 어떤 재난이 있을 징조라 여기고 서둘러 신대리 구셋들이라는 곳으로 이사를 하였다. 며칠 뒤 여름 장맛비가 내려 그가 살던 옛집이 홍수에 밀려 흔적도 없이 사라지고 그곳이 내로 바뀌었다. 정장자는 쥐 덕분에 일찍 피신해 화를 면했다고 한다.

● 쥐 떼가 재단을 예견하는 것은 있을 수 있는 일이다.

동삼

옛날 이 지방의 한 부자에게 18세 된 딸이 하나 있었는데 밤마다 딸의 방에 정체 모를 총각이 찾아오므로, 아버지의 지시대로 딸은 총각의 옷자락에 실을 꿴 바늘을 꽂아놓았다. 이튿날 그 실을 따라가보았더니 산꼭대기에 동삼(童參)이 바늘에 찔려 있었다. 동삼을 가져다 달여 먹었더니 그 뒤부터 총각이 나타나지 않았다고 한다.

● 동삼이 사람으로 변신한다는 이야기는 흔히 있으나, 금산이 인삼의 고장이므로 자랑스럽게 이야기할 만하다.

금산 즐기기

원골식당 도리뱅뱅

도리뱅뱅(이)은 금강 상류의 맑은 물에서 잡아올린 빙어가 강강술래같이 돌면서 접시에 담겨 있는 예술작품이다. 비린내 없는 어죽까지 환상적인 민물고기요리 코스다. 신선하고 맛있는 지역음식을 먹으면서 지역 이해와 사랑도 하는 것은 여행의 중요한 목적이다.

▲ 도리뱅뱅

충남 금산군 제원면 금강로 588(제원면 천내리 254-3)
041-752-2638
주요 메뉴 : 도리뱅뱅, 어죽, 인삼튀김

도리뱅뱅, 어죽, 인삼튀김. 토속적인 음식으로 꾸민 한 상이다. 의태어로 만든 우리말 이름 도리뱅뱅은 음식의 창조와 향유의 주체를 말해준다. 자연 친화적인 요리와 명명은 민중 지혜의 소산이다. 역동적인 민중은 한식을 닫힌 완성형이 아니라, 열린 진화형으로 만든다.

빙어를 한번 튀겨 고추장양념을 치고 다시 살짝 구워냈다. 둥글게 둥글게 강강술래 춤사위처럼 말아내 도리뱅뱅, 조리방식이나 식재료로 만든 이름이 아니라 그릇에 담는 방식이 음식이름이다. 빙어를 뱅뱅 돌려 먹기 전에 시각부터 자극하니 참 적절한 이름이다.

▲ 어죽

▲ 인삼튀김

자잘해서 통째 먹는데 멸치 맛이 난다. 빙어를 '민물멸치'라고도 하는 것이 이유가 있다. 멸치보다 살이 많고, 맛은 더 연하다. 튀기고 조린 덕분에 약간 바삭거리며 고소한 느낌에 고추장 양념으로 쫄깃거리는 맛도 함께한다. 부추는 냄새를 잡고, 맛을 상승시킨다. 양파는 바삭거리는 빙어를 약간 촉촉하게 만들며 특유의 향으로 감싸 간식 아닌 별식으로 만든다. 아름답고 맛있는 요리 도리뱅뱅, 한식이 이렇게 진화했다.

어죽의 스펙트럼은 넓다. 대부분 어죽은 진한 고춧가루와 청양고추 등으로 매운 맛으로 단단히 무장한다. 비린내와 느끼함 때문이다. 그런데 맵지 않고 부드러운 맛이다. 아마도 빙어가 연하고 비린내가 없기 때문일 것이다. 고명으로 얹은 부추 몇 가닥, 비린내 없는 빙어죽은 수제비는 조금, 쌀이 주재료다. 몸 아플 때 속 아플 때 먹어도 좋을 만큼, 매운맛도 밥알도 부드럽고 간도 세지 않다.

인삼튀김은 수삼이 바삭거리면서도 퍽퍽하지 않고, 단단하지도 않고 적당히 부드럽다. 조청과 같이 하니 먹기 그만이다. 얼마 전부터 인삼은 튀김으로 용처와 판로를 넓혔다. 금산은 인삼의 고장이니 적절한 메뉴이다.

금강 민물고기요리와 금산 수삼, 토종음식으로만 밥상을 꾸몄다. 토종음식의 성공이 한식의 성공이다. 한식으로 승부하는 지름길은 보편성보다 지역성이다. 미쉐린 가이드 평가 별 세 개 식당은 "요리가 매우 훌륭하여 맛을 보기 위해 특별한 여행을 떠난 가치가 있는 레스토랑"이라고 규정하였다. 이만하면 여행을 부르는 요리 아닌가.

논산

論山

범바위

노성면 상월면

명재 고택

노강서원

광석면

개태사

연산면

부적면 돈암서원

취암동

성동면 ▲ 반야산 벌곡면

부창동

논산시청 관촉사

채운면

강경읍 은진면

가야곡면 양촌면

연무읍

▲ 관촉사 미륵전

　충청남도 동남쪽에 있다. 계룡산(鷄龍山)과 대둔산(大屯山) 줄기가 군의 동북부에서 동남부에 걸쳐 지나고 있는 산악지이다. 금강 지류 논산천(論山川)과 그 지류 여럿이 흐른다. 백제의 장군 계백(階伯)이 신라군과 싸우다가 패전한 곳이다. 고려 태조가 창건한 개태사(開泰寺)가 있다. 고려 초에 세운 관촉사(灌燭寺)·은진미륵(恩津彌勒)이 거대한 자태를 자랑한다. 김장생(金長生)이 예학(禮學)을 일으킨 곳이다.

논산 알기

개태사 발원문에 담은 고려 건국의 뜻

고려 태조는 후백제를 아울러 통일을 이룩하자, 후백제의 땅이었던 오늘날의 논산 지방에 개태사(開泰寺)를 창건하고, 부처가 통일 과업을 도와주는 데 감사하며 앞으로의 가호를 기원하는 뜻을 담은 발원문을 지었다.

먼저, 거듭되는 전란 때문에 백성이 참혹한 고통을 겪었음을 절절하게 말했다. 누구나 원하는 대로 살지 못하고 울타리가 성한 집이 하나도 없는 것을 보고, 도적을 평정하고 백성을 구하겠다고 맹세하고 부처의 힘을 믿고 하늘의 위세에 의지했다고 했다.

> 나는 24년 동안 물로도 싸우고 불로도 싸워, 몸에 화살과 돌을 맞으면서 천리 원정길에 올라 남쪽을 정벌하고 동쪽을 토벌하고, 창과 방패를 베개 삼아 잠을 이루었다. (…) 한번 함성을 울리니 흉하고 미친 무리가 무너지고, 다시 북을 치니 반역의 도당이 얼음 녹듯 쓰러졌다. 승리의 함성이 하늘에 퍼지고 환호의 부르짖음이 땅을 울렸다.

대서사시로 옮길 만한 내용과 표현이 갖추어져 있다. 역사의 방향을 커다랗게 휘어잡아 새 질서를 수립하는 승리의 영광이 범연하게 이루어지지 않았음을 알 수 있게 한다. 그런데 인용한 대목 다음에서는 무찔러 이긴 승리를 자랑하는 데서 한 걸음 더 나아가 패배한 쪽까지 포용해 화합을 이룩하겠다는 포부를 나타냈다. 민족 대단합을 위해 부처의 가호를 빌고 하늘이 돌보아주기를 간절하게 바란다는 말로 결말을 삼았다.

● 이런 내력을 모르면 개태사는 대단치 않은 절이다.

개태사로 가는 도중에(開泰寺途中)	김종직(金宗直)
절은 황폐하고 교목만 남았으며,	寺廢餘喬木
푸르고 푸른 덩굴만 새롭구나.	靑靑野蔓新
골짝 안에서는 땅 울림이 들리고	洞中聞地籟
바위 가에는 하늘의 띠가 보이네.	巖際見天紳
계곡에는 개인 날에도 비가 오고,	澗雨晴猶落
숲의 원숭이가 친하고자 하는구나.	林猿近欲親
계룡산에 구름이 흩어지지 않으니	鷄龍雲不散
형산에 기도한 사람에게 부끄럽네.	愧殺禱衡人

● 고려 태조의 원찰인 개태사가 조선 초기에 이미 황폐하게 되었다고 하니 인생무상을 느끼지 않을 수 없다. "형산에 기도한 사람"은 당나라 문인 한유(韓愈)이다. 한유는 형산에 기도를 하니 구름이 걷혔다는 시를 썼다. "계룡산…" 이하의 구절에서 계룡산에는 기도를 해도 소용이 없다는 말을 하면서 불교가 허망하다고 간접적으로 이르고, 고려 태조가 헛된 일을 했다고 은근히 비판했다.

관촉사와 돌미륵

관촉사(灌燭寺)는 은진현(恩津縣), 지금의 충남 은진면 반야산(般若山)에 있는 절이다. 고려 광종(光宗) 때 승(僧) 혜명(慧明)이 창건했다. 높이가 54척이나 되는 미륵상이 있다.

『신증동국여지승람』에 있는 기록을 보자. "관촉사(灌燭寺)는 반야산(般若山)에 있다. 돌미륵(石彌勒)이 있는데, 높이가 54척이나 된다. 세상에 전해 오는 말에, 고려 광종(光宗) 때에 반야산 기슭에 큰 돌이 솟아 오른 것을 중 혜명(慧明)이 쪼아서 불상을 이루었다 한다."

이색(李穡)의 시에, "마읍(馬邑) 동쪽 백여 리, 시진 고을 관촉사네. 큰 석상 미륵불은 '내 온다. 내 나온다' 하고 땅에서 솟아났단다. 눈같이 흰 빛으로 우뚝히 큰 들에 임(臨)하니, 농부 벼를 베어 능히 보시(布施)하네. 석상이 때때로 땀 흘려 군신(君臣)을 놀라게 했다는 말이 어찌 구전(口傳)만이랴, 국사에 실려 있다오."라고 했다.

관촉사(灌燭寺)　　　　　　　성현(成俔)

길옆에 오래된 옛 사찰이 있어,	路傍有古刹
높은 등성이에 우뚝 걸쳤구나.	超超跨雄岡
뜰 한가운데 안치한 장륙의 몸이	庭中丈六身
하늘 높이 우뚝하게 솟아올랐네.	嵬峨聳圓蒼
예전에 호사가가 있어	昔有好事者
백 척 높이의 불상을 만들었네.	搆此百尺長
항하사와 같은 억만의 세계	恒河億萬界
변화를 누가 헤아릴 수 있으랴.	變化誰能量
지혜를 베푸는 이슬로 씻어주고,	灌以施慧露
옥호의 밝은 빛으로 사방을 비춰라.	燭以明毫光
모래 사다리는 황홀한 일이라,	沙梯事悅惚
후인이 어찌 자세히 알 수 있으리.	後人安足詳
당시에는 누각들이 성대하게 건립되어	當時樓全盛
단청이 매우 휘황찬란했었는데,	金碧多輝煌
지금은 모두 매몰되어 없어지고	至今就埋沒
오직 담경당만 남아 있을 뿐이네.	惟有談經堂
스님이 유람하는 길손을 맞이해,	居僧迓遊客
한번 웃고 죽방을 열어 보이는데,	一笑開竹房
처량하구나 돌 안석 위에다	凄涼石案上
누가 전단향을 피워놓았는가.	誰爇栴檀香

● "장륙(丈六)"은 큰 부처이다. "옥호(玉毫)"는 부처 미간의 털이다. "모래 사다리는 황홀한 일이라"는 아래 설화에 설명이 있다. "죽방(竹房)"은 승려가 거처하는 방이다. 이 불상을 은진미륵이라고 하고, 많은 이야기가 있다.

관촉사 미륵(灌燭寺彌勒)

남효온(南孝溫)

광종이 천자 위험을 굽히고	光宗屈萬乘
불문의 제자에게 내려서 절했다지.	下拜桑門子
불교가 우리 동방 진동할 무렵,	象敎動東華
너 미륵불 여기 처음 세워졌다.	爾佛肇於此
기이한 얘기 궁중을 놀라게 하고	奇談駭宮闈
괴이한 의논 민간을 경동시켜,	詭論驚閭里
소원이 있으면 반드시 기도하니	有願必祈禱
소지 올린 종이 수만 장이었네.	狀疏累萬紙
어리석은 백성들이 부모처럼 섬겨	愚民事如父
그 습속 흘러온 지 사백 년이다.	流傳四百祀
내 찾아와서 옛 물건을 구경하니	我來訪古物
가람이 봄날 강가 가까이 있네.	伽藍臨春水
늙은 승려 억지로 나를 맞이해	老僧强迎我
불화 그려진 뒤에다 나를 앉히네.	坐我畫圖裏
내 그대의 청정함은 사랑하지만	吾愛爾淸靜
거창한 말을 좋게 여기지 않네.	言厖不足喜
생각건대 옛날 도가 있던 시대에는	憶昔有道時
성왕의 경건함이 지극한 바 있어,	聖王敬所止
벼리를 펼치면 모든 것이 걸렸으며,	綱張萬目擧
돈독하고 공손하게 천하를 다스렸네.	篤恭天下理
왕도의 기강이 해이해진 다음부터	日自王紀弛
백성은 다투어 괴이함 일삼고,	民爭事怪異
가련하게 오복을 내리는 권능이	可憐五福權
그대 돌부처에게 옮겨가다니.	移汝石大士

● 관촉사의 미륵을 유학자의 견지에서 불교를 비판하면서 바라보았다.

은진미륵 이야기

▲ 은진미륵

(가) 어느 여인이 반야산에서 고사리를 꺾다가 아이 우는 소리를 듣고 가서 보았더니, 아이는 없고 큰 바위가 땅속에서 솟아나오고 있었다. 당시 조정에서 이 소식을 듣고 불상을 조성하기 위하여 승 혜명에게 그 일을 맡겼다.

혜명이 수많은 장인을 거느리고 수년 동안 공사를 한 끝에 마침내 불상을 완성했는데, 불상이 너무 거대하여 세우지 못하고 걱정만 하고 있었다. 그러던 어느 날 두 동자(童子)가 삼등분(三等分)된 진흙 불상을 가지고 노는 것을 보니, 먼저 땅을 편평하게 고른 다음 삼등분된 불상의 맨 밑부분을 먼저 세우고 나서 모래를 그 밑부분 불상의 높이만큼 경사지게 쌓고서 이어서 그 중간 부분과 윗부분을 차례로 올렸다. 그 동자들은 바로 문수보살(文殊菩薩)과 보현보살(普賢菩薩)이 현신(現身)하여 혜명에게 불상을 세울 방도를 가르쳐준 것이라 한다.

혜명이 그 동자들의 불상 세우는 방법을 본떠서 마침내 불상을 세우고 나니, 하늘에서는 비를 내려 불상의 몸을 깨끗이 씻어주었고, 서기가 무려 20여 일 동안이나 불상에 서렸으며, 불상 미간(眉間)의 옥호(玉毫)에서는 광명을 발하여 사방을 비추었으므로, 그 광명의 빛이 촛불의 빛과 같다 하여 절의 이름을 이렇게 지었다고 한다. 또 국가가 태평할 때는 이 불상의 온몸이 빛나고 서기가 공중에 서리며, 국난이 있으려면 온몸에서 땀이 흐르고 손에 쥔 꽃도 빛을 잃었다고 한다.

은진미륵 소문이 널리 나서, 저승에 가면 염라대왕이 "은진미륵을 보고 왔느냐?" 하고 묻는다고 한다.

(나) 옛날에 선질장사라는 사람들이 있어, 짊어지고 다니면서 장사를 했다. 서울에서 온 선질장사가 한산에서 세모시를 한 짐 사서 돌아가다가 비를 만났다. 그곳이 은진이었다. 모시를 말리려고 미륵에다 모시를 죽 입혀놓고 잠이 들었다. 미륵이 꿈에 나와 말했다. "내가 수천 년, 수백 년 입을 것이 없어 이렇게 홀랑 벗고 살았는데, 네가 와서 옷을 입혀주니 은공을 갚아야겠다. 떨어질 '락' 붙을 '부', 이 두 자를 잊어버리지 말고 잘 써먹어라."

모시를 인제 말끔히 걷어 짊어지고 보니 해가 다 갔다. 가다가 봉놋방을 찾아갔는데, 장꾼들은 투전인가를 하면서 시끄럽고, 마방 매놓은 말들이 소리를 지르면서 발을 굴러 잠을 잘 수 없었다. 그래서 "떨어질 '락' 붙을 '부', 이 두 자를 잊어버리지 말고 잘 써먹으라고 했으니, 저놈을 좀 가서 붙여보아야겠다"고 생각하면서, 말들을 가리키면서 "붙을 '부'"라고 했다. 말들 소리가 나지 않아 잠을 잤다.

새벽 어느 때나 됐는지, 사람들이 수작을 했다.

"이거 큰일 났어!"

"왜?"

"말굽이 마판에 붙어 떨어지지 않아."

모시 장수가 나서서 돈을 주면 떨어지게 해준다고 했다. 돈을 받고 "떨어질 '락'" 하니 떨어졌다. 여러 사람 말을 돈 받고 떨어지게 하니, 그 돈이 모시 값보다 많았다.

다시 짐을 지고 가다 보니 어느 집에서 혼인 잔치를 해서 무얼 좀 얻어먹어야겠다고 하고 들어갔다. 신랑과 신부가 초례를 지내는데, 신부를 향해 "붙을 '부'" 하니 신부가 요지부동이라고 절을 시킬 수 없었다. 신랑 아버지가 가만 보니까 신부가 병신이어서 속았거든. 신랑을 데리고 가버렸다.

신부 집에서는 움직이지 않는 신부를 들어다가 방에 갖다 놓았다. 모시 장수가 그 광경을 보고 자기가 어떻게 해보겠다고 했다. "떨어질 '락'" 하니 신부가 움직였다. 신부 아버지가 "이거 이렇게 되었으니 저 사람하고 예식을 차리는 수밖에 없다"고 했다. 모시장수는 그 신부에게 장가들어 잘 살았다. 은진미륵이 발복시킨 것이다.

● 둘 다 못 될 만한데 잘 된 이야기이다. 잘 되게 하는 법력을 부처님이 발휘한 것도 같다. 그러면서 (가)는 사찰전승의 숭고전설이고, (나)는 민간전승의 골계민담인데, 이 둘은 많이 다르다. 은진미륵이 (가)에서는 거룩해 우러러보며 섬겨야 하고, (나)에서는 가련해 도와주어야 한다. (가)에서는 초라하기만 한 사람이 (나)에서는 자기 능력 이상으로 무엇이든지 할 수 있다. 비교 고찰을 자세하게 하면 설화의 양면성에 대한 깊은 이해를 할 수 있다.

호랑이가 된 낭자, 범바위

논산시 상월면 금강대학교 본관 위쪽으로 산중턱을 보면 커다란 바위가 있다. 범바위라고 하는 이 바위에 전설이 있다.

옛날에 결혼 못 한 더벅머리 총각이 살았다. 어느 날 총각이 나무를 하러 산에 올라갔는데 퉁소 소리에 이끌려 큰 바위까지 왔다. 그런데 어여쁜 낭자가 바위에 앉아서 퉁소를 불고 있는 게 아닌가. 총각이 다가오자 퉁소를 불다 말고 낭자는 "내가 이곳에서 뛰어내리면 살겠나, 죽겠나?" 하고 물었다. 뛰어내리면 죽는다고 말리자, 갑자기 바위 아래로 몸을 던져 범으로 변했다고 한다.

● 범처럼 생긴 바위를 보고 논리를 초월한 아름다운 상상을 했다.

황성 시골의 노래 「황성이곡」

황성(黃城)은 논산시 연산면의 옛 지명으로, 김려(金鑢)가 1817년(순조 17) 연산현감으로 부임하여 1819년 사임할 때까지 현지민의 생활을 보고 듣고 생각한 바를 204수의 시로 나타내고 「황성이곡(黃城俚曲)」이라고 했다. 풀이하면 「황성 시골의 노래」이다. 몇 대목을 든다.

입번 수교 등청해 호령하고서	入番首校上廳呼
군령 분명하게 저녁 점고를 한다.	軍令分明點日晡
공문이 밤에 내려와 세금을 독촉하니	甘結前宵催稅穀
해창으로 가자고 영노를 독촉한다	海倉行次飭衙奴

● 관원들이 일하는 모습을 그렸다. "邑校 有行首一員 兵房一員輪回 入直 是日 將往論山海倉 受漕船稅穀"(읍의 장교는 행수가 한 사람, 병방이 한

사람이며, 교대로 입번 근무를 한다. 이날 논산 바다 창고로 가서, 배에 실고 돈 세금 곡식을 수령한다)고 하는 풀이를 붙였다. "수교(首校)"는 군관의 우두머리이다. "감결(甘結)"은 공문이다. "아노(衙奴)"는 관가의 종이다.

가난한 집에 나라 세금 큰 고통이라,	貧家王稅劇心腸
시골 아낙 베 짜기가 어디서나 바쁘다.	村女紅梭到處忙
무명이 겨우 반 필인 것을 잘라내서	斷出木綿纔半疋
새벽에 논산 장으로 재빠르게 달려간다.	未明齊趁論山場

● 백성들의 삶은 이렇다고 했다. "論山地名 江倉所在 連歲棉凶 銅錢 一百文 白木極麤者纔六尺"(논산은 지명이며, 강가 창고가 있는 곳이다. 여러 해 목화가 흉년이어서, 동전 일백 문으로 무명 아주 거친 것 겨우 여섯자를 살 수 있다)고 하는 풀이를 붙였다. 지금은 연산이 논산의 한 면이 되어 둘의 지위가 역전되었다.

늘 모진 바람에 흙비가 덮여	鎭日獰風覆土霾
고기장사 나다니기 아주 어렵구나.	漁商行李苦難諧
나루에 개미처럼 모여 소금 파는 무리	津頭蟻聚沽塩者
이들은 모두 호서의 연로패로다.	摠是湖西軟路牌

● 바닷가 사람들의 생활상을 그렸다. "近者累日霧霾 漁船不至 魚商 輩皆沽塩而歸 方言行商中擔 板脚夫曰軟路牌"(근래 여러 날 안개가 끼고 흙비가 내려 어선이 오지 못하니, 고기장사들 모두 소금이나 팔고 간다. 방언에 등에 지게를 지고 다니는 행상을 연로패라고 한다)는 풀이를 붙였다. "연로패(軟路牌)"는 길을 가볍게 여기는 무리라는 뜻이다.

계룡산 신령 사당 거친 곳에 있어,	鷄龍神廟亂蕪中
기와집 이어지나 한적한 사절 비었다.	瓦屋斜連野寺空
새벽에 몽롱하고 신령스러운 비 내리는데,	五更冥濛靈雨下
푸른 깃발 구멍 난 덮개에 바람 스산하다.	翠旂孔盖肅然風

● 멀리 있는 계룡산 산신을 모신 사당에 관해 이렇게 말했다. "鷄龍湖西之山鎭 神廟在魯城縣治之南二十里神源寺之東數十武許"(계룡은 호서의 진산이다. 신을 모시는 사당이 노성현 남 20리 신원사 동쪽 수십 보 되는 곳에 있다)고 하는 풀이가 있다.

후천개벽 시대『정역』

호를 일부(一夫)라고 한 김항(金恒, 1826~1898)은 민중종교 운동의 기본 교리인 후천개벽설을 유교의 논리에 의해서 입증하고자 했다. 충청도 논산에서 태어나 시골에 묻혀 가난하게 살면서『주역(周易)』을 열심히 파고들다가『정역(正易)』을 저술했다. 1879년(고종 16)에 깨닫고, 1885년(고종 22)에『정역』을 완성했다고 한다.『정역』은『주역』을 뒤집어놓은 전혀 새로운 역(易)이고, 지금까지 잘못되어온 천지운행의 도수를 근본적으로 시정하겠다는 것이어서, 예사로운 책이 아니다.

『정역』은 세 번째 역이라고 했다. 첫 번째 역은 복희팔괘(伏羲八卦)를 근거로 해서 이루어지고, 두 번째 역인 현전『주역』은 문왕팔괘(文王八卦)를 기본 원리로 삼았는데, 그 사이에 시간이 많이 흘렀을 뿐만 아니라, 그 둘 다 천지운행부터 비뚤어져 있는 선천(先天)의 산물에 지나지 않기에 새로운 역이 필요하다고 했다. 그래서 세 번째 역의 근거가 되는 정역팔괘(正易

八卦)를 만들어내고 풀이해서 모든 것이 정상인 시대인 후천(後天)을 연다고 했다.

그런 논리는『주역』이 지닌 오랜 권위를 받아들여 그 결함을 시정하면서, 민중종교 운동의 공통적인 전제인 후천개벽 사상을 원천적으로 입증하자는 것이었다. 그런데『정역』은 한문으로 저술되어 있으며, 말이 어렵고 뜻이 깊어 여간해서는 이해할 수 없다. 연구하고 풀이하려는 노력이 오늘날까지 계속되지만 본령에 이르지는 못한다고 한다. 함부로 시비를 가릴 수 없으며, 어려운 만큼 숭앙되는 효과를 지니고 있고 신이하게 보이기도 하니, 그 점은 경전으로서 유리한 요건이다.

김항은 민중과 가까워지는 길을 찾지 않았고 소수의 제자만 상대로 강학하는 데 힘쓰기만 했다. 그렇지만 엄정한 자세를 지키기만 했던 것은 아니고, 노래하고 춤추는 데서 더 큰 즐거움을 맛보았다고 한다. 글이 모자라 무식한 제자가 자기 뜻을 더 잘 알 것이라고 했다 한다. 난해한 문구는 그런 것 때문에 얽힌 생각의 매듭을 풀어내기 위해서 필요하기는 하지만, 진실 자체에 접근하는 데는 모자라기 마련이라고 생각했던 것 같다. 그러나 글을 쉽게 쓰는 방법은 찾지 못했고, 의사 전달이 제대로 되지 않아 갑갑한 느낌을『정역』에 수록되어 있는 한시 몇 편에다 토로해서 보완책을 삼는 데에 머물렀다.

> 모든 도도한 선비님네들아,　　　　　凡百滔滔儒雅士
> 내 방랑음 한 곡조 들어보아라.　　　聽我一曲放浪吟
> 서전 읽고, 주역 배우기는 선천의 일,　讀書學易先天事
> 이치 캐고 몸 닦는 후천 사람 누구냐.　窮理修身后人誰

「구구음(九九吟)」이라고 한 시의 서두가 이렇게 시작된다. 범속한 선비가 숭상하는 격식에서 벗어났기에 방랑음인 노래를 지어, 아직도 유학의 경전에 매달리고 있으면서 선천시대가 끝나는 줄 모르니 개탄스럽다고 했다. 이 노래는 두 줄 넘어가 다음과 같이 이어지면서, 이미 생명을 다한 헛된 공부에 집착하는 풍조를 불식하자니 미친 듯 웃고 노래할 수밖에 없다고 했다.

육십 평생 미친 짓거리 하는 일부는	六十平生狂一夫
스스로 웃고 남도 웃으니 웃음이 많구나.	自笑人笑恒多笑
웃음 속에 웃음 있어 무슨 웃음 웃는고.	笑中有笑笑何笑
그 웃음 능히 웃고 웃으면서 노래하네.	能笑其笑笑而歌

김항이 말하고자 한 바는 후천개벽의 새로운 시대를 맞이해 세계사의 중심이 되는 조선이 모든 차별과 불행을 해소하고 평등·사랑·조화를 이룩하는 데 앞장서야 한다는 것으로 요약할 수 있어 납득할 만하지만, 표현 방법이 명쾌하지 못하다. 정통 유학을 거부하고 세상을 혁신하는 논리를 철저하게 다지느라고 난해하기 이를 데 없는 저술을 해야 했다. 그래도 속이 차지 않아 미친 듯 노래하고 춤추었다.

김항의 후계자들은 이 두 가지 방향을 각기 이었다. 한쪽에서는 『정역』을 연구하고 풀이하는 데만 힘쓰고, 다른 쪽에서는 노래하고 춤추는 것을 종교 의식으로 정립해 영가무도교(詠歌舞蹈敎) 등의 교단을 열었다. 『정역』 사상은 실학 시대의 북학, 천주교인 서학, 최제우의 동학과 병칭되는 남학(南學)이라고 일컬어지기도 한다. 남학은 종교로서 미미한 위치를 차지했지만, 후천개벽사상은 여러 민중종교운동에 깊은 영향을 끼쳤다.

논산 보기

노강서원

충청남도 논산시 광석면 오강리에 있는 조선 후기의 사액서원이다. 사적 제540호. 문신이자 유학자인 김수항(1629~1689)의 발의로 윤황(1572~1639)의 학문과 덕행을 추모하고 지방민의 유학 교육을 위해 1675년(숙종 1)에 건립되었는데, 때는 윤황이 세상을 뜬 지 36년 후의 일이다. 윤황을 주향자로, 윤문거, 윤선거, 윤증을 추향자로 봉안하고 있다. 윤황 집안 3대가 함께 배향된 점에서 파평 윤씨의 문중서원의 성격을 강하게 띠고 있다고 볼 수 있다.

서원은 조선시대의 대표적인 교육기관으로서 지역 유교문화의 중심 역할을 했다. 조선 중기에 4대 사화를 비롯한 정치적 혼란이 심할 때 학자들은 타의 혹은 자의로 귀향, 은거하면서 후학 양성에 힘썼는데, 노강서원 역시 같은 배경을 가진 서원들 중 하나이다. 대원군 서원철폐령 하에서도 살아남아 지금까지 그 모습을 잘 유지하고 있다. 지금도 유림들에 의해 매년 음력 2월과 8월 중정(그달의 두 번째 'T'일)에 선현들을 위한 제사가 행해지고 있다.

▲ 외삼문　　　　　　　　　　　　▲ 홍살문

　노강서원은 구릉을 등지고 전면에 강당을 중심으로 한 강학공간, 그 뒤쪽에 사당을 둔 전형적인 '전학후묘(前學後廟)' 형식을 갖춘 서원이다. 17세기 말 서원 건축의 시대 양식을 잘 보여주는 특성을 가진 문화재적 가치가 높은 서원이기도 하다.

홍살문과 외삼문

　서원 진입은 수십 미터 전방에 세워져 있는 홍살문으로부터 시작된다. 홍살문은 붉고 둥근 두 기둥 사이를 건너지른 가로대에 붉은 나무 창살을 가지런히 꽂아놓은 모습이다. 가운데 창살은 삼지창 모양인데 상부에 태극 도형이 장식돼 있다. 홍살문은 세속과 신성한 공간의 경계에서 두 공간을 분리함과 동시에 연결시키는 기능을 한다. 이곳이 유교 성현을 모신 곳이니 여기서부터 말과 행동을 삼가고 경건한 마음으로 진입하라는 표시다.

　서원 정문 중에는 소규모의 일각문, 또는 사주문(四柱門) 형태로 된 것도 없지 않지만 노강서원 정문은 번듯한 규모의 삼문(三門) 형식을 갖추었다. 유생들은 이 정문을 외삼문이라 부른다. 『설문해자(說文解字)』에서는 '내(內)'를 "먼 곳에서 들어오는 곳, 밖으로부터 들어오는 곳(從□入 自外而入也)"이라 했다. 달리 말하자면 '내'는 주체가 지금 거처하는 공간인 것이다. 서원은 유교 성현을 기리며 학문과 덕성을 따라 배우는 곳이다. 당연히 서원의 주체는 성현이고 그들의 위패를 모신 사당은 '내'적 공간으로 설정된다. 때문에 사당 출입문을 내삼문이라 하고, 그 반대 개념인 정문을 외삼문이라 하는 것이다. 내·외삼문 호칭 뒤에도 서원 주체인 성현에 대한 존숭의 마음이 숨어 있는 것이다.

강당과 동·서재

노강서원 강당(보물 제1746호)은 정면 5칸, 측면 3칸 규모인데 가운데 3칸은 대청마루로, 그 양쪽은 온돌방으로 꾸며져 있다. 새 날개처럼 생긴 공포 형식이 특이하고 맞배지붕 옆면에 덧붙인 내림지붕은 비바람을 막고 건물에 시각적인 안정감을 주는 기능을 하고 있다. 창방으로 결구된 기둥 사이에 하나씩 놓인 장화반(長花盤)은 단조로운 건물에 생명을 불어넣기에 충분하다.

서원의 강당에는 대부분 편액이 걸려 있다. 그런데 현존 유적들을 살펴보면 서원명을 쓴 편액 하나만 걸려 있는 경우, 당호와 서원명 편액이 함께 걸린 경우, 그리고 서원명 편액만 강당 정면에 걸려 있는 경우가 있다. 노강서원 강당은 후자에 속한다.

강당은 강학당(講學堂)의 준말이다. 서원의 중심이라는 뜻을 살려 중당(中堂)이라 부르기도 한다. 강(講)은 '외우다', 또는 '설명한다'는 뜻이다. 학생이 지금까지 배운 글을 스승이나 시관(試官) 또는 웃어른 앞에서 외워 보이는 것이 '강'이다. 스승의 입장에서 보면 '강'이 제자의 공부가 얼마나 늘었는지 확인하는 방법이 된다. '강'은 또한 강의(講義)의 준말로 '해석하다'

▲ 강당

'풀이하다'는 의미로도 해석된다.

'학(學)'이란 '배운다'는 뜻이다. 배움의 원천적 의미는 모방이다. 학생들은 유교 성현들의 언행과 학문을 따라 배우면서 유교 사상과 윤리 규범을 익혀 나간다. 송나라 성리학자 주돈이는 "선비는 현인(賢人)처럼 되기를 희망하고, 현인은 성인(聖人)처럼 되기를 희망하고, 성인은 하늘처럼 되기를 희망한다"고 했다. 그러고 보면 학인들이 공부를 하여 점진적으로 성취해야 할 단계와 목표가 분명한 것이다 이 원대한 목표 달성을 위해 공맹(孔孟)과 주자 등 성현들의 학문과 사상을 배우고(學) 암송(講)하고 익히는(習) 공간이 바로 강당인 것이다.

강당을 중심으로 한 강학 공간 안에는 기본적으로 유생들이 생활하고 휴식하는 공간인 동재(東齋)와 서재(西齋)가 마련된다. '재(齋)'는 기(氣)를 갈무리하여 정신을 수습하여 수신하거나 은밀히 처신하는 곳이라는 의미를 가지고 있다. 유생들이 공부하거나 기거하거나 휴식을 취하는 공간을 '재'라고 하는 이유다. 이런 면에서 '당(堂)'보다 더 개인적 색채가 짙은 공간이라 할 수 있다. 노강서원의 동재 이름은 송덕재(頌德齋), 서재 이름은

▲ 숭의사 (노강서원 사당의 당호)

▲ 내삼문

경송재(經誦齋)다. 송덕은 선현의 덕을 추모하고 기린다는 뜻이고, 경송은 경을 외운다는 뜻이다. 전자는 인품에 관한 것이고 후자는 학문에 관한 것이다. 위기지학(爲己之學)이라는 서원 교육의 목표가 재 이름에도 드러나 있는 셈이다.

재는 강당 전면 좌우에 각각 배치되는 것이 일반적이며, 남향한 강당 기준으로 왼쪽 것을 동재, 오른쪽 것을 서재라 한다. 강당이 남향이 아닌 경우라도 좌우의 재를 각각 동재, 서재로 부르는데, 이것은 배북향남(背北向南)을 정방위로 보는 전통 방위관념의 소산이다.

사당과 내삼문

노강서원 사당의 당호는 숭의사(崇義祠)다. 강당 뒤편 높은 대(臺) 위에 자리 잡고 있다. 사방이 높은 담장으로 둘러쳐져 있어 분위기가 엄숙하고 고요하다. 공자가 누누이 강조한 인(仁)을 실천하는 것이 의(義)다. 모든 일을 천도를 따르고 인도에 어긋남이 없이 행하는 것이 의(義)인 것이다. 의를 실천해 보였던 선현에 대한 존숭의 마음이 당호에 담겨 있다.

숭의사 출입문, 즉 내삼문은 일반적인 서원의 내삼문과 다르다. 보통 경우처럼 하나의 평삼문 또는 소슬삼문이 아니라 사방 1칸짜리 작은 사주문(四柱門) 3개를 일정한 거리를 두고 세웠다. 각 문마다 이름을 붙였는데, 가운데 것이 숭현문(崇賢門), 그 왼쪽(동쪽)이 숙례문(肅禮門), 오른쪽(서쪽)이 지선문(至善門)이다. 천지의 밝은 덕을 이어받아 언제나 지극하고 선한 마음이 촉발된 상태에 있었던 선현들을 엄숙한 예를 갖추어 존경하고 숭상한다는 뜻이 문 이름에 담겨 있다.

배향자 면면

노강서원의 주향자 윤황은 노성을 고향으로 삼고 살아온 파평 윤씨 자손이며 추향자 3인 중 윤문거와 윤선거는 윤황의 아들이고 윤증은 손자다. 학맥으로 보면 윤황은 유학자 성혼(1535~1598)의 문인이고 윤선거는 정치가이자 예학사상가인 김장생(1548~1631)의 문인이자 충청오현(忠淸五賢)에 드는 서인의 거두이다. 그리고 윤증은 소론의 영수이다. 정쟁(政爭)의 소용돌이 속에서 1717년(숙종 43) 윤선거와 윤증의 관직이 삭탈되면서 사액 현판까지 철거되는 수모를 겪었다. 그러다가 1722년(경종 2) 두 사람의 관직이 회복됨에 따라 현판도 복액되고, 1781년(정조 5)에 건물도 중수되었다.

처음 서원의 건립을 발의하였던 인물들은 김수항을 비롯하여 광성부원군 김만기, 좌의정 조사석, 영의정 여성제, 우의정 신익상, 민유중 등으로 당대의 쟁쟁한 명상과 명현들이었다. 이처럼 노강서원은 기호지방에 막강한 영향력을 가지고 있었던 서원이었다.

돈암서원

충청남도 논산시 연산면 임리에 있다. 사적 제383호. 이 서원은 향촌 유림들이 사계 김장생(1548~1631)이 타계한 지 3년 후인 1634년(인조 12)에 그의 학덕을 추모키 위해 창립되었다. 이에 앞서는 제향은 주로 김장생의 부친이 건립한 경회당(慶會堂)과 김장생이 창건한 양성당(養性堂)에서 이루어졌다. 사당이 본격적으로 서원의 면모를 갖추게 된 것은 강당을 세우고부터다. 1659년(효종 10) 효종으로부터 '돈암(遯巖)'이라는 현판을 받고 사액서원이 되었고, 뒤이어 1660년 현종으로부터 또 사액을 받았다. 이처럼 불과 1년 만에 동일 액호(額號)로 사액을 받은 것은 드문 일이다. 1871년(고종 8)의 전국적 서원 철폐령 아래서도 훼철되지 않고 보존되었다.

창건 당시에는 김장생 한 분을 주향으로 설정했으나 후에 김집, 송준길, 송시열을 각각 추배함으로써 4위의 신위를 모시게 되었다. 김장생 선생의 예학정신이 깃들어 있는 돈암서원은 선생을 배향하는 서원 중 비중 있고 영향력 큰 서원으로, 또 기호문화의 성지로 인정받고 있다, 이 서원은 2019년 7월 6일, 소수서원(경북 영주), 도산서원(경북 안동), 병산서원(경북 안동), 옥산서원(경북 경주), 도동서원(대구 달성), 남계서원(경남 함양), 필암서원(전남 장성), 무성서원(전북 정읍)과 함께 '한국의 서원'이라는 이름으로 우리나라 14번째 유네스코세계문화유산으로 등재되었다.

돈암서원은 원래 현 위치에서 약 1.5킬로미터 떨어진 연산면 임리(林里, 숲말)에서 창건되었다. 그런데 그곳의 지대가 낮아 홍수 때마다 서원 뜰 앞까지 물이 차오르므로 1881년(고종 18) 지금의 자리로 옮겨 세웠다. 그 때문인지 남북 축선상에 사당과 강당을 배치하고 그 좌우에 동·서재를 두는 보편적 배치 형식과 다른 모습을 보인다.

▶ 산앙루

　정문을 들어서면 왼편으로 응도당(보물 제1569호)이 나타나고 정면으로 양성당이 보인다. 그 좌우에 자리 잡고 있는 것이 동재 거경재와 서재 정의재다. 양성당 서쪽에 책판과 왕실 하사품을 보관하는 장판각이 있다. 배향 공간인 사당은 서원 가장 안쪽에 위치하고 있는데 당호가 숭례사다. 매년 봄가을로 이곳에서 향사례가 베풀어진다. 응도당 북쪽에 있는 건물이 김장생 선생의 부친 김계휘 선생이 강학하던 정회당이다.

산앙루

　산앙루(山仰樓)는 누각 형식의 건물로 최근에 지은 건물이다. 서원의 누각은 누와 문, 즉 누문(樓門) 기능을 동시에 하는 것이 일반적인데, 돈암서원 산앙루는 그렇지 않다. 『시경(詩經)』의 「소아(小雅) 차할(車牽)」에 "저 높은 산봉우리 우러러보며 큰길을 향해 나아가노라(高山仰止 景行行止)."라는 말이 있다. 선현의 인품을 품평할 때나 존경할 만한 선현을 사모하는 마음을 표할 때 흔히 이 문구를 인용한다. 선현의 위패를 모시고 그의 학덕을 따라 배우는 서원의 누각 이름으로 제격이 아닐 수 없다.

누(樓)는 그것을 둘러싼 아름다운 자연 환경과 유기적 관계 속에 있을 때 빛이 난다. 고려 말 문인 안축은 누정을 짓는 이유를 이렇게 설명했다. "천하의 물건이 형체가 있는 것은 모두 이치가 있으니, 크게는 산과 물, 작게는 주먹 만한 돌, 한 치 만한 나무라도 그렇지 않은 것이 없다. 그러므로 유관(遊觀)하는 사람은 이런 것을 보고 흥을 느끼며, 따라서 즐거워하는 것이다. 누대와 정자를 짓는 이유가 여기에 있다."(『신증동국여지승람』) 서원의 누각은 공부에 전념하던 학생들의 휴식 공간이다. 강당이 몸과 마음을 곧게 하여 공부하는 데 열중하는 곳이라면 누각은 자연 속에서 몸과 마음을 잠시 굽혀 쉬는 휴(休)의 공간인 셈이다.

외삼문

누각을 지나면 이 서원의 출입문인 3칸 솟을대문이 나온다. 그런데 좌우 한 칸이 회벽으로 막혀 있어 통행은 가운데 칸으로만 가능하다. 서원을 이곳으로 옮겨오기 전에도 이런 구조였는지 알 수 없으나 전통적인 외삼문 형태를 벗어난 것은 분명하다. 삼문은 그 이름처럼 3개 문로를 가진 문을 일컫는다. 중앙을 어칸, 그 양쪽을 각각 좌칸, 우칸이라 하는데, 어칸은 서원의 주체인 성현의 혼백이 드나드는 문으로 설정되기 때문에 평소에는 이 문을 닫아두고 선생과 학생을 비롯한 모든 사람들은 좌우 협문으로만 출입한다. 서원에서의 좌우는 남향한 사당에 모셔진 성현을 중심으로 설정된다. 이에 따라 동쪽이 왼쪽 문(향우), 서쪽이 오른쪽 문(향좌)이 된다. 출입은 왼쪽 문으로 들어와서 오른쪽 문으로 나가는 것을 법도로 삼는다. 그런데 좌우칸이 회벽으로 막혀 있으면 이러한 질서가 무시될 수밖에 없다.

외삼문 이름은 입덕문(入德門)이다. 이것은 입덕지문(入德之門)과 같은 말로 덕으로 들어가는 문로(門路)라는 뜻이다. 정문으로 들어간 다음에는

▶ 입덕문(외삼문)

길 잃을 염려가 없다는 가르침이다.

문액(門額)은 진입하는 사람이 볼 수 있는 위치, 즉 문 앞쪽에 거는 것이 정식이다. 과거 한때 돈암서원에서는 문액을 문 뒤쪽(안쪽)에 걸어둔 적이 있다. 서원 이름을 알리는 큰 편액을 문 앞쪽(바깥쪽)에 달다 보니 벌어진 일이었다. 이 때문에 서원을 처음 방문하는 사람은 문 이름도 모른 채 진입하곤 했던 것이다. 그런 잘못이 2019년까지 계속되다가 다행히도 유네스코 세계문화유산 등재를 재신청할 즈음에 바로잡혔다.

서원에는 두 개의 큰 문이 있다. 하나는 성현을 모신 사당 출입문－내삼문이고 또 하나는 서원 출입문－외삼문이다. 전통시대에 있어서 '내·외'는 그 공간의 주체를 중심으로 설정되기 때문에 서원의 주체인 성현을 모신 사당 출입문을 내삼문, 서원 출입문을 외삼문이라 하는 것이다. 외삼문은 진입문이기 때문에 예로부터 모든 서원에서는 학생들이 배우고 익혀야 할 것과 행해야 할 덕목을 쓴 문액을 외삼문 밖에 걸어두었다. 학생들이 공부하러 올 때 이 문액 내용을 보고 학문 성취와 덕행에 대한 각오를 새롭게 다짐하게끔 하기 위함이었다.

◀ 응도당

응도당

외삼문을 들어서면 왼쪽으로 응도당(보물 제1569호)이 보인다. 고종 8년 (1881) 침수를 피해 서원을 이곳으로 옮길 때 경비 문제로 그 자리에 남겨 둔 것을 1971년 현재 위치로 이건한 것이다. 당호 '응도(疑道)'는 지극한 덕의 결집을 통해 도가 이루어짐을 뜻한다. 잡된 생각과 헤아림을 끊고 하늘로부터 품수한 덕성을 보존하고 사물의 이치를 밝히는 학행을 게을리하지 않으면 지극한 도가 이루어진다는 의미다.

응도당 기둥마다 주련이 걸려 있다. 중국 송나라 사람 범준의 「심잠(心箴)」 중에서 기둥 수만큼 추린 내용이다. 맨 왼쪽(향우) 기둥의 "茫茫堪輿 俯仰無垠(망망감여부앙무은)" "人於其間渺然有信(인어기간묘연유신)"부터 맨 오른 쪽(향좌) 기둥의 "惟口耳目手足動靜(유구이목수족동정)" "投間抵隙爲 厥心病(투간저극위궐심병)"까지의 내용을 요약 정리해보면 이러하다.

망망한 천지여 굽어보고 쳐다봐도 끝이 없다.
사람이 그 사이에 가물가물한 몸을 두고 있으니
이 몸이 보잘것없음이 태창의 한 톨의 쌀이로다.

▶ 양성당

삼재(三才)에 참여하니 말하기를 오직 마음뿐이라 하는데
예로부터 지금까지 누가 이 마음이 없겠냐마는
마음이 형상에 사역을 당하니 바로 금수로다.
오직 입 귀 눈 손발의 동정이 사이에 의탁하고
틈에 던지니 그 마음의 병이 되도다.

양성당과 동·서재

양성당(養性堂)은 김장생이 스스로 지은 건물인 까닭에 이 서원 주향자의 체취와 흔적을 가장 짙게 느낄 수 있는 건물이라 할 만하다. 양성(養性)은 하늘로부터 품수받은 천성을 보존하고 기른다는 의미다. 양성당 전면 기둥마다 주련이 걸려 있는데, 내용은「주자경재잠(朱子敬齋箴)」중에서 취했다.「주자경재잠」은 주자가 스스로를 경계하기 위해 자신의 서재인 경재(敬齋)에 걸어두었던 20편의 경구다. 그중에서 "正其衣冠尊其瞻視(정기의관존기첨시)" "足容必重手容必恭(족용필중수용필공)" "出門如賓承事如祭(출문여빈승사여제)" "守口如瓶防意如城(수구여병방의여성)" "當事以存靡他其適(당사이존미타기적)" "惟心惟一萬變是監(유심유일만변시감)" 등 6개 경구를 주련으로 만들어 걸어둔 것이다. 내용을 풀어 요약하면 대강 이러하다.

> 의관을 바르게 하고 눈길을 존엄하게 하라
> 발의 가짐은 반드시 정중하게 하고 손의 가짐은 반드시 공손하게 하라
> 문을 나설 때는 손님 뵙듯 단정히 하고
> 일을 할 때는 제사 지내듯 정성껏 하라
> 입조심하기를 병(瓶)처럼 하고 뜻 방어하기를 성(城)처럼 하라
> 일에 임해서는 마음을 그 일에만 두고 다른 곳에 두지 말라
> 오직 마음을 하나로 가지면 만 가지 변화를 보살필 수 있다.

양성당 좌우에 자리 잡은 건물이 동재와 서재로, 당호가 각각 거경재(居敬齋), 정의재(精義齋)다. 주자가 41세 때인 1170년에 건양의 운곡에다 회당(晦堂)과 두 협실(夾室)을 지었는데, 그 이름이 경재(敬齋)와 의재(義齋)였다. 조선의 학인들은 '경'과 '의'를 서재 이름으로 삼아 주자의 가르침이 그러했음을 보이려 한 것이다.

숭례사와 꽃담

숭례사(崇禮祠)는 제향 공간으로 서원 가장 안쪽 높은 곳에 위치한다. 이곳에서 매년 봄, 가을에 향사례가 행해진다. 사우에서 선현을 제향하는 것은 부모가 돌아가신 날을 기려 행하는 기제사와는 다르다. 공이 있으면 제사를 지내고 덕이 있으면 제향을 올리는 법이다. 사당을 세워 혼령을 봉안하는 것은 단순히 사모하는 뜻을 표하려는 데 있지 않고 그를 모범과 본보기로 삼으려는 데 뜻이 있다.

전돌을 박아 넣고 회칠로 마감한 숭례사 담장에 김장생 선생의 인품과 사상을 요약한 ① 地負海涵(지부해함), ② 博文約禮(박문약례), ③ 瑞日和風

▲ 숭례사

▲ 숭례사 꽃담 장식

(서일화풍) 등 열두 글자가 새겨져 있다. 그 뜻을 풀어 보면 대강 이러하다. ①은 땅이 온갖 것을 다 실어주고 바다가 모든 물을 다 받아주듯이 모든 것을 열린 마음으로 포용하라. ②는 배움을 통해 지식을 확장하면서도 자만하지 않고 예에 맞게 언행을 절제해야 한다. 지식 축적뿐만 아니라 자기 수양도 동시에 이루어져야 함을 강조한 것이다. ③은 상서로운 해, 온화한 바람이라는 뜻으로 군자의 인품을 상징하는 말이다.

배향자 면면

돈암서원의 배향 인물들은 모두 인조반정으로 중앙 정계에 발탁되어 이후 붕당정치를 주도한 서인 계열 인사들이다. 이들은 병자호란 이후에는 벼슬을 그만두고 향촌으로 돌아와 학문 연구에 전력을 기울여 후진을 양성한 대표적인 산림(山林)들로서, 17세기 조선의 정치적 이데올로기를 뒷받침했던 명유들이다.

주향자 김장생은 율곡 이이의 수제자로서 성리학의 적전계보를 이어받아 실천적 유학으로서의 예학을 하나의 학문으로 성립시킨 인물이다. 고향으로 돌아온 이후에도 조정에서는 그에게 벼슬을 제수하려 했으나 끝내 나아가지 않았다. 그가 연산에서 강학 활동을 하면서 길러낸 김집, 송시열, 송준길은 모두 기호학파의 맹장으로서 효종이 즉위하자 중앙 정계에 발탁되었다.

두 번째 배향 인물인 김집은 김장생의 아들이자 제자로서, 부친이 성립시킨 예학의 실천성을 강조하고 이론을 보다 깊이 고증함으로써 조선 성리학을 한 단계 진일보하도록 이끌었으며, 그의 문하에서는 윤선거, 윤문거가 배출되었다. 그리고 송시열과 송준길은 돈암서원 건립의 출문유사(出文有司)로 활동하였고 스승의 학통을 이어받아 성리학을 연구하여 자신들의 철학을 정립하였으며, 17세기 붕당정치의 각축 속에서 예송논쟁을 주도하는 등 중앙 정계에 막강한 영향력을 행사하였다. 돈암서원 배향 인물 네 사람은 후에 그 학문적 업적과 사회적 공로를 인정받아 모두 문묘에 종사되었다. 이들을 제향하고 있는 돈암서원은 그 위상 때문에 1871년(고종 8년)에 흥선대원군의 서원 철폐 시에도 훼철 대상에서 제외되어 충청도에서 존치된 유일한 서원이 되었다.

명재고택

명재고택은 조선 숙종 때 학자 명재 윤증(1629~1714)과 연고가 깊은 집으로, 충청남도 논산군 노성면 교촌리에 있다. 국가민속문화재 제190호. 명재고택은 윤증 본인이 직접 지은 것이 아니라 그의 아들이 1706년에 지은 집이다. 그럼에도 명재고택으로 불리게 된 것은 윤증의 정치적 삶과 관련이 깊다. 1673년 남인 숙청을 둘러싸고 서인들 간에 이견이 생겨 강경파 노론과 온건파 소론으로 갈라서게 되었다. 이 과정에서 윤증은 그의 추

▲ 명재고택 사랑채

▲ 명재고택 안채

종 인물들, 즉 소론 당인과 제자들에 의해 소론의 영수로 추대된다. 강한 정치적 영향력을 가진 인물로 부각되면서 자연스럽게 아들의 집이 윤증, 곧 소론 영수의 집이라는 상징성을 갖게 된 것이다. 윤증이 전에 머물던 유봉정사(酉峯精舍)가 소론 세력 응집의 중심지로서의 상징성이 약했던 점도 이에 영향을 미쳤을 것이 분명하다.

주택의 공간 구조, 배치 형태, 창호의 처리 등 여러 면에서 조선시대 양반 가옥의 특징을 잘 보여주는 보존 가치 높은 가옥이다. 건축적 측면뿐만 아니라 윤증이라는 호서지방에서 영향력 있는 유학자의 거처였다는 점도 이 집을 중요시하는 또 하나의 이유다.

명재고택은 크게 안채와 사랑채로 구분된다. 안채는 'ㄷ'자 형태로, 중앙에 대청이 있고 대청 오른편에 안방과 윗방이, 그 남쪽에 넓은 부엌이 있는데, 위쪽은 다락으로 꾸며져 있다. 대청 뒤편 좌우에 고방이 있고 대청 왼편에는 건넌방이 있다.

사랑채는 높은 대(臺) 위에 올라앉았는데, 정면 4칸, 측면 2칸 규모다. 대청과 툇마루가 연결돼 있고, 가운데에 온돌방이 있으며, 오른쪽에 매력적인 돌출 누마루가 설치돼 있다. 사랑채 정면에 "이은시사(離隱時舍)"라 쓴 편액이 걸려 있는데,『주역』건괘·구이·효사(爻辭)·전(傳)에 나오는 "출잠이은(出潛離隱)"을 인용한 것으로 보인다. '시사(時舍)'는 몇 가지 뜻으로 풀이할 수 있는데 '시의(時宜)에 맞게 통한다(通舍)'의 뜻으로 해석하는 학자들이 많다. 결국 이것은 '물속의 잠룡(潛龍)이 세상으로 나와 뜻을 편다'는 뜻이 된다.

사랑채는 바깥주인이 일상생활을 하는 공간임과 동시에 손님을 맞이하고 접대하는 장소이기도 하기 때문에 주인은 손님과 정서적으로 뜻을 공유하며 즐길 수 있는 글 또는 그림을 벽에 걸어두거나 고상한 취미 과시를 위한 고산수(枯山水)와 같은 치장물들을 사랑채 주변 마당에 베풀어놓기도 한다. 사랑채 뒤쪽에는 완만한 경사지를 이용한 독특한 분위기의 뒤뜰이 있으며, 앞쪽에는 비교적 넓은 방지가 펼쳐 있다.

윤증 문중과 기호학파

윤증은 인조 때에 대사간을 지낸 윤황(1571~1639)의 손자다. 흔히 윤증의 가문은 파평 윤씨 노종오방파의 한 가계로 일컬어진다. 노종오방파는 윤창세의 다섯 아들을 일러 하는 말인데, 윤수, 윤황, 윤전, 윤흡, 윤희가 그들이다. 이 종파는 예부터 연산의 광산 김씨, 회덕의 은진 송씨와 더불어 호서지방의 대표적 사족으로 위세를 떨쳤다.

파평 윤씨의 활동 무대는 공주목 남부 일대를 중심으로 하는 지역이었다. 노성 지방은 파평 윤씨 일족의 거주지로서, 그리고 금산 지역은 학문 강학의 중심지로 유명하다. 이들은 호란과 청나라의 압력으로 국기가 흔들리던 16~17세기에 청과의 투쟁 과정에서 척화운동을 주도, 척화가문으로서도 명성을 날렸다.

노종오방파 중에서 특히 윤황의 직계가 가장 출중한 인물들을 배출했다. 윤황은 윤씨 가문의 핵심 인물답게 슬하에 8형제의 많은 가솔을 거느렸다. 윤선거는 충청지방 호서사림을 대표하는 인물임과 동시에 금산에서의 오랜 학문 활동과 후학 양성에 힘쓴 결과 충청 사림계에서의 영향력이 상당했었는데, 그가 바로 윤증의 아버지다. 이와 같은 조선 최고 명문 가정에서 출생한 윤증은 훌륭한 가정교육과 당대 유명 학자로부터 최고의 교육을 받았다.

조선 중기 정치문화는 크게 안동을 중심으로 하는 영남 지역과 연산, 대전을 중심으로 하는 충청 지역으로 나눠져 있었다. 영남학파는 남인 계열, 기호학파는 서인 계열이 주축을 이루었다. 기호학파의 호서 지역은 예론의 정통 학맥이 줄기를 이룬 곳으로, 다른 어떤 지역보다도 양반 사족들의 사회적 지위가 높았다. 충청남도에 남은 양반가옥 대부분이 서인 계열과 직간접적인 관계를 가진 것도 우연이 아니다. 대표적인 것이 노성의 명재고택이고, 김장생의 사계고택, 송준길의 대전 회덕 동춘선생 고택, 그리고 송시열의 대전 소제동 송자고택도 같은 등속에 속한다.

관촉사와 돌미륵

충청남도 논산시 관촉동 반야산 기슭에 자리 잡은 고려시대 창건 사찰이다. 창건 연대는 정확히 알려져 있지는 않지만 미륵상이 969년(고려 광종 20) 혜명 스님에 의해 조성되었다 하므로 이때를 전후한 시기에 창건이 이루어진 것으로 추정해볼 수 있다. 하지만, 미륵상 조성 일화나 전설 내용 살펴보면 불전을 갖춘 정식 사찰로 출발한 것은 이보다 뒤의 일일 가능성이 크다. 거대한 미륵상을 조성해놓으니 상서로운 기운이 20여 일 동안 불상에 서렸고, 백호에서 광명이 발하여 사방을 비추었으므로, 그 빛이 촛불의 빛과 같다 하여 절 이름을 관촉사로 지었다는 창건 설화 내용이 이를 뒷받침해준다.

이 절의 대표 상징이자 신앙의 중심인 관촉사석조미륵보살입상(국보 제323호)은 토속신앙과 불교가 혼합된 감성을 바탕으로 미륵의 위신력을 빌려 안녕과 행복을 추구했던 당시 충청도 민중들의 염원이 잘 표출된 불상으로 평가되고 있다. 경내에는 미륵상 외에도 석등(보물 제232호), 배례석(충청남도 유형문화재 제53호), 석문(충청남도 문화재자료 제79호), 오층석탑, 사적비 등의 문화재가 남아 있으며, 당우로는 관음전, 삼성각, 사명각(四溟閣), 해탈문, 현충각 등이 있다.

관촉사석조미륵보살입상

문화재 지정 명칭이 '관촉사석조미륵보살입상'으로 돼 있지만 『신증동국여지승람』에는 '돌미륵(石彌勒)'으로 기록돼 있다. 그리고 일반인들에게 잘 알려져 있는 이름은 지정 명칭이 아니라 '은진미륵'이다. 부처와 보살의 구별이 모호하지만 이 이름에 미륵에 대한 당시 민중들의 인식이 잘 드러나 있다. 관촉사 돌미륵은 김제 금산사 미륵전 금동미륵불상과 함께 우리나라 역대 대불상(大佛像)들 중 으뜸으로 꼽힌다.

미륵은 범어 '마이트레야(Maitreya)'를 음역한 것으로, '마이트레야'는 친구를 뜻하는 '미트라(Mitra)'에서 파생된 말이다. 미륵이 친구처럼 친밀하고 자비롭다 해서 그렇게 부르는 것인데, 우리나라와 중국에서는 그 뜻을 새겨 자씨(滋氏)보살, 또는 자존(慈尊)이라 번역하기도 한다. 금산사 미륵전의 3개 편액 중 맨 아래쪽에 걸린 '대자보전(大慈寶殿)'도 같은 맥락이다.

미륵은 석가불의 보처보살 또는 당래불(當來佛)로 불린다. 보처보살은

▲ 관촉사

▲ 석조미륵보살입상(은진미륵)

현세불인 석가모니불을 보우한다는 뜻이니, 결국 부처가 될 후보자라는 의미다. 그리고 당래불은 미래세에 석가모니불을 이어 부처가 되는 것이 정해진 보살이라는 뜻이다.

미륵은 석존의 제자로서 부처가 되기 위해 도솔천에서 수행 중이라고 하며, 석존 입멸 후 56억 7천만 년 후 사바세계 용화수 아래로 내려와 성불하고 3회에 걸친 법회를 연다고 한다. 미륵불의 정토인 용화세계는 꽃과 향으로 덮여 있고, 인간 수명은 8만 4천 세나 되고, 수많은 보배들이 곳곳에 넘쳐나지만 탐하는 사람이 없는 풍요로운 곳이다. 용화세계는 이처럼 모든 중생들이 다시 태어나고 싶은 안락과 풍요의 이상향인 것이다.

관촉사 미륵상은 풍탁이 달린 면류관 형태의 보관(寶冠)을 쓰고 중품중생(中品中生) 수인을 결한 모습으로 동남향을 향해 서 있다. 중생중품 수인은 아미타구품인 중 하나로 보살이 결하는 수인이 아니다. 그러므로 이 석상은 미륵보살이 아닌 하강한 미륵불을 나타낸 것으로 볼 수 있을 것이다. 미륵상 앞에는 사자상이 양단에 조각된 석조 연화장식 탁자가 횡으로 길게 설치돼 있고 그 앞에 배례석이 있는 배례 공간이 마련돼 있다.

▲ 배례석

상호는 거대한 장방형으로 이마 위에는 도식적으로 표현된 머리카락이 특이하고, 눈·코·입은 큼직하고 뚜렷하다. 입술 부위에 붉은색을 칠한 흔적이 보이는데, 이것은 경주 석굴암 본존불을 비롯한 우리나라 석조 불상에서 종종 볼 수 있는 것이기도 하다. 보관 1층 판석을 살펴보면 한 모퉁이에 상처가 난 것을 알 수 있다. 이에 관하여 일제강점기 일인들이 보관에 봉안돼 있던 불상을 훔쳐가려 할 때 땅에 떨어져 난 상처라는 설과, 불상을 처음 조성할 당시 다른 곳(우두산)에서 만들어 이곳으로 운반해 오는 과정에서 파손된 것이라는 두 가지 설이 있다.

관촉사 미륵상은 조성 기술이 뛰어나거나 세련되어 보이지는 않는다. 하지만 앞 시대 불상에서는 볼 수 없는 고려 특유의 품격이 그대로 드러나 있다. 지배층의 횡포로 삶의 고통이 깊어지면 민중들은 새 시대의 구세주 미륵불의 출현을 기다리게 된다. 고려의 민중들은 그들 스스로가 초자연적이고 위압적인 능력을 부여한 돌미륵 앞에서 안락하고 풍요로운 세상이 오기를 기원했던 것이다. 관촉사 미륵상은 혜명 스님이 조성한 것으로 전해지고 있지만 이런 거대한 불상을 조성하는 불사는 한 스님의 힘만으로는 불가능하다. 당대 충청도 지역 민중들의 미륵 하생에 대한 믿음과 종교적 열정, 그리고 아낌없는 후원이 있었기에 가능했던 것이다.

논산 즐기기

들풀한정식초가정 한정식

옛날집 고풍스런 분위기에 밥상 위로 끝없이 반찬이 올라 생일상 치레가 이만하랴 싶다. 가짓수를 셀 수 없을 정도로 많은 반찬이 제각각 제몫의 맛을 내므로 식사시간 내내 즐겁다.

충남 논산시 관촉로 67번길 15(지산동 105-7)
041-736-0078
주요 음식 : 한정식, 한우한정식, 갈비살정식, 불고기정식

주메뉴는 한우 구이지만 주메뉴를 압도하는 다른 찬들이 모두 맛도 외양도 빠지지 않는지라 이것저것 차례로 젓가락을 한 순배만 돌려도 배가 부르다. 뷔페와 달리 금방 조리한 음식이 오르므로 맛있는 음식 섭취로 오는 포만감이 싫지 않다. 한우

▲ 한우 구이

구이는 질기지 않고, 잘근잘근 씹는 식감을 즐길 수 있다. 상추쌈과 함께해도 좋지만 여타 소찬(素饌)과 함께하면 맛이 배가된다.

곁반찬들은 잡채, 무청물김치, 열무김치, 치커리햄무침, 소라오이무침, 삼합, 무청볶음, 울외장아찌(나라즈케, 奈良漬け)무침, 고추장떡, 감자만두 등등, 춘향방 집물 치레처럼 반찬 치레가 많아 주워섬기기가 힘들 정도다. 퓨전 음식은 아직 거명하지 않았는데도 말이다.

그중 무청물김치는 압권이다. 시원하고 깊은 맛이 담긴 톱톱한 국물에 적당히 익은 신맛이 배었고, 씹는 맛을 즐길 수 있는 만큼 질긴 무청은 단품요리 독립상이 없나 아쉬울 정도다. 밥도둑인데, 다른 많은 반찬에 밀려 충분히 즐기기 힘드니 말이다. 이외 고추장떡, 감자만두 등 고전적 음식이 모양도 맛도 눈에 띈다. 잡채도 맛이 빠지지 않는다.

이외 스파게티와 연어알오리카나페, 버섯탕수, 생선가스, 닭고기야채샐러드 등 다국적 음식들이 절반은 된다. 한정식은 어디서나 어느 정도 퓨전은 피할 수 없는 거 같다. 퓨전은 음식의 개발과 확장의 형태이기도 하므로 장점도 많다. 어떻게 혼합을 해야 할지, 어디까지 한정식의 이름 아래 있을 수 있는지는 풀어야 할 숙제다. 이렇게 많은 반찬, 맛있는 반찬 상차림으로 한식을 화려하게 계승하며 성업 중인 것은 한국 음식문화 계승과 보급의 공로가 이루 다 말할 수 없이 크다.

바로 옆이 반야산 관촉사다. 초등학교 국사 교과서에 나오는 은진미륵을 볼 수 있다. 커다란 바위 두 개를 잇대어 조각했다는 은진미륵, 조금 균형이 안 맞는 듯해도 인자하고 편안하게 보여 크기로 사람을 압도하지 않아 좋다. 화려한 한식에 관광도 겸한다. 물 좋고 정자 좋은 곳이 바로 이곳이다.

당진

唐津

왜목마을

석문면

고대면

송산면

송악읍

대호지면

당진3동

기지시줄다리기 박물관

당진시청

신평면

삽교호공원

당진1동

정미면

당진2동

▲ 아미산

순성면

우강면

면천면

함덕읍

▲ 기지시 줄다리기 모형

충청남도 서북쪽, 서해 연안에 있다. 유인도 4개, 무인도 6개가 있다. 남쪽에는 아미
산(峨眉山) 등의 산이 있고, 삽교천(揷橋川) 유역은 넓고 비옥한 평야이다. 삼국시대 중
국으로 건너가는 곳이어서 당진이라고 일컬었다. 제철공장이 들어서서 모습이 변했다.
경기도 평택과 바다를 건너 마주 보고 있다. 지금은 중국으로 가는 배가 출발하는 항
구가 평택 쪽에 있다. 평택과의 사이에 서해대교가 놓여 있다.

당진 알기

당진으로 가는 소회

당진 가는 길에(唐津路上)

이승소(李承召)

평평한 산 끊긴 언덕 사이 길은 높낮고,	平岡斷壟路高低
미끄러운 푸른 진흙 속에 말굽 푹 빠진다.	滑滑靑泥沒馬蹄
음지 골짝 눈 녹아서 시냇물은 불어나고,	陰壑雪消溪水漲
양지 언덕 해 따뜻해 보리 싹이 자라네.	陽坡日暖麥苗齊
생각건대 명 받들어 금인 차고 있다마는	細思銜命懸金印
은혜 받아 옥계에서 모심만은 못하구나.	爭似承恩侍玉階
생각건대 뭇 신선들 곡연에서 모시다가	想得群仙陪曲宴
술에 취해 대궐 문을 부축 받아 내려오리.	彤闈扶下醉如泥

● '금인(金印)'은 금으로 만든 도장으로, 여기서는 관찰사인(觀察使印)을 뜻한다. 충청도 관찰사가 되어 부임하는 감회를 말했다. '옥계(玉階)'는 대궐의 섬돌을 뜻한다. 충청도 관찰사가 되어 외지에 나와 있는 것이 대궐 안에서 임금 곁에 있는 것만 못하다고 하면서도 즐거움에 들떠 있다.

▲기지시줄다리기(박물관 전시품)

기지시 줄다리기

송악면 기지시리에서 당굿을 지내고 하는 줄다리기가 널리 알려져 있다. 서당에 가는 학동을 유혹하는 처녀에게 할미꽃을 던졌더니 처녀가 지네로 변해 죽었는데, 그 재앙을 막기 위해 윤년마다 줄다리기를 해왔다고 한다. 이른 봄에 우선 마을 동남방에 있는 국사봉에서 당제를 올린다. 다음 순서로 신암사 주지의 산신경(山神經) 독축이 있고, 서낭당에서 서낭굿, 못에서는 못굿, 공동우물에서 샘굿, 마을 동서남북에서 장승굿, 그리고 당주집에서 당주굿을 차례로 했다.

다음 날에는 줄다리기를 한다. 미리 만들어놓은 줄을 둘러싸고 농악을 울리며 밤을 새운다. 줄다리기는 도로를 중심으로 물 위와 물 아래의 두 편으로 나누어 거행한다. 줄다리기를 할 때는 암줄과 수줄을 비녀장으로 연결시켜놓고 양편에서 수천 명이 서로 당길 자세를 갖춘 다음 신호 총성이 나면 일제히 함성을 지르며 줄을 당긴다. 일정시간 줄다리기를 계속한 뒤 승부를 가린다.

● 전국 도처에 있던 줄다리기 가운데 이렇게 잘 보존된 것이 드물어 많은 참가자가 모여든다.

당진 용과 중국 용

당진 고대 쪽에 가면 용두리라는 곳이 있다. 그곳에 용에 관한 전설이 있다. 옛날부터 당진 쪽에 용이 두 마리가 살고 있었다. 아주 서로 사이가 좋아 잘 지내고, 사람들한테 선한 일을 했다. 비가 제때 와서 농사가 잘 되게 했다.

어떤 할아버지가 그 동네에서 제일 높은 산으로 나무를 하러 가서 피곤해 잠깐 자고 있는데 잠결에 무슨 소리가 들렸다. 거기 다른 용이 두 마리가 있었다. 중국에 있던 나쁜 용이 와서 당진의 용들을 몰아내고 자기네가 대접받으려고 하는 것이었다.

할아버지가 보니까, 중국의 용들하고 원래 용두리에 사는 용들이 마주쳤다. 중국의 용들이 용두리 사는 용들을 죽일 듯이 쳐다보았다. 그러자 용두리 용들이 말했다. "너희들하고 살 수 없으니까, 여길 떠나기 슬프기는 허지만 우리가 가주마. 우리는 싸움 같은 것 하지 않는다."

바닷가 쪽으로 막 가려고 하는데, 중국의 용들이 생각하니까 이상했다. 그냥 쫓겨가는 것이 속임수인 듯하고, 도망가다가 대들지 모른다고 따라가 죽이려고 했다. 그러자 난데없이 흑운광풍 몰아치고, 사석이 날리고 떨어졌다. 용 한 마리가 맞아 죽고, 또 한 마리는 허리가 끊어졌다. 용두리

쪽에 가면 허리가 끊어진 산이 있다. 가을철만 되면 죽은 용들을 위해 제사를 지낸다.

● 중국과의 갈등을 용 싸움으로 이야기한다. 당진의 용들은 당해낼 수 없는 중국의 용들을 자연의 이변이 진압했다고 하고, 침범에는 응징이 따르는 것이 자연의 이치임을 알려준다.

용과 지네의 결투

아미산은 면천면 죽동리와 송학리 그리고 순성면 성북리 경계에 있는 높이 약 350미터 당진군 내 최고봉이다. 옛날에는 소이산(所伊山)이라고 불렀다가 후에 아미산(峨媚山)으로 산 이름이 바뀌었다.

먼 옛날 아미산에는 죄를 짓고 하늘에서 내려온 천제의 아들이 커다란 용으로 변하여 살고 있었고, 인접한 몽산에는 수백 년 묵은 지네가 살고 있었다. 아미산에는 많은 꽃이 피었으나 이상하게도 몽산에는 피지 않았다. 그래서 봄이면 마을 사람들이 두견주를 빚기 위해서 아미산에 진달래꽃을 따러 자주 올라갔다. 자기 마음이 곱지 못해 산에 꽃이 안 핀다는 것을 몰랐던 지네는 날이 갈수록 행패가 더욱 심해갔다. 마음씨 고운 아미산의 용은 지네의 행동이 괘씸해서 항시 벼르고 있었지만 싸움을 걸지는 않았다.

용은 산신령으로 변하기도 하고 때로는 늙은 사람으로 변하여 불쌍한 마을 사람들을 도와주기도 했다. 특히 마을 사람들 가운데 병든 사람이 있으면 용은 아미산에서 귀한 약초를 캐다가 그들을 치료하여주면서 원죄를 씻고 하늘로 올라갈 날만을 기다리고 있었다. 몽산에 있는 지네는 마음씨가 어찌나 나쁘고 심술궂은지 나쁜 일만 골라서 하였다. 마을 사람들이 밭일을 하다가 들 가운데 소를 매어놓고 가면 지네가 독을 뿜어 죽이는가 하면 농작물도 망쳐놓고 또한 사람들에게 달려들어 해를 끼치기도 해서 몽산 근처에는 사람들이 얼씬도 못했다.

하루는 아미산의 용이 산정에서 잠을 자고 있는데 사람들의 비명 소리가 들려오므로 용은 비명 소리가 들리는 몽산 쪽을 바라보았다. 거기에서는 지네가 나물을 캐던 처녀를 붙잡아 죽이려고 하는 것이었다. 그래서 용이 한번 크게 으르렁댔더니 지네가 처녀를 버리고 용에게 덤벼들어 크게 한번 싸우려 했으나 용은 다시 생각하고 꾹 참았다.

다음 날이었다. 용이 산봉우리에 올라와서 어슴푸레 잠이 들었다. 그때 꿈속에 산신령이 나타나 말했다. "용아! 잘 들어라. 여기 고을이 편해지려면 앞산의 지네를 없애버려야 한다. 네가 지네를 해치우고 고을을 편안하게 하면 곧 승천할 수 있을 것이다." 용은 언뜻 용기가 나지 않아 머뭇거리는데 "너는 할 수 있다." 하고 신령이 부추겼다. 용은 지네를 해치우기로 결심을 했다. 용은 그때부터 잠도 이루지 못한 채 지네를 잡는 연구를 하기 시작했다. 몇 날을 연구하던 끝에 묘안을 생각해냈다.

아미산 아래의 마을에 할머니와 딸이 살고 있었다. 집이 매우 가난하였는데 딸이 앓고 있었다. 지네의 독을 쏘인 다음부터 앓고 있다는 것을 듣고 용은 사람으로 변하여 약을 구해 그 딸을 낫게 했다. 딸을 살려주었다고 고마워서 어찌 할 바를 모르는 할머니에게 자기의 부탁을 하나 들어달라고 했다. 할머니는 무엇이냐고 묻자 용은 "할머니, 쑥을 두어 지게만 구해서 아미산 근처에 놓았다가 바람이 몽산 쪽으로 불면 쑥을 태워주십시오."

할머니는 딸을 낫게 해준 용이 고마워서 쾌히 승낙하고 들에 나가서 쑥을 베어 아미산 아래 쌓아놓았다. 드디어 바람이 몽산 쪽으로 불자 할머니는 쑥에 불을 붙였다. 온천지를 진동시키는 쑥 냄새는 차츰 몽산 쪽으로 진하게 옮겨 갔다. 한참 후에 몽산 쪽에서 이상한 소리가 들리며 산등성이가 들썩거리기 시작했다.

할머니가 계속 쑥을 태우니 쑥 냄새가 더욱 독해져 천지가 떠나갈 듯한 괴성이 들렸다. 그러면서 몽산 봉우리가 뚝 잘려나갔다. 그 봉우리는 하늘 높이 솟았다가 5리 밖에 쿵 하고 떨어졌다. 마침내 지네가 쑥 냄새에 괴로워하다가 몸부림치며 죽은 것이다. 잠시 후에 푸른 은하수가 하늘에서 내려와 용은 은하수를 타고 하늘로 올라갔다.

그때부터 몽산은 봉우리가 잘려 나가 뭉뚝한 모습이다. 몽산의 잘린 봉우리는 지금도 면천면 성상리 들 가운데 떨어져 그대로 전해져 내려오고 있다. 봉우리가 잘린 몽산은 그 후부터 몽둥산이라고 불리고 있다.

● 말을 간추려야 뜻이 드러난다. 용과 지네가 적대적인 관계였다고 하고, 천상에서 내려와 사람과 가까운 용은 약하고 온순하며, 지상에서 자라나 사람을 해치는 지네가 강하고 호전적이라고 둘의 특징을 명시했다. 산신령의 지시가 용에게 전달되고, 사람으로 변한 용이 할머니에게 접근해 병든 딸이 낫게 하고 들에서 쑥을 태우도록 하니 지네가 죽었다고 했다. 선량한 용은 우군이 많아 고립된 지네를 퇴치할 수 있었다고 하고, 적대적인 세력들끼리의 싸움이 어떻게 결판나는지 말해주었다.

왕권과 견훤의 싸움에서, 약하고 온순한 왕건이 지지자를 확대해 승리하고, 강하고 호전적인 견훤은 고립되어 패배한 것이 생각나게 한다. 약하면 강해지고, 강하면 약해진다고 일반화해서 말할 수 있다.

호랑이 여인

옛날 당진 신평(新平)에 성씨가 한 사람 살았다. 머슴살이만 하고, 공부도 하나 못하고, 나이 삼십에 장가도 못 들었다. 하루는 중이 지나가면서 "아니 당신은 왜 돈을 많이 벌었으면서 장가를 안 드냐?"고 했다. 성씨가 "어떻게 하면 장가를 들겠냐?"고 하니까, 스님이 "우리 절로 오면 내가 다 알려준다"고 했다.

"절에 가면 탑이 있잖아. 탑을 이백 일 동안 하루도 빼놓지 말고 돌라"고 했다. 어렵지 않아, "그렇게 한다"고 허락을 했다. 200일 동안 거의 다 돌고 딱 3일을 남겨놓았을 때였다. 그때도 머슴을 살았는데, 가을 추수 때라 가서 일을 끝내고, 밥도 안 먹고 탑을 돌았다. 딱 세 바퀴 남겨놓고 쳐다보니까, 앞에서 뒷모습이 예쁜 아가씨가 탑을 돌고 있었다.

말이나 한번 걸어보자고 하고, "나는 사실 장가를 못 들어서 이 탑을 돌고 있는데, 당신은 어째서 돌고 있소?" 그 여자가 하는 말이, "나는 인간에게 죄를 많이 지었고, 이 세상에 나와서 살생을 많이 했기 때문에 참회하기 위해서 탑을 돌고 있습니다."라고 했다. 여자가 너무 너무 예뻐, "나는 당신이 마음에 드니까 나하고 결혼해주십시오."라고 했다. 그러니 여자가 "내가 내 육체를 한번은 보여줄 테니까 그것으로 끝내자."라고 했다. 그래서 법당 옆에 가랑잎이 수북하게 쌓인 데서 관계를 하자, 여자가 "난 갈 테니까, 당신도 가라."고 했다.

성씨는 뿌리치고 가는 여자를 막무가내로 쫓아갔다. 산속으로 산속으로 한참 가는데 불이 빤짝빤짝 켜 있는 것이었다. 거기 할머니가 앉아 있는데, 여자가 "어머니, 이 사람이 나를 쫓아왔다." 하니까, 어머니가 골방에다 처넣고 잠그라고 했다. 조금 있으니까 밖에서 쿵쿵거리는 소리가 나더니 "어머니, 인(人)내가 난다."라고 하는 남자 목소리가 들렸다. 어머니가 "인내는 무슨 인내냐?" 하면서, "절로 가거라."라고 했다.

그러자 하늘에서 그냥 번개 같은 소리가 "꽝" 하고 일어나더니, "너희들은 살생을 많이 했기 때문에 누구 하나는 죽어야 된다."고 했다. 여자가 "내가 죽을 테니까 우리 오빠들은 살려주십쇼."라고 했다. 오빠들은 가고 여자가 들어왔다.

"여보, 난 인간이 아닙니다."

"인간이건 아니건 상관없다 이거여. 난 너의 모습만 보면 황홀하다."

"난 죽기로 작정했어요."

"죽을 때까지 같이 살자."

그날 저녁 잘 자고, 이튿날 아침에 밥을 지어 가지고 와서 말했다.

"여보, 나는 당신허구 살래야 살 수가 없습니다. 앞으로 좋은 여자 만나서 살 수 있는 길을 내가 만들어주겠소. 저 밑 고을에 벼슬한 사람 집에 내가 가서 호랑이로 변해서 할퀴고 물고 뜯고 하면 현상금이 붙을 겁니다. 나를 죽이고 상을 받으세요."

여자가 사라져 찾으러 가보니, 고을에 아주 큰 호랑이가 나타나 할퀴고 물고 하는데, 황우(항우) 역사 장사도 당하지 못해 죽이는 사람에게 상금을 준다고 했다. 성씨가 나서서 자기가 죽이겠다고 나서서 계약서를 쓰고, 돈도 좀 받고, 칼하고 창을 가지고 뒷동산에 올라갔다. 거기 그 여자가 있다가 성씨가 찬 칼을 빼서 자기 배를 찌르고 죽었다. 죽으면서 "당신하고 나하고 처음 만난 절 옆 가랑잎을 헤쳐보면 사금파리 깨진 곳에 물이 고여 있습니다. 나한테 물리고 할퀸 사람들한테 그 물을 발라주면 씻은 듯 낫습니다."라고 했다.

모든 것이 그대로 되어 성씨는 상금을 받고 크게 칭송을 받고 팔자를 고쳤다.

●『삼국유사』의「김현감호(金現感虎)」이야기와 같은 것이 구전된다. 서두가 그것과 다르고 더욱 자연스러워 독자적인 전승이라고 생각된다.

민중영웅 김복선

신평면의 어느 미천한 집에서 태어난 김복선(金復先)은 이인이었다. 탁월한 능력을 지녔으나 쓰이지 못한 이야기가 갖가지로 전해지고 있다.

(가) 토정의 신통력을 능가하는 등짐장수

선조 때 토정(土亭) 이지함(李之菡)이 아산 현감이 되어 민정을 살피느라고 아산만을 순시하다가 땅이 꺼지고 바닷물이 밀어닥칠 것을 알고 주민에게 피난할 것을 권고하였으나 한 사람도 곧이듣는 사람은 없었다. 시각이 임박하였으므로 한탄하면서 망해산(望海山)으로 올라가 땅이 함몰되는 광경을 살피려고 했다. 어느 등짐장수가 이토정을 따라오더니 토정이 앉은 아래쪽에 옹기짐을 받쳐놓고 앉았다.

토정이 "위험하니 이리로 올라오라." 하니까, 그 사람이 웃으면서 "아무 염려 마시오."라고 했다.

그대로 앉아 있는데 과연 천지가 진동하더니 등짐장수가 받쳐놓은 작대기 끝까지만 땅이 함몰되어 바다가 되었다. 그 등짐장수가 곧 김복선이었다.

(나) 율곡이 김복선에게 들은 임진왜란 예언

율곡(栗谷) 이이(李珥)는 도통한 분이다. 정승으로 있을 때 앞일을 내다보니까 십 년 후에는 왜적이 우리나라에 몰려와서 나라를 위태롭게 할 것 같았다. 이런 국난을 어떻게 누구하고 의논해서 처리해야 할까 하고, 의논할 만한 사람을 찾아 팔도를 돌아다닐 작정으로 서울을 떠나 충청도 합덕에 왔다.

합덕에 와서 거기 있는 큰 방죽가에 앉아서 쉬고 있었는데 김복선이 쫓아와서 "대감님 내려오셨습니까?" 하고 인사를 드렸다.

율곡은 김복선이 앞일을 내다보는 인물이란 것을 한 눈에 알아보고

"십 년 후면 왜적이 쳐들어올 줄 알지?"

"예, 알고 있습니다."

"그러면 이 일을 어떻게 대처해야 좋겠느냐?"

"예. 팔 년이면 평정이 되겠지요."

"팔 년이나 걸리다니…… 내가 나서면 어떻겠느냐?"

"대감하고 송구봉(宋龜峯) 선생하고는 그 안에 돌아가십니다. 두 분께서 돌아가시지 않으면 왜적이 쳐들어오지 못합니다."

"다른 무슨 방책이 없겠느냐?"

"저 아래 전라도 어느 골 아무개란 백정을 시키면 사흘이면 평정시키구, 소인이 합당하면 석 달이면 평정시킬 수 있습니다. 우리나라 양반들이 하게 되면 팔 년이 걸립니다."

율곡 선생은 조정에 들어가서 십 년 후면 왜적이 쳐들어오니 양병해야 하고 왜병이 쳐들어오면 전라도 아무 곳 백정이나 충청도 김복선을 보고 그 난을 담당케 하라고 했다.

그런데 임진년 왜병이 쳐들어와서 나라꼴이 위태롭게 되었는데도, 아

무개 백정이나 김복선 같은 천인에게 맡겨서 평정해서야 쓰겠냐고, 이순신을 대장으로 삼아 왜적과 싸우게 했다. 그래서 이 왜란을 평정하는 데 팔 년이 걸렸다.

인조 병자년에 임금이 남한산성으로 피난했다는 말을 듣고, 김복선이 청나라 대장 용골대(龍骨大)의 군중으로 뛰어들어가 마주 꾸짖었다. 청병(淸兵)이 잡아매려 하나 용골대가 눈짓으로 못하게 하고, "이 사람은 조선의 지사(志士) 김복선이다. 이런 사람을 등용하였으면 내가 어찌 이곳에 왔겠느냐?"라고 했다. 그대로 두었더니 복선이 꾸짖다가 방성대곡하고 어디론가 가버렸다.

(다) 하룻밤에 중국 소주에 세 번 다녀온 김복선의 축지법

김복선은 축지법을 써서 세상을 날아 다녔다. 하루는 보령시 성주산에 있는 한 도승이 말했다.

"이 세상에서 아무리 축지법을 잘하는 명사가 있다 하여도 중국의 소주(蘇州)를 사흘에 서너 번 왕래하지는 못할 것이나, 다만 나는 할 수 있다. 김복선이 축지법에 능하다고 하나 소주를 서너 번 왕래하는 데 꼬박 열흘은 걸릴 것이다."

내기를 해보자고 전하자, 김복선이 말했다.

"축지법이 무슨 자랑이라고 내기를 하느냐? 아직 수양이 덜 되었구먼. 제 죽을 줄 모르고." 하고 얼굴을 돌리더니, "내가 그렇잖아도 며칠 있다가 중국 땅을 세 번 급히 다녀올 일이 있는데 그때 내가 돌아오는 길에 성주산에 들러 시각을 알려드리리다."

김복선의 이 말은 바로 보령시 성주산의 도승에게 알려졌다. 그로부터 며칠이 지난 날 성주산 기슭에 한밤중에 큰 소리로,

"한 번이요."

"두 번이요."

"세 번이요."

이런 소리가 세 번 연속 났다. 사흘째 김복선이 중국 소주 땅에서 돌아올 때는 중국을 세 번 다녀왔다는 표시로 고운 풀잎을 세 잎 떨어뜨렸다.

도승은 성주산의 암자에서 그 풀잎을 바로 손바닥에 올려놓고 하나하나 들어서 냄새를 맡은 다음,

"세 번 하기는 했는데 시간이 나보다 한 시간 빠르구나!"

도승은 김복선보다 한 시간이 늦으므로 두 시간을 단축해서 김복선보다 우위에 있고 싶은 욕심에서 최선을 다해서 축지법을 썼으나 끝내는 김복선이 말대로 세 번째 돌아오는 길에 자기의 힘이 약해져서 황해바다에 떨어져 죽고 말았다.

● (가)에서는 토정을, (나)에서는 율곡을 능가하고, (다)에서는 어느 도승보다 앞서는 놀라운 능력을 가진 대단한 인물이 미천한 사람들 가운데 있었는데, 신분의 제약 때문에 나서서 활동하지 못했다는 말이다. 그 때문에 임진왜란을 쉽게 평정하지 못하고 병자호란의 수모를 겪었다고 탄식했다. 민중영웅에 대한 기대를 끈덕지게 말해주는 전승이다.

당진 즐기기

등대횟집 간제미회무침

무침회는 한국 생선회가 맛과 재료 면에서 얼마나 독자적인 영역을 가지고 있는지 다시 확인하게 되는 메뉴다. 간제미가 민들레에다 갖은 야채를 만났다. 민들레의 쌉쏘름한 맛과 쫀득한 간제미회가 어우러져 작품이 되었다.

충남 당진시 석문면 장고항로 301
041-353-0261
주요 음식 : 간제미무침, 생선회

온전히 주메뉴 중심의 차림새다. 거기다 밥이나 국수를 비벼 먹어야 한다. 맛없으면 한 끼 식사를 날려야 한다. 간제미무침, 화려하고 감칠맛 난다. 끼니 걱정 한번에 날려버리고 여유 있게 즐기기까지 할 수 있다.

간제미가 주인공임이 분명하지만 민들

▲간제미무침

레 없으면 빛이 바랜다. 간제미와 민들레는 오랜 인연, 오이나 양배추 등속을 추가 동원했으나 야채의 중심은 민들레다. 민들레는 맛이 화려하지는 않지만 약간 쌉쏘름한 풍미에 쫀득쫀득 간제미가 잘 어울린다. 타지에서는 대부분 미나리 등속과 무치는데, 장고항에서는 민들레를 많이 쓴다.

간제미가 아니라 민들레가 주연인 듯한 무침접시가 술안주로는 좀 가볍고, 끼니로는 좀 섬닷하다. 국수와 함께 비빔국수로 먹어보니 제격이다. 무침회를 먹는 사이

야채 간물이 호복히 배어나와 국수를 비볐다. 비빔국수 맛이 상큼하고 깊다.

간제미는 가오리의 다른 이름이다. 현재 한국어에서 '에' '애' 발음의 구분이 거의 사라지다 보니 '간제미'와 '간재미'가 혼용된다. 국어사전은 '간제미'지만 언중의 태반이 '간재미'라고 쓴다. 서해안 전역에서 생산되고 홍어와 비슷하나 발효하지는 않으므로 주로 생으로 회나 무침회로 먹는다.

무침회는 칼맛이 아니라 손맛이 중요하다. 생선회를 살려내는 야채와 양념이 중요하다. 회는 칼맛 나게 썰 필요 없다. 투박하게 막 썰어서 막회에 손맛을 입히면 된다. 광어막회(전주 : 이오준야채막회), 우여회무침(부여 : 온양식당)에 이어 만난 간제미회무침으로 일본 사시미와 전혀 다른 우리 무침회의 줄기를 그려본다. 일본 유입의 칼맛 사시미가 아니라 우리식 고유의 손맛 생선회가 고래로 면면히 전승되고 있는 현장이다.

민들레도 만만한 식재료가 아니다. 생으로는 쌈, 김치, 겉절이로 먹고 익혀서는 나물, 국거리, 전 등 거의 모든 채소 요리가 가능하다. 약용으로도 많이 쓰이며 한자어로는 '포공영(蒲公英)'이라고 한다. 간기능 회복 등 100가지 정도의 병치료에 쓰인다 하니 만병통치약 수준의 효능이다. 가히 '식약동원(食藥同源)'의 대표적 음식이라 할 수 있다.

민들레는 우리 주변에 지천으로 널려 있어 어디서나 자연산을 실컷 먹을 수 있다. 이 인근에서 간제미회는 예로부터 민들레와 무쳐왔다. 민들레와 함께 우리식 회도 지켜왔다.

식당이 있는 장고항은 해안도로와 바다가 다 아름답다. 물이 동해인 양 맑고, 깊이는 서해 궁량에 맞게 완만해서 편안한 마음으로 바다를 바랄 수 있다.

당진제일꽃게장 게장백반

간장게장이 이렇게 청아한 맛을 낼 수도 있다. 신선한 게, 통통한 게, 알을 잔뜩 품은 게, 그 게 맛을 최대한 살렸다. 입안 가득한 게살 맛이 황홀하다.

▲ 간장게장

충남 당진시 백암로 246(채운동 250-4)
041-353-6379
주요 음식 : 게장백반, 꽃게탕

우선 주메뉴 간장게장 맛이 천하일품이다. 거기다 통통 튀는 쫀득쫀득한 밥맛이 일품이다. 이덕무는 양반에게 게 등딱지에 밥 비벼 먹지 말라 했다지만, 이런 게에, 이런 밥이면 양반 아니라 신선이라도 밥을 비벼 먹어야 한다.

오랜 옛날부터 맛있는 음식의 대명사였다는 게장이 이제 새로운 조리 방식으로 신선도 부러워하는 음식이 되었다. 하늘에 제사 지낼 때 올렸다는 음식, 임금도 즐겼다는 음식, 게장과 술 한잔은 신선놀음이라는 그 게장이 이제 냉장기술의 발달로 사철, 발효 전에 짜지 않게 먹을 수 있게 되었다.

이 게장에서는 발효 전 자연 상태에 가장 가까운 맛이 느껴진다. 신선도에 자신이 있으니 양념을 최소화한 것이다. 간은 줄이고 맛은 높인 간장으로, 완전 자연 상태로 먹을 경우의 불안감만을 제거했다. 게장 국물도 삼삼하고 청량하고 맛이 깊

▲ 게장백반

다.

게장은 밥도둑이니, 밥도 맛있어야 한다. 밥알이 서로 붙어 있으면서 알알이 제 모습을 유지한다. 비비면 쌀알이 더 탱글거려 게장 맛을 돋운다. 게딱지에도 비비고 게장 국물에도 비비면 확실히 게장은 밥도둑이 된다. 정월 대보름에는 눈이 밝아진다 하여 오곡밥을 맨 김에 싸는 '복쌈이' 풍습이 있다. 김을 더해 게장밥 쌈을 하면, 복쌈보다 더 나은 눈밝이 쌈이 될 거 같다.

쌀은 당진에서 생산되는 '해나루쌀'을 쓴다. 당진 쌀은 해풍을 맞고 자라 밥맛이

좋다. 서해안 쌀은 일조량이 풍부하고 일교차가 큰 기후에서 재배하여 밥맛이 좋다. 거기다 해나루쌀은 도정한 지 오래되지 않은 쌀만 유통되어 질이 더 좋다. 몽골로도 수출길을 연 당진 쌀, 지역 농산물에 맛있는 쌀을 써서 좋다. 덕분에 맛있는 게장에, 맛있는 밥에, 맛있는 김을 더해 확실히 신선의 밥상이 되었다. 당신의 식사는 신선놀음이 된다.

게장은 우리 오랜 전통음식이다. 조선 후기의 사설시조 「댁들에 동난지이 사오」의 '동난지이'가 바로 게장이다. 시조는 황화장사, 즉 잡화상이 게장을 가지고 다니면서 온갖 유식 언사를 동원하여 외치며 팔다가 핀잔을 받는다는 내용이다. 당시에도 얼마나 보편화된 음식이었는지 알 수 있다.

우리나라에서는 동해안 북쪽만 빼고 모두 꽃게가 생산되는데 특히 서해 연해에서 많이 생산된다. 그래서 게장이 맛있는 지역은 군산, 서산, 당진, 평택 등 주로 서해안 연안이다. 꽃게 생산지에 왔으니 전통 게장보다 더 자연에 가까운, 신선한 게장을 당진 쌀밥에 먹어보자.

대전

大田

대덕구

▲ 우산봉   ▲ 계족산

유성구

도산서원 ●

동구

보문산 ▲   ▲ 식장산

서구

중구

▲ 도산(道山)서원

　충청남도 동남쪽에 있다. 동쪽 계족산(鷄足山), 서쪽 우산봉(雨傘峰), 식장산(食藏山) 등의 산이 있고, 중간 분지는 평야이다. 갑천(甲川)이 흘러 금강으로 들어간다. 송준길(宋浚吉), 송시열(宋時烈), 윤휴(尹鑴) 등의 유학자를 배출했다. 회덕현(懷德縣)이었던 곳에 경부선 철도가 개통되면서 대전이라는 도시가 나타났다. 충청남도 도청소재지였다가 광역시가 되었다.

대전 알기

큰 들판, 회덕

회덕동헌(懷德東軒)　　　　　　　　　　　이승소(李承召)

높은 고개 넘어서자 큰 들판이 시원하고,　　　　峻嶺踰來大野寬
한 마을의 뽕나무밭 시냇물을 굽어보네.　　　　一村桑柘俯溪灣
나무 늙고 돌 단단해 고을 묵은 줄 알겠으며,　　樹老石頑知縣古
뜨락 비고 사람 없어 공무 한가한가 의심된다.　庭空人靜訝官寒
땅 그득한 푸른 그늘 천 척 높은 소나무이고,　　靑陰滿地松千尺
계단 스민 푸른 색깔 몇 그루의 대나무이네.　　碧色侵階竹數竿
홀로 난간 기대 있으면서 아무 일도 없어,　　　獨憑彫欄無箇事
처마 끝에서 참새 떨어지는 것을 본다.　　　　時看鬪雀墮簷端

● 오늘날의 대전은 예전 회덕군에 속했다. 조선 초기 시인이 "큰 들판"이라고 한 것이 대전이라는 지명의 유래이다. 모든 것이 조용하고 한가한 것이 오늘날의 모습과 너무 달라, 시간이 오래 흐른 것을 알 수 있다.

보문산의 유래

(가) 보문산(寶文山)이 있는 곳이 옛날에는 바다였다고 한다. 그때 두 장수가 바다를 가운데 두고 싸웠으나 승패가 갈라지지 않았다. 한 장수가 매가 되어 날아가니, 다른 장수는 장대를 만들어 세웠다. 매가 날아가다가 장대 위에 쉬니 매는 굳어서 바위가 되고, 바닷물이 다 말랐다. 그래서 생긴 바위가 보문산이 되었다.

(나1) 옛날에 어느 대사가 소제동 방죽을 지나다가 해가 저물었는데, 갑자기 논두렁에서 "우리 백성이 3년 가뭄으로 다 죽겠으니 우리 백성을 살려주시오." 하는 소리가 났다. 자세히 알아보니 용왕이었다. 대사가 물고기들을 물이 많은 곳으로 넣어주어 구해주었다. 용왕이 은혜를 갚으려고 복조리 하나를 대사에게 주었다. 그 복조리는 무엇이든지 넣으면 수북이 쌓이는 보물이었다.

대사는 망태기에다 복조리를 넣어 가지고 돌아다니다 보문산 근처 사라니라는 곳에 닿았는데 해가 저물었다. 잘 곳을 찾아 솔밭 사이로 사방을 둘러보니, 불빛이 반짝이는 곳이 있었다. 거기 가서 주인을 부르니 부인이 나와서 "어떻게 이러한 누추한 곳에 찾아오셨습니까?" 하고 물으면서 맞이해드렸다. 집은 어두운데 들어가보니 단칸방에 애들이 일곱이었다.

"바깥양반은 어디에 무슨 일을 하러 가셨습니까?" 하고 대사가 물으니 대답했다. "저는 일찍이 상부(喪夫)를 하였습니다. 남의 집 일을 해주면서 간신히 일곱 자식과 살고 있습니다." 부인이 대사의 저녁은 제대로 차렸으나, 아이들에게는 시래기죽을 주었다. 아이들이 시래기죽을 다 먹고 대사만을 바라보고 있어 저녁을 먹을 수가 없었다. 이튿날 대사는 부인에게 복조리를 주었다.

　그 복조리는 신기한 것으로, 물건을 조금 담기만 하면 하나 가득 되는 것이었다. 대사는 3년 후에 부인이 어떻게 사는지 확인하기 위해 다시 올 것을 기약했다. 3년이 된 뒤에 대사가 다시 사라니에 가니, 부인은 그 복조리로 쌀과 엽전을 많이 늘려 땅을 사고 큰 부자가 되어 있었다.

　그 복조리의 신통함을 알게 된 자식들이 그 복조리를 서로 차지하려고 싸움을 했다. 부인이 그것을 보고 복조리를 강변 모래에다 묻었다. 그때에 복조리에 모래가 들어가서 점점 늘어나더니 큰 산이 되었다. 그 산이 보물이 들어 있다는 보물산이었는데 보문산으로 변했다.

　(나2) 나무꾼 형제가 있었다. 형은 욕심꾸러기이고, 아우는 착해서 부모를 잘 봉양했다. 동생이 어디 가다가 뭍에 올라와 고생하는 물고기를 구해주고 난 후 물고기가 있던 자리에서 헝겊 주머니를 발견했다. 그 주머니에 엽전을 넣으니 엽전이 수북이 쌓여 그것으로 부모를 더 잘 봉양했다. 형이 욕심을 내서 그 주머니를 뺏다가 땅에 떨어뜨렸다. 그러자 주머니에 흙이 자꾸 쌓여 산이 되었다. 그 산이 보물이 들어 있다는 보물산이었는데 보문산으로 변했다.

　(나3) 옛날 어느 임금이 신하를 데리고 밖으로 나갔다가 개구리가 이상한 접시를 물고 있는 것을 보았다. 그 접시를 가져다 쌀을 넣으니 쌀이 수북이 쌓였다. 무엇이든지 넣으면 수북이 쌓였다. 나중에 흙을 넣으니 흙이 자꾸 쌓여 산이 된 것이 보문산이다. 산의 흙을 파면 어딘가 그 접시가 있을 것이라고 한다. 그 산이 보물이 들어 있다는 보물산이었는데 보문산으로 변했다.

● (가)는 임석재, 『한국구전설화 6 충청남도편』에만 있는 기이한 이야기이다. 왜 장수들이 싸우고, 매가 바위가 되고 바닷물이 다 말랐는지 이해할 수 없다. (가)와는 전연 다른 (나)의 세 이야기는 같은 유형의 변형이다. 무엇이든지 넣으면 수북이 쌓이는 보물 용기를 잘못 사용한 탓에 흙이 쌓여 산이 생겨났다고 하는 것이 공통된 내용이며, 과욕을 경계하는 의미를 일제히 지니고 있다.

(나1)에서는 보물 용기를 선행을 한 대사가 용왕에게서 얻어 가여운 여인에게 주었다고 해서 소종래를 분명하게 했다. 여인의 아들들이 그것을 차지하려고 다투다가 흙이 쌓여 산이 생겼다는 결말도 의미가 분명하다. (나2)에서는 보물 용기가 나무꾼 형제의 선악을 평가하는 구실을 해서 그 나름대로 납득할 만하다. (나3)에서는 보물 용기를 임금이 얻었다고 하는 것이 이상하고, 선악 평가가 사라졌다.

식장산의 전설

(가) 식장산(食藏山)에 관해 여러 가지 전설이 있다. 식장산은 백제시대 성을 쌓고 신라의 침공을 방어하던 요새지였다. 식량을 저장해서 식장산이라고 했다. 탄현(炭峴) 또는 숯고개, 숯재라고도 한다. 먹을 것이 쏟아지는 밥그릇이 묻혀 있어 식기산(食器山)이라고도 했다고 한다.

(나1) 노모를 모신 내외가 서너 살 된 아들과 함께 살고 있었다. 노모 밥상에 고기를 올리면 손자에게 주었다. 아들이 없어져야 노모를 잘 봉양할 수 있다고 여기고 아들을 묻으려고 땅을 팠더니 식기가 하나 나왔다. 그 식기는 쌀이나 돈, 무엇이든지 넣기만 하면 수북이 쌓였다. 노모를 잘

모시라고 하늘이 내린 보물이구나 하면서 감사하게 여겼다. 노모가 아무리 잘 봉양해도 천수를 다하고 세상을 떠나는 것은 어쩔 수 없었다.

노모가 세상을 떠나자 내외는 그 식기가 필요하지 않게 되었다고 하면서, 원래 파낸 곳에 갖다 묻었다. 그 식기를 묻은 산이라고 해서 산 이름을 식장산이라고 한다.

(나2) 가난하고 착한 농부가 두 아들과 살고 있었다. 이들은 농사지을 땅도 작았기 때문에 칡덩굴을 끊어다 근근이 살았다. 어느 날 농부는 칡덩굴을 구하러 산속을 헤매다가 옹기로 만든 솥 하나를 발견하게 되었다. 마침 집에 있는 무쇠솥 옆구리가 깨져 바꿀 겸 옹기솥을 가지고 집으로 돌아왔다. 저녁때가 되어 겨우 한 사람이나 먹을 한 줌도 못되는 쌀을 옹기솥에 넣고 밥을 지었다. 그런데 밥이 다 되어 솥뚜껑을 열어보니 솥 안에 밥이 가득 차 있었다. 한 줌 쌀을 넣으면 솥에 밥이 가득 차는 것이 매일 계속되었다.

세월이 흘러 두 아들이 결혼할 때가 되었다. 그런데 두 아들이 이 옹기솥을 서로 차지하려고 싸웠다. 그래서 농부는 두 아들 몰래 이 솥을 주운 자리에 다시 갖다 놓은 다음, 솥을 먼저 찾는 사람이 가지는 것으로 정했다. 두 아들은 하루 종일 산속을 찾아보았지만 아무도 그 솥을 찾지 못했다. 농부가 다시 감춘 자리로 가보았지만 옹기솥은 보이지 않았다. 밥솥이 있는 산이어서 식정산(食鼎山)이라 부르다가 식장산(食藏山)으로 이름이 바뀌었다고 한다.

● (가)에서 간단하게 하는 말이 (나)에서는 복잡하게 되었다. 식량을 묻은 산, 식장산이 먹을 것을 담는 식기가 있는 식기산이 되고, 식기산의

식기에서 식량이 계속 나왔다고 해서 한 단계씩 나아갔다. 상상이 더 치닫지 않게 하고, 식기에서 식량이 계속 나온 것은 선행에 대한 보상으로 이해하게 했다. (나1)은 『삼국유사』에 전하는 손순매아(遜順埋兒)와 흡사하다. 노모를 잘 모시기 위해 자식을 희생시키려다가 큰 보상을 받았다는 것이 같다. (나2)에서는 정당한 보상 이상은 바라지 않아야 하므로 식기를 원리의 자리에 갖다 두는 것이 마땅하는 생각을 분명하게 했다. 기이한 사건을 얼마든지 더 만들어낼 수 있는 가능성을 접고, 선행을 포상하고 절제를 권장하는 이야기를 했다.

돌이 된 부인과 장자못

50년 전까지만 해도 장자정(長者井)이라 하는 큰 방죽이 소제동에 남아 있었다. 옛날에 장씨라는 부자가 그곳에 살고 있었다. 심술궂고 인색해 보문산에서 시주를 구하러 온 도승에게 쌀 대신 쇠똥을 퍼주었다. 이를 본 장씨의 부인이 쫓아 나가 아무 말 없이 돌아가는 도승에게 잘못을 빌었다. 그러자 도승은 부인에게 뒤를 돌아보지 말고 따라오라고 하며 보문산으로 향했다. 나지막한 고개에 이르렀을 때 뒤따르던 부인이 깜박 뒤를 돌아보고 말았다. 이 순간 벼락과 천둥이 치며 장씨의 집은 물바다가 되었고 부인은 그 자리에서 돌이 되고 말았다.

● 장자못 이야기의 전형적인 전개이다.

비참한 며느리와 아들바위

유등천 근처에는 아들바위가 있다. 옛날 이곳에 아기를 못 낳는 며느리가 살고 있었는데, 5대 독자인 아들을 둔 시부모는 대가 끊어지는 것을 염려해 며느리를 쫓아내려 했다. 남편이 사정해 3년의 말미를 얻고 기다렸으나 끝내 아들을 낳지 못했다. 남편은 아기를 낳으면 끓여주려고 준비한 미역 한 다발을 쫓겨나는 부인에게 주어 보냈다.

며느리는 쏟아지는 눈 속을 걸어 비구니가 되려고 절로 향했는데, 날이 어두워져 바위 밑에 미역 다발을 숨겨놓고 걷다가 쓰러지고 말았다. 쓰러진 며느리의 몸 위로 눈이 수북이 쌓였으며, 겨울이 가고 봄이 와 눈이 녹으니 사람 형상의 바위가 나타났다. 그 뒤 이 바위를 아들바위, 미역을 숨겨둔 바위를 미역바위라 부르게 되었다. 아기를 낳지 못하는 여인들이 지금도 아들바위에 와서 정성을 들인다고 한다.

● 아이를 낳지 못하는 며느리의 비참한 삶을 동정해서 만들어낸 이야기이다.

대전 즐기기

금송오리와 삼계탕
한방누룽지오리백숙

오리한방백숙이 깔끔하고 구수하다. 오리죽이 누룽지라서 친근한 기분이 드는데, 실제 닭죽과도 비슷하여 부담 없이 먹을 수 있다. 곁반찬도 실수가 없다. 겉절이생김치는 산뜻하게 맛을 돋운다.

충남 대전시 서구 유등로 649(탄방동 1481-10)
042-485-5246
주요 음식 : 한방/능이/송이 누룽지백숙

향긋한 한약향이 담긴 오리백숙이 느끼하지 않다. 다양한 곁반찬도 맛이 깔끔해서 오리백숙과 잘 어울려 끝까지 상큼하게 먹을 수 있다. 닭백숙은 익숙한데 오리백숙은 조금 낯설고 부담스럽다. 그러나 잘 익은 고기의 육질과 향긋함은 이런 부담을

덜어 주어 닭고기처럼 편안하게 먹을 수 있다. 적당히 눋은 누룽지는 고소한 맛이 마치 쌀밥 눌은밥처럼 쫄깃거리며 숭늉 맛으로 느껴진다.

오리죽은 느끼하지 않고 고소하다. 혀에 고소하게 감기는 찹쌀죽이 적당히 엷은 커피색으로 눌어붙어 쫄깃거리며 씹는 맛을 더한다. 걸죽한 국물이 식감이 좋아 마지막 한 숟갈까지 멈추지 않고 그릇을 비우게 한다.

백숙 전에 먼저 나오는 김치전이 좋다. 아직 사각거리는 김치를 품은 전의 쫄깃한 반죽은 고소하게 혀에 감겨 주메뉴로 삼아도 손색이 없을 듯하다. 무청장아찌도 놀랍다. 매콤하게 쏘는 고추와 적당히 질긴 무청 줄기, 무청에 배인 고추의 맛과 식감이 일품이다.

물김치는 짜지 않고 서걱서걱 깊은 맛에 달지 않아 좋다. 배추김치는 아침마다 새로 담근다는 순 국산 김치다. 설탕을 거의 사용하지 않은 데다 질 좋은 고춧가루

▶ 한방누룽지오리백숙

의 고운 빛은 김치의 맛이 정성에서 나왔음을 말해준다. 모질게 매운 중국산 고춧가루로는 이런 맛을 낼 수 없다.

오리요리는 북경오리구이가 알려져 있는데 우리 전통방식 요리도 이렇게 근사하다. 대전은 전라도 옆 동네인데도 음식은 기대가 되지 않는데, 기대 밖으로 맛난 음식을 만났다. 아예 대전이 오리요리를 특화하면 어떨까.

오리고기가 보편화된 건 1990년대 이후로 그리 오래지 않다. 아직 오리에 대해 부담감이 있는 것도 이런 이유다. 대신 오리는 불포화지방산의 함량이 높고, 필수지방산이 함유되어 성인병 예방에 효과가 있고, 피부노화를 방지하는 것으로 알려져 있어 건강음식으로 신뢰도가 높아서 그런 부담감을 상쇄한다.

대전은 해안이나 산간지역도 농업지역도 아니므로 생산지와 관련한 특정 음식을 얼굴로 삼기 어렵다. 오리는 특정 지역에서만 나는 것이 아니므로 선점하여 특화하면 어느 지역에서나 제 지방 음식으로 삼을 수 있다. 북경오리구이도 연원이 그리 오래지 않다. 이렇게 좋은 요리를 해내는 솜씨라면 무주공산 오리요리를 지역음식으로 육성 가능하다. 이 식당이 바로 그런 기대의 증거다. 대전이 오리요리 유력 주자다.

보령

保寧

천북면

청소면

▲ 오서산

오천항 ● 충청수영성

오천면

주포면

청라면

주교면

대천1동

오천면

대천2동

대천3동

성주사

대천5동

● 보령시청

대천 해수욕장

대천4동

남포면

성주면

오천면

웅천읍

미산면

오천면

외연도

주산면

▲ 영보정(충청수영성)

　　충청남도 서남쪽에 있다. 성주면 성주사(聖住寺) 절터에 있는 신라비가 아주 소중한
문화재이다. 서해안을 방어하던 충청수영성(忠淸水營城)의 유적이 남아 있다. 오서산(烏
棲山)은 억새로 이름난 명승지이다. 대천(大川)을 비롯한 여러 해수욕장이 있다. 보령박
물관에서 지방사를 전시하고 있다. 석탄박물관도 있다. 진흙에서 뒹구는 머드축제를
하고, 머드박물관이 있다.

보령 알기

성주사 신라비

　보령 성주사 터에 남아 있는 「낭혜화상백월보광지탑비명(朗慧和尙白月葆光之搭碑銘)」은 최치원(崔致遠)이 짓고 글씨를 썼다. 대낭혜(大朗慧)라는 시호(諡號)를 받은 고승 무염(無染)의 행적을 서술한 내용인데, 최치원이 자기 생각을 나타낸 내용도 있다.

　'심학(心學)'을 하는 낭혜화상과 '구학(口學)'을 하는 자기는 당나라에 가서 공부한 것은 다를 바 없는데 차별하는 것이 불만이라고 했다. "心學者高 口學者勞耶"(심학을 하는 사람은 고귀하게 놀고 구학을 하는 사람은 수고롭기만 하단 말인가)라고 한탄하고, "心學者立德 口學者立言"(심학에서 덕을 세우고, 구학에서 말을 세우는 것)이 대등한 평가를 얻어야 한다고 했다.

　불교와 문학이 '심'과 '구', '덕'과 '언'을 분담했다고 한 것은 적절한 견해이다. 그런데 세상의 평가가 달라 불만이라고 한 것은 무슨 까닭인지 더 논의하지 않았다. 말을 다듬는 데 그치고 이치를 따지지는 않아 문학이 글쓰기 기술에 머무르게 했다. 자기가 하는 문학이 바로 그 점에서 결격 사유가 있다고 생각하지 않았다.

● 대한민국 시대의 비는 흔히 쉽게 망가져 글자가 보이지 않는데, 신라 시대의 이 비는 천 년 이상 건재하고 글씨가 또렷한 것이 기이하다고 할 수 있다. 대한민국 시대의 비에는 하나 마나 한 말만 있어 오래 남을 필요가 없고, 신라시대의 이 비에 새긴 글은 불변의 가치를 지닌 줄 알면 보존 상태의 차이가 기이하지 않고 정당하다.

당신이 된 중국의 장군

보령 외연도에서는 중국의 전횡 장군을 당신으로 모신다. 전횡(田橫, ?~기원전 202)은 제나라의 왕 전광(田廣)의 숙부이다. 전광은 항우(項羽)에 의해서 상제왕(上齊王)에 봉해지고 제나라의 북쪽을 다스리게 되었다. 한신(韓信)이 군대를 이끌고 기원전 204년 제나라를 공격했을 때, 임치성을 방어하지 못하고 전횡은 박양성으로, 제왕 전광은 고밀성으로 도피했다. 전횡의 죽음에 대해서는 두 가지 설이 있다. 첫째는, 제왕 전광이 고밀성에서 사로잡혀 죽음을 당하자 한군이 박양성으로 밀어닥쳤는데, 성을 버리고 등주의 영성으로 도피하다가 쫓아온 한장 관영에게 죽임을 당했다 한다. 둘째는, 영성으로 도망쳤다 멀리 등주의 해도로 갔는데, 유방이 천하 통일 후 전횡과 500명의 병사를 항복시키기 위해 불렀다. 전횡과 500명의 병사는 항복을 부끄럽게 여겨 자결하였다고 한다.

전횡 장군을 외연도에서 마을 당신으로 모신 내력을 당집에 걸려 있는 「전공사당기(田公祠堂記)」에서 다음과 같이 기록했다.

공의 성은 전 씨요, 이름은 횡이다. 옛날 제나라의 이름난 집안 사람이다. 한나라가 흥하고 제나라가 망하자 의리로 절개를 굽히지 않고 오백여 명의 군사와 더

불어 바다 건너 반양산(半洋山)에 들어와 살았다. 한나라가 두려워해 사신을 보내 부르자, 공은 부득이 두 사람의 빈객과 함께 낙양에 이르렀으나 상화점(霜花店)에서 스스로 목을 베었다. 오호라, 공이 부름에 응한 것은 실제 한나라의 위세가 두려워서가 아니라 섬에 남아 있는 사람들이 참화를 면하도록 하기 위함이었다.

함께 간 두 사람 역시 한나라의 벼슬을 받지 않고 슬퍼하다가 공의 무덤 옆에 구덩이를 파고 죽었다. 섬에 남아 있던 오백 명도 역시 한날한시에 함께 죽으니 천만 년 옛적부터 어디서도 들을 수 없는 일이다. 공의 의로움이 어찌 이토록 지극하였는가. 비록 서산이나 동해로 가려 하였으나 반양산을 벗어나지 못했으니, 반양산은 지금의 외연도이다. 지금에 이르러 수천 년이 지났지만, 오히려 사당을 세우지 못하고 다만 석대(石臺)로 신을 제사하는 당을 삼았었다. 섬 사람들이 그 절의를 잊고 있다가 신명에 감동하여 나무를 베어 비로소 사당을 건립하고 희생을 진설하여 제를 지내게 되었다. 공의 정령이 완연히 위에 머물러 있으니 어찌 풍성하지 않을 것이며, 어찌 공경하지 않으리오.

외연도의 당제는 매년 음력 2월 14일 저녁에 시작하여 다음 날 정오 무렵 끝난다. 처음 뒷산에 올라가 산제로 시작하여 전횡 장군 사당제를 모시고 나면, 지태라고 부르는 소를 희생 제물로 삼는다. 보름날 새벽 5시경에 당산에 팥떡을 가져가서 올리고, 올렸던 제물을 수습하여 당을 내려온다. 이후 팽나무제와 등장마당제 그리고 용왕제와 띠배 퇴송으로 이어지며, 끝으로 당샘제와 안당제를 모신다.

● 중국 제나라의 장수 전횡의 혼령을 모시는 사당과 제사가 한국의 한 섬에 있는 것이 아주 흥미롭다. 전횡은 소정방이나 이여송처럼 싸우러 오지 않고, 싸움에 져서 쫓겨와 자살한 것이 안타까워 동정을 받다가 숭앙의 대상이 되었다.

보령의 한시

보령 가는 길에서(保寧途中) 　　　　　　　　 송상기(宋相琦)

늙은 나무는 바람 머금고 울고, 　　　　　　　　 老木含風響

황량한 성은 비에 덮여 어둡구나. 　　　　　　　 荒城冪雨陰

백성의 근심 공연히 눈에 가득하고, 　　　　　　　 民憂空滿目

부역에 더욱 마음 쓰이는구나. 　　　　　　　　　 行役更關心

학 마을은 허물어진 채 조용하고, 　　　　　　　　 鸛鶴村墟靜

돛배는 포구 깊숙이 와서 머물렀네. 　　　　　　　 帆檣海口深

갈림길에 서서 문득 홀로 웃노라, 　　　　　　　　 臨歧忽自笑

무슨 일로 산림을 저버렸는가. 　　　　　　　　　 何事負山林

● 해안 마을의 쓸쓸한 모습을 그리다가 자기 말을 한다. "산림을 저버렸는가"는 산림처사 노릇을 저버리고 벼슬을 하게 된 것을 말한다. 벼슬을 하고서도 백성의 어려움을 해결하지 못하니 서글프다는 말이다.

오서산 정상에 올라(登烏棲山絶頂) 　　　　　　 정약용(丁若鏞)

하늘 높이 솟은 산 석대에 올라오니, 　　　　　　 碧落岧嶢石作臺

만리에 펼친 산하 얼기설기 얽혔네. 　　　　　　　 山河萬里鬱盤回

금강 가을빛은 구름 가려 끊어지고, 　　　　　　　 錦川秋色橫雲斷

오월 하늘빛은 바다 넘어 비쳐드네. 　　　　　　　 吳粵天光過海來

뗏목 타고 오시려던 공자님 까닭이 있고 　　　　　 魯聖乘桴良有以

주왕 나라 옮겨온 일 아련한 옛일이라. 　　　　　　 周王遷國亦悠哉

북쪽 하늘 바라보니 서울은 어디더냐, 　　　　　　 神京北望知何處

푸르른 안개 속의 기러기 소리 애달프구나. 　　　　 煙靄蒼蒼數雁哀

● 보령에 있는 오서산은 가을 억새가 유명하다. 정약용이 오서산 산정에 올라 이런 시를 지은 것이 놀랍다. "오월(吳粵)"은 중국 남쪽인데 오서산에서 보이는 남쪽 지방을 지칭하는 말로 썼다. 공자가 오고 싶어 했던 일을 되새기며 우리나라가 좋은 나라임을 새삼스럽게 깨닫는다고 했다. "주왕 나라 옮겨온 일 아련한 옛일이라"는 구절에 "백제 문주왕(文周王)이 맨 처음 도읍을 웅천(熊川)으로 옮겼다"는 주를 달았다. 백제의 일을 중국 주나라에 견주었다.

시련의 대천 바다

대천 한바다 속 헌 배 탄 저 사공아
갈 길을 재촉 말고 풍랑을 삼갈 새로
예부터 이곳에 든 이 아니 패한 이 없나니

● 대천 바다는 시련을 겪어야 하는 험한 곳이다.

나무도 바위 돌도 없는 뫼에 매게 쫓긴 까투리 안과
대천 바다 한가운데 일천 석 실은 배에 노도 잃고 닻도 잃고 용총도 끊고 돛대도 끊고 키도 빠지고 바람 불어 물결치고 안개 쉬섞여 잦아진 날에 갈 길은 천리만리 남은데 사면은 검어어둑 천지 적막 까치노을 떴는데 수적 만난 도사공 안과
엊그제 임 여읜 내 안이야 어디다 가을하리오

● 대천 바다는 물결이 험한 곳으로 이름이 나서 이런 사설시조가 이루어졌다. 사설시조답게 단순한 구조를 교묘하게 활용하면서 많은 말을 한

다. 초장 말미의 "까투리 안과", 중장 말미의 "도사공 안과", 종장의 "내 안이야", "어디다 가을하리오"라고 한다. "안"은 "마음"이다. "가을하리오"는 "견주리오"이다. 까투리의 마음, 도사공의 마음, 자기의 마음은 너무 절박해 견주어 말할 데가 없다고 했다. 까투리의 마음, 도사공의 마음, 자기의 마음을 동격으로 열거해 자기의 마음을 이미 그 둘에 견주어 말하고서 견주어 말할 데가 없다고 하는 것은 앞뒤가 어긋난다. 앞뒤가 어긋나는 줄도 모르고 이 말 저 말 해서 다급한 심정을 더 잘 나타낸다.

초장에서는 "나무도 바위 돌도 없는 뫼에 매게 쫓긴 까투리 안"을 말했다. 죽지 않고 살아날 길이 없는 상황이다. 종장에서는 "엊그제 임 여읜 내 안"을 말했다. 이 둘만 연결해도 무엇을 제시하는지 알 수 있는데, 초장과 중장 사이에 길게 이어지는 중장이 있다. 중장에서 "도사공의 안"에 관해 하는 말은 너무 장황해 몇 토막으로 나누어 살필 필요가 있다.

"대천(大川) 바다 한가운데"는 넓은 바다에 나섰다는 말이다. "일천 석 실은"은 짐이 과도하다는 말이다. "노도 잃고 닻도 잃고 용총도 끊고 돛대도 끊고 키도 빠지고"는 배 여러 곳에 고장이 생겨 항해 불능 상태라는 말이다. "바람 불어 물결치고 안개 쉬섞여 잦아진 날"은 기상 조건이 아주 나쁘다는 말이다. "갈 길은 천리만리 남은데"는 목적지까지 많이 남았다는 말이다. "사면은 검어어둑 천지 적막 까치노을 떴는데"는 날이 저문다는 말이다. 그런 상황에서 바다 도적 "수적(水賊)"을 만났다고 한다.

도사공의 마음을 내 마음보다 훨씬 길게 말한 것은 무슨 까닭인가? 내 마음을 그냥 말하면 말이 막힌다. 신음 소리만 늘어놓고 말 수는 없다. 도사공의 마음에다 견주어 내 마음을 말해야 말이 이어지고, 전후의 상황을 알 수 있고, 탄식을 하면서 자기를 돌아볼 수 있다. 인생이 항해라고 여기면 자기도 도사공과 같은 수난을 당했다고 할 수 있다. 수난당한 사태를

▲ 대천해수욕장

파악하면 희망이 생길 수 있다. 까투리의 마음을 생각하다가 도사공의 마음으로 옮아가고 자기의 마음을 되돌아보는 것은 불행에 매몰되지 않은 열린 의식을 지녔기 때문이다.

보령 즐기기

하니쌈밥 키조개두루치기

바다의 쇠고기라는 키조개, 일본으로 많이 수출해서 접하기 어려운 키조개를 두루치기로 만난다. 두루치기는 주로 돼지고기나 소고기 중심이었던 철판요리인데, 키조개두루치기의 풍미는 어떨까. 재료와 조리법이 모두 입맛을 돋운다.

충남 보령시 오천면 충청수영로 839-10(소성리 691-12)
041-933-9333
주요 음식 : 키조개두루치기

키조개두루치기는 키조개 제 몸에서 나오는 육수와 가진 야채, 고추장양념장이 어우러져 맛을 낸다. 곁반찬 인심이 야박하지 않아 한 상이 그득하게 찬이 푸진 데다 해물 요리 등 여러 음식의 토속적인 맛이 친근감을 준다. 특히 관자전은 같은 키

조개 요리라 키조개를 바라고 먼 길을 온 손이 제대로 대접받는 기분이다.

새송이, 팽이, 미나리, 양파, 대파, 당근 등 가지가지 야채에 양념장을 넣고 지지근하게 관자를 익히면 익는 동안 우윳빛 육즙이 나와 물 없이도 잘박잘박한 두루치기가 된다. 관자 육즙에 채소와 양념장이 녹아들어 어우러지면 두루치기 요리가 완성된다. 육즙 맛은 부드럽고 깊지만, 약간 들큰하기도 하다.

패주라고도 하는 관자는 조개를 여닫는 역할로 근육질이므로 쫄깃거려 식감도 좋다. 키조개 요리는 사실상 관자를 먹는 것이다. 풍미도 맛도 그만인 미나리는 밍밍할 뻔한 맛을 제대로 살려주고 들큰한 맛도 줄인다.

관자전은 두루치기가 아니라 관자전을 주요리로 먹고 싶은 생각이 날 정도로 좋다. 적당한 크기로 가로썰어서 관자 맛을 통째로 느낄 수 있다. 주요리로 개발하여 파전이나 해물전처럼 독립 메뉴로 삼아도

▲ 키조개두루치기

되지 않을까. 간제미무침도 오이와 양파를 부재료로 하여 새콤달콤 간제미 맛을 살려 냈다. 이외 풋고추찜무침, 오이냉채 등도 상큼한 맛이 두루치기와 잘 어울린다.

밥은 맨밥, 두루치기 덮밥, 양념을 더해 비비고 볶는 비빔밥이 다 제각각 좋다. 국물은 통째로 키조개에서 우러난 것이므로 국물을 놓치지 않기 위해서라도 비벼 먹는 것이 더 좋을 거 같다.

키조개는 전복, 대합과 함께 3대 고급 패류로서 장흥 안양과 이곳 보령 오천항이 2대 산지다. 키조개의 본고장인 오천항은 항구 자체도 아름답거니와 바로 충청수영성(忠淸水營城) 아래에 있어 역사적 함의까지 더하고 있다. 일석삼조, 맛있는 원산지 키조개를 먹고, 철새의 천국 천수만과 연계된 수려한 풍광의 아름다운 바다도 보고, 왜구 침탈을 막기 위한 수영성 안의 정자 영보정(永保亭)도 보고. 음식문화에 역사적 유산에 자연풍광까지 모든 것을 갖춘 코스다. 입도, 가슴도, 머리도 다 만족시켜 준다.

김가네사골수제비
사골수제비

식당은 시골 농가들 사이 골목에 있다. 메뉴도 토속적인 수제비다. 맛도, 모양새도, 상차림도 전통적이다. 수제비는 사골국물로 더 풍부한 맛을 내며 진화하고 있다. 알고 보니 역사도 유명세도 어지간한 집이다.

충남 보령시 석서1길 57 (신흑동 760-1)
041-934-4706
주요 음식 : 수제비, 물만두

도가니수제비를 주문했다. 도가니 양이 제법이고, 사골 국물 맛은 시원하면서도 깊고 든든하여 한 끼 식사로 부족함이 없다. 야단스런 양념을 사용하지 않고 사골 맛 위주에 굵은 파로만 맛을 냈다. 잡냄새, 밀가루 냄새가 없고 신기하게 개운하다.

고명으로 검은 김가루와 흰자 노른자 분리된 계란 지단에 빨간 고추를 가운데 얹었다. 수제비와 국물의 흰색, 파의 청색에 얹어 황(黃) · 청(靑) · 백(白) · 적(赤) · 흑(黑) 오방색이 완성되었다. 만물의 생성 소멸을 이루어내는 목(木) · 화(火) · 토(土) · 금(金) · 수(水)를 상징하는 오방색, 토속적인 시골마을의 음식에 담긴 이런 조화가 우연은 아닐 것이다.

김치는 고운 때깔만큼이나 상큼하고 사근사근하다. 장아찌는 모양새도 반지르하고 맛도 풍부하다. 그리 짜지 않으면서 사각

▲ 도가니수제비

▲ 물만두

거려 혀에 감긴다. 사소한 밑반찬에 들어간 공이 얼마일까. 장아찌를 포장해서 판매하는 걸 보니 장아찌 맛에 녹아난 사람이 나만이 아닌 거다.

보령 대천해수욕장에서 그리 멀진 않아도 관광지에서는 완전히 벗어난 시골이다. 이런 시골에 보석처럼 감추어져 있는 맛집, 알고 보니 50년도 넘은 집이다. 손님은 대부분 가족 단위, 한창 해수욕철이지만 관광객들이 아니다. 흙이 뚝뚝 떨어질 거 같은 농부 차림새 손님이 상당수다. 마을에서 키워온 동네 맛집이다.

조선왕조실록에는 수제비가 '밀가루 없이 수제비를 만든다(無麵之不托)'는 속담으로 23번 등장한다. 불가능을 표현하는 말인데 지금은 자주 쓰이지 않는 속담이다. 이외 3번은 어려운 사람의 음식으로 등장한다. 최초로 등장하는 것은 "신은 비록 눈 속에서 얼어죽고 수제비 한 사발도 못 먹는 한이 있다 하더라도"라는 문구로 효종조 송시열의 상소문이다.

고려 조선조에는 밀가루가 귀해서 수제비가 상층의 음식이었을 거라는 주장도 있지만 속담으로 널리 쓰이고, 어려운 때의 음식으로 등장하므로 적어도 조선 후기 정조 이후로는 수제비가 서민음식이었을 가능성이 높다.

우리 음식은 칼맛의 일식, 불맛의 중국음식과 대비되는 손맛의 음식이라 한다. 생선회도 정연하게 썬 사시미가 아니라 막 썬 막회가 우리식이다. 집에서도 칼국수보다 손으로 뜨더귀를 만들어 손맛이 더 나는 수제비를 더 자주 한다. 많은 사람들이 어려운 시절 추억의 음식으로 수제비를 기억한다.

연원이 오랜 서민음식 수제비가 이제는 달라지고 있다. 도가니를 넣어 만 원이나 하는 제법 비싼 음식으로 신분상승도 한다. 오방색이 담은 만물의 생성과 소멸의 힘은 소수 특권의 힘이 아니라 민중의 힘이다. 그 힘이 음식을 키운다. 떡볶이가 미국 뉴욕으로 샌프란시스코로, 캐나다 밴쿠버로 진출했다. 수제비도 그렇게 진화할 것이다. 이곳은 그 진화 현장이다.

부여

▲ 부소산성 입구

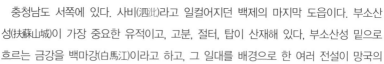

　　충청남도 서쪽에 있다. 사비(泗沘)라고 일컬어지던 백제의 마지막 도읍이다. 부소산 성(扶蘇山城)이 가장 중요한 유적이고, 고분, 절터, 탑이 산재해 있다. 부소산성 밑으로 흐르는 금강을 백마강(白馬江)이라고 하고, 그 일대를 배경으로 한 여러 전설이 망국의 한을 전한다. 낙화암(落花巖) 전설도 그 가운데 하나이다. 낙화암 아래에는 고란사(皐蘭 寺)라는 절이 있다. 백제 정원의 유적 궁남지(宮南池)에는 여름에 연꽃이 많이 핀다. 국립부여박물관에 가면 백제의 역사와 문화를 볼 수 있다. 무량사(無量寺)는 조선시대 승려 시인 김시습(金時習)이 세상을 떠난 곳이어서, 화상을 모신 전각이 있다. 마을 이름을 따서 은산별신제(恩山別神祭)라고 하는 대규모의 마을 굿이 전승되고 있다.

부여 알기

백제 시대의 문장, 사택지적비와 한시

백제의 비석으로는 사택지적비(砂宅智積碑)라는 것이 부여 읍내에서 발견되었으며, 국립부여박물관에 전시되어 있다. 사택지적은 일본에 사신으로 간 적 있는 백제의 귀족이다. 『일본서기(日本書紀)』에서는 대좌평(大佐平)의 지위에 있었다고 했다. 비문 서두에서 "내지성(奈祇城)"의 사람이라고 했는데, 그곳은 수도 사비 서쪽 30리 밖의 외성이다. "인(寅)"이라는 연대는 "갑인(甲寅)"으로 볼 수 있어 654년(의자왕 14)으로 추정된다. 전문을 들면 다음과 같다.

> 慷身日之易往
> 慨體月之難還
> 穿金以建珍堂
> 鑿玉以立寶塔
> 巍巍慈容
> 吐神光以送雲
> 峩峩悲貌

含聖明以

한 단어를 둘로 갈라 양쪽에 배열한 것이 많다. 두 구절을 하나로 합쳐 번역해야 무슨 말인지 알 수 있다. 번역하면서 풀이해보자.

"慷慨身體日月之易往難還"는 "신체와 일월이 쉽게 가고 돌아오기 어려운 것을 슬퍼하고 개탄한다."는 말이다. 자기 나이가 많아져 서글퍼진다는 것을 그렇게 말했다. "穿鑿金玉 以建立珍堂寶塔"은 "금과 옥을 뚫어 진기한 집과 보배로운 탑을 세웠다."는 것이다. 소중한 자재를 사용해 정성 들여 불사를 했다는 말이다. "巍巍峩峩慈悲容貌"는 "높고도 높도다, 자비로운 용모여."이다. 새로 모신 부처의 모습을 형용한 말이다. "吐神光以送雲 含聖明以迎雨"는 "신령스러운 빛을 토하며 구름을 보내고, 성스러운 밝음을 머금고 비를 맞도다."이다. 부처가 날씨를 조절해주기를 기원하는 말이다.

● 비문을 길게 쓰지 않고 말을 줄였다. 글자수를 6자와 4자로 고정시켜 놓고 앞뒤 두 구절이 대구를 이루도록 하는 변려문의 수법을 지나치게 사용했다. 형식의 아름다움을 너무 추구해 무리하다고 할 정도로 대우법을 많이 사용한 변려문이다. 난숙한 경지에 이른 백제 말기의 문학이 화려한 수식 위주의 미문 취향에 빠지는 폐단이 있었던 것 같다.

백제의 한시는 문헌이 상실되어 전하는 것이 없다. 그러나 잘 찾아보면 아주 없는 것은 아니다. 국립부여박물관에 진열되어 있는 부여 능사(陵寺)에서 출토한 목간에 적혀 있는 다음 글을 보자.

여러 번 살면서 맺은 업으로	宿世結業
한 곳에 태어나지 않았는가.	同生一處
시비할 일 있어 묻고 답하라면	是非相問
올라가 절하며 아뢰고 오리라.	上拜白來

이두라고 하는 견해가 있으나 한문이라고 보는 편이 타당하다. 너무 간략해 이해에 지장이 있으나, 두 사람이 부부가 된 인연을 두고 하는 말이라고 보는 것이 적절하다. 앞의 두 줄에서는 여러 생을 거치면서 각기 맺은 업이 모여 마침내 한 곳에 태어났다고 했다. 다음 두 줄에서는 잘잘못을 가려 다음 생에서는 헤어지게 하려고 한다면 부처가 있는 불당에 올라가 절하면서 다시 함께 태어나게 해달라고 기구하겠다고 한 것 같다.

● 앞에서 든 사택지적비와 함께 살피면 두 가지 공통점이 있다. 불교를 깊이 믿으면서 개인적인 소망을 나타낸 것이다. 부족한 자료를 가지고 일반화된 논의를 펴는 것은 무리이지만, 백제의 한문학은 고구려나 신라보다 더욱 난숙한 경지에 이르러 그런 특징을 나타냈다고 할 수 있다. 그래서 진취적인 기상을 잃었다고 하는 것도 가능한 진단이다.

백제 역사를 회고하는 한시

부여 회고(扶餘懷古)   이곡(李穀)

청구가 빼어난 기운 배태해 황하에 응하면서	靑丘孕秀應黃河
온조왕이 동명의 가문에서 탄생했도다.	溫王生自東明家
부소산 아래로 옮겨와 나라를 세울 적에	扶蘇山下徙立國
기이하고 상서로운 이적 얼마나 많았던가.	奇祥異蹟何其多

147

부여 알기

의관이 갖추어져 있고 문물이 성대하며,	衣冠濟濟文物盛
기회를 엿보고 신라까지 합치려고 했었는데,	潛圖伺隙并新羅
못난 자손들이 덕을 제대로 잇지 못해,	在後屏孫不嗣德
담장과 집을 아로새기며 사치를 일삼았네.	雕墻峻宇紛奢華
하루아침에 견고한 성이 허망하게 무너지니,	一旦金城如解瓦
천척 푸른 바위에 낙화라는 이름이 붙었도다.	千尺翠岩名落花
높은 분들 동산에 농부가 씨 뿌려 밭을 갈고	野人耕種公侯園
깨어진 비석 곁에는 구리 낙타가 파묻혔구나.	殘碑側畔埋銅駝
나는 와서 고적을 찾다가 눈물 흘리고,	我來訪古輒拭淚
옛일은 어부와 초동의 노래 속에 들었구나.	古事盡入漁樵歌
천 년의 좋은 기운 땅을 쓴 듯 없어지고,	千年佳氣掃地盡
조룡대 아래서 강이 스스로 물결치는구나.	釣龍臺下江自波

● 백제가 망한 내력을 되돌아보며 처절한 심정을 나타냈다.

석탄행(石灘行)　　　　　　　　　　　　　　　　　이존오(李存吾)

석불은 응당 의자왕 때의 일을 보았을 터인데,	石佛應見義慈代
들녘의 학이 날아오는 곳에서 참선만 하고 있다.	唯有野鶴來參禪
생각하면, 옛날에 당나라 장수 배를 타고 건너와	憶昔唐將航海至
웅병 십만이 북소리를 요란하게 울렸도다.	雄兵十萬鼓淵淵
도문에서 한바탕 싸움으로 나라 힘을 기울이고,	都門一戰謾傾國
임금이 두 손을 들어 묶임을 당했도다.	君王拱手被拘攣
신물도 넋이 빠져 제자리를 지키지 못하는 듯,	神物慘淡亦不守
돌 위의 용 발톱 자욱 아직도 꿈틀거린다.	石上遺蹤猶蜿蜒
낙화암 봉우리 아래 물결만 출렁이고,	落花峰下波浩蕩
흰 구름 천 년 동안 속절없이 유유하다.	白雲千載空悠然

▲ 백마강(금강)

● 처절한 심정이 더욱 고조되었다. '석탄'은 백마강에 있는 나루이다.

백강 회고(白江懷古)

이승소(李承召)

기나긴 강물 흘러 넘실넘실	長江流衮衮
만고의 외로운 성을 감싸고 있네.	萬古抱孤城
성스러운 시조 힘들게 건국했는데,	聖祖勤開業
못난 후손 병기 더럽히길 좋아했네.	孱孫喜黷兵
금성탕지라고 의지하기 어려운데,	金湯難可恃
종묘사직이 먼저 무너졌구나.	社稷最先傾
말에서 내려 남은 자취 찾으니,	立馬訪遺迹
슬픈 바람이 나를 위해 울어준다.	悲風爲我鳴
오색 깃발 흔드는 놀이를 하려고	霓旌恣游宴
날이면 날마다 강변으로 나갔다.	日日向江邊
봉련에는 젊은 여자가 시중을 들고,	鳳輦靑娥侍
용주는 비단 닻줄로 잡아끌었다.	龍舟錦纜牽

아침 구름 깊은 골짜기로 사라지고,	朝雲迷楚峽
신선의 음악 하늘 곡조를 연주했다.	仙樂奏鈞天
당병 올 줄 어찌 미리 헤아렸으리,	豈料唐兵至
번영과 영화 깊은 못에 팽개쳤네.	繁華委九淵
천추토록 남아 있는 조룡석이고,	千秋釣龍石
한 조각의 돌뿐인 낙화암이네.	一片落花巖
변방에선 군사들이 먼지내고 싸워도,	塞上兵塵合
궁중에선 취한 꿈이 달고 달았다.	宮中醉夢酣
의관이 모두 새와 같이 흩어지고,	衣冠如鳥散
구슬이며 비취 물고기처럼 잠겼네.	珠翠效魚潛
성충의 계책을 쓰지 않았다가,	不用成忠計
공연히 만고의 부끄럼 남겼구나.	空留萬古慙

● 성충은 의자왕에게 방탕한 생활을 그만두라고 하고, 외적을 물리칠 방책을 제시했다.

옛 나루엔 안개 파도 물결 드넓고,	古渡煙波闊
텅 빈 터엔 풀과 나무 평평하구나.	遺墟草樹平
저녁 돛배 언덕 따라 빙 돌아가고,	落帆依岸轉
낙조가 구름 사이로 새어나와 밝구나.	殘照漏雲明
나라끼리 서로 싸우던 이곳에서	蠻觸相爭地
노래 소리 여기저기 들리어 오네.	絃歌到處聲

● "만촉(蠻觸)"은 『장자(莊子)』에서 가져온 말이다. "달팽이의 왼쪽 뿔 위에 있는 나라를 촉씨(觸氏)라 하고, 달팽이의 오른쪽 뿔 위에 있는 나라를 만씨(蠻氏)라 하는데, 서로 영토를 다투어서 전쟁을 한다"고 했다.

| 흰 갈매기는 무슨 뜻이 있는 듯이, | 白鷗如有意 |
| 짐짓 사람 가까이 와서 끼룩거리네. | 故故近人鳴 |

낙화암시(落花巖詩)   홍춘경(洪春卿)

나라가 망하니 산하도 옛날과 다른데,	國破山河異昔時
다만 명월만 얼마나 차고 기울었나.	獨有明月幾盈虧
낙화암 바위 가에 꽃은 아직 있으니	落花巖畔花猶在
풍우 일던 그때 다 타지는 않았구나.	風雨當年不盡灰

● 이 시에서는 말을 줄여 생각을 가다듬었다.

백마강시(白馬江詩)   고경명(高敬命)

병들어 사람이 멀리 가서 놀게 하고,	病起因人作遠遊
동풍이 꿈에 불어 배를 타고 돌아가게 한다.	東風吹夢泛歸舟
산천이 울울한 것은 전 왕조의 한인가,	山川鬱鬱前朝恨
성곽이 소소한 데 반달이 걸렸구나.	城郭蕭蕭半月懸
당시의 낙화암에는 푸른 벽만 남았고,	當日落花餘翠壁
아직까지 둥지를 튼 제비 강루를 둘러가네.	至今巢燕繞江樓
그대여 왕조의 일은 말하지 말게나,	憑君莫話王家事
옛날을 조상해 상심하면 머리 희기 쉽나니.	弔古傷今易白頭

● 이 시는 차분한 마음으로 주위를 돌아보았다.

부여회고(扶餘懷古)   정약용(丁若鏞)

| 천척 큰 배가 바다 어귀에서 들어오자, | 千舳樓船入海門 |
| 육궁의 주옥 보석 모두가 눈물 자국. | 六宮珠翠盡啼痕 |

미녀들 물에 떨어져 풍류가 그치었고	靑蛾落水風流歇
백마 못에 잠겨들자 안개가 캄캄했다.	白馬沈淵霧氣昏

● 이 두 줄에서 낙화암과 조룡대의 전설을 말했다. 이 시 세 수는 역사 회고와 심정 술회를 잘 결합하면서 뛰어난 표현을 갖추었다.

당시 공훈 세운 이름 부서진 돌에나 남고,	異代勳名餘勒石
남은 노인들 지금도 항복 깃발 통곡하네.	至今遺老哭降旛
처량하구나. 반월성으로 통하는 길머리에는,	凄涼半月城頭路
벼 기장 들쭉날쭉 두세 마을 있을 따름.	禾黍高低只數村

부소산 속 궁궐 울창하고 높고 험하며	蘇山宮闕鬱嵯峨
궁녀는 꽃같이 고우니 즐거움 어땠으랴.	宮女如花奈樂何
십제의 신이한 징조 개로왕에게서 끝나고,	十濟神符終蓋鹵
삼한의 제왕 기운 신라로 모였네.	三韓王氣聚新羅

● 백제는 처음 이름이 "십제(十濟)"였고, 개로왕 때까지는 도읍이 한강 변에 있었다.

강기슭을 가로막은 철옹성만 보면서,	惟看鐵甕橫江岸
구름 선단 바다 건너는 것을 믿지 많았네.	不信雲帆度海波
술잔 잡아 계백에게 제사를 올리려는데,	欲把殘杯酹階伯
황폐한 사당 안개비에 칡넝쿨 어둡다.	荒祠煙雨暗藤蘿

● 계백은 나라를 지키는 최후의 싸움을 하다가 전사했다.

관가 누각 쓸쓸히 초목 속에 서 있는데,	官閣蕭條草樹中
지방에서 전하는 말이 의자왕의 궁전이란다.	野人傳是義慈宮
가벼운 서리 묵은 밭에서 무청이 푸르고,	輕霜廢苑蕪菁綠
맑은 날 낡은 담장의 담쟁이덩굴 빨갛네.	澹日荒墻薜荔紅
북부의 몇 고을에서 복신을 기억할까?	北部幾州懷福信
많은 산 어디서도 부여풍 찾을 곳 없네.	亂山無處覓扶豐

● 서낭당 같은 것을 보고 의자왕의 궁전이라고 한다는 말이다. 복신과
부여풍은 서북 지방에서 백제 부흥 운동을 이끌었다.

오함사는 옛 왕조에서 이룩한 절인데,	烏含已作前朝寺
나그네 말 석양 바람 향해 슬피 우네.	客馬悲鳴向晩風

● 의자왕 때 붉은 말이 오함사(烏含寺)로 들어가 며칠 동안 울면서 돌아
다니다가 죽었다고 한다.

이성계의 비밀

부여군 내산면 주암리 녹간마을 은행나무에는 조선을 개국한 태조(太
祖)와 관련된 전설이 있다. 태조가 등극하기 전에 조선 팔도를 다니며 명
산에서 왕이 되기를 기원하는 산제를 많이 지냈다. 이때 이 지역에 이르러
아미산에서 백일 산제를 지내고는, 날을 정해서 전국의 큰 산신 38명을 초
청해서 아미산에서 잔치를 벌였다.

이 마을 뒷산 축융봉(祝融峯)도 역시 명산 중의 하나이므로, 태조의 초청
을 받고 아미산으로 가야 했다. 초대를 받고 가면서 은행나무 앞에 이르러

나무의 목신(木神)을 찾았다. 이때 마침 나무 아래서 하절(夏節)이기에 잠을 자고 있던 한 과객(過客)이 산신과 목신의 대화를 듣게 되었다. 산신이 목신에게 말하기를 "아미산에서 산신을 불러 가는데, 자네는 어떤가?"라고 물으니, 목신이 "나도 초청을 받았는데 손님이 있어 못 가네. 다녀갈 적에 경과나 이야기해주고 가소."라고 했다.

얼마 후에 산신이 돌아오자 목신이 "잔치는 잘 하던가?" 하고 물었다, 산신이 "잔치는 역시 잘 하고, 이성계는 훌륭하게 잘났더군."이라고 대답을 하였다. 다시 목신이 "어떻게 하기로 합의했나?" 하고 물으니, "이성계를 왕으로 받들기로 했네."라고 대답하였다. 이 소리를 들은 과객은 그길로 이성계를 찾아가 산신과 목신의 대화를 말했다. 이성계는 그 과객을 일주일 동안 잘 대접하더니 소문이 나는 것이 두려워 죽였다고 한다.

● 이성계가 등극하기까지 있었던 일을 다룬 이야기 가운데 특히 충격적이어서 흥미롭다. 신들의 합의로 이성계가 왕이 되었다는 것이 충격을 주는 비밀이다. 그 비밀을 엿들어 알고 전해준 사람을 이성계가 잘 대접하다가 소문나지 않게 하려고 죽였다는 것은 놀라운 범죄이다. 생각하기 어려운 비밀이나 범죄가 개입해 역사가 전환된 내막을 알려준다.

시로 읽는 부여의 명승지

무량사는 외산면에 있는 고찰이다. 김시습(金時習)이 세상을 떠난 곳이어서 김시습의 초상이 있다. 깊고 고요한 곳이라고 하는 한시를 든다.

무량사(無量寺)

남구만(南九萬)

세상 밖에 우연히 삼 일 동안 유람하니,
아미산과 만수산 깊고도 그윽하구나.
선방에 한번 누우니 솔바람 소리 아득해
평생의 없애지 못할 시름을 다 보내노라.

物外偶成三日遊
峩眉萬壽極深幽
禪房一枕松聲遠
消遣平生不盡愁

● "아미산과 만수산"은 무량사 근처의 산이다.

백마강 배를 타고 고란사로 돌아드니
낙화암에 두견이 울고 반월성에 달 돋는다
아마도 백제고도가 예 아닌가

● 이런 시조가 있어 명
승지를 안내한다. 한자어
는 한자로 적어 풀이하면
"白馬江 배를 타고 皐蘭寺
로 돌아드니, 落花巖 杜鵑
이 울고, 半月城에 달 돋
는다. 아마도 百濟 古都
가 예 아닌가 (하노라)"라는
말이다. 백제 고도를 찾은
감회를 정다운 지명을 들
어 말한다. 백마강, 고란
사, 낙화암, 반월성을 열거
하면서, 두견이 울고, 달이

▲ 김시습 부도(무량사)

돋는다는 말만 보탠다.

> 백마 추강월이 제왕의 넋이 되어
> 십리 평사에 야야로 비추어서
> 낙화암 천년 여원을 못내 슬퍼 하노라

● 이런 시조도 있다. 한자를 넣어 "白馬 秋江月이 濟王의 넋이 되어/ 十里 平沙에 夜夜로 비추어서/ 落花巖 千年 餘怨을 못내 슬퍼하노라"라 고 해야 이해될 수 있다.

논 매며 부르던 노래 〈메나리〉

〈메나리〉는 민요이다. 이름만 공통되고 곡조나 사설은 지방에 따라 다 르다. 이사질(李思質, 1705~?)은 「어난난곡(於難難曲)」에서 충남 부여 지방 에서 전승되고 있는 메나리를 들은 그대로 기록하면서, 필요한 설명을 갖 추었다.

메나리여 고란초여,	山有花兮皐有蘭
고란초는 길고 푸른데 메나리는 붉구나.	皐蘭長翠山花丹
천년만세 동안 님은 늙지 마시라.	千年萬歲君無老
저녁마다 아침마다 다시 보고파라.	暮暮朝朝看復看
얼럴럴	於難難

● "얼럴럴"이라는 여음을 되풀이하는 노래는 원래 논매기에서 쓰는 기 음노래로 불렀다. 첫 줄의 메나리는 꽃 이름이다. 산에서 피는 나리꽃이

다. 그 꽃을 노래하는 곡조를 메나리라고 하기 전부터 있던 원래의 말을 가져와 시어로 삼았다. 고란초와 같지 않고 메나리와 같아, 길고 푸르지 않고 붉은 님을 기렸다. 인용한 것이 첫 절이고, 그 뒤에 여덟 절이 더 있어 모두 아홉 절이다. 소개하는 노래에 정조(正調)·변조(變調)·시조(詩調)라는 것이 있다고 한 것을 각기 셋씩 내놓았다.

떠내려온 산, 부산

백제 도읍을 공주에서 부여로 옮길 때 한 달 동안 많은 비가 내렸다. 온 천지가 물바다가 되고, 산이 무너지고, 논밭이 떠내려가고, 야단이 났다.

그때 청주에 있던 산 하나가 부여까지 떠내려왔다. 아침에 밥을 지으려고 나온 여자가 그것을 보고 "아이고, 산이 떠내려오네!"라고 외쳤다. 그러자 떠내려오던 산이 그 자리에 주저앉았다. 떠내려온 산이라고 해서 그 산을 부산(浮山)이라고 한다.

그 산이 조금만 더 아래로 떠내려갔으면 백제의 국운이 더 오래갔을 것이다. 여자가 한 말 때문에 더 내려가지 못해 백제가 의자왕(義慈王) 때까지 가고 망했다.

● 떠내려오던 산이 여자가 하는 말을 듣고 멈추었다고 하는 것은 흔히 있는 이야기이다. 그 때문에 백제의 국운이 오래가지 못했다고 하는 것은 여기서만 볼 수 있는 특이한 사연이다.

이몽학의 실패

1596년(선조 29) 속모관(粟募官) 한현(韓絢) 수하의 모속장(募粟將)이던 이몽학(李夢鶴)이 임진왜란이 한창일 때 "왜적의 재침을 막고 나라를 바로 잡겠다"는 명분으로 부여 무량사(無量寺)에서 난을 일으켰다. 이몽학이 조직한 동갑계 회원 700명이 승려들과 함께 나섰으며 굶주린 농민들까지 합세했다.

수천의 무리를 이룬 반란군은 인근의 정산, 청양, 대흥을 휩쓸었고, 서울로 진격하기 직전 거점 지역인 홍주를 공격했다. 당시 홍주목사 홍가신(洪可臣)은 민병을 동원해 반격하는 한편, 현상금을 걸어 반란군의 분열을 꾀하였다. 결국 전세의 불리함을 느낀 이몽학의 부하 김경창(金慶昌)과 임억명(林億明)은 이몽학의 목을 베어 투항하였으며, 면천에서 형세를 살피던 한현도 곧 체포되었다.

(가) 이몽학이 패한 것은 그보다 지모가 뛰어난 누이의 말을 듣지 않았기 때문이라고 한다. 이몽학을 낳을 때는 그 어머니가 장구를 치며 하늘로 올라가는 꿈을 꾸고, 누이를 낳을 때는 하늘을 자유로이 오르내리는 꿈을 꾸어서, 누이가 동생보다 더 뛰어났다고 한다. 이몽학이 이 누이의 말을 무시해 실패했다고 한다.

(나) 이몽학은 힘이 세기로 유명한 소년이었다. 씨름 대회에 나가면 항상 우승을 했다. 누이가 나서서 말했다.

"네가 그렇게 힘이 세다면 나를 이겨보아라!"

누이의 힘이 센 것을 알고 난처했지만, 사람들 앞이라 도전을 피할 수가 없었다. 씨름이 시작되고, 이몽학이 업어치기를 하려는 순간 누이가 이몽학을 공중으로 높이 던져버렸다.

누이만 없다면 자기가 세상에서 제일이라고 생각한 이몽학은 내기를 제안했다. 자기가 서울에 다녀올 동안 누이는 산 주위에 성을 쌓으라는 것이었다. 누이는 이몽학의 기를 꺾기 위해 그 내기를 받아들였다.

"내가 성을 다 쌓았는데, 네가 돌아오지 못한다면 목숨을 내놓기야. 네가 돌아왔는데도 내가 성을 다 쌓지 못했다면 내가 죽어야겠지."

시합이 시작되었다. 누이는 성을 거의 완성했다. 옆에서 이를 지켜보던 어머니는 걱정스러웠다. "그래도 딸자식보다 사내자식을 살려야 하는 것 아닌가?" 이렇게 생각하고, 어머니는 팥죽을 펄펄 끓여 딸에게 가져갔다.

"몽학이가 오려면 멀었으니 이것 먹고 해라!"

"어머니, 조금만 더 쌓으면 완성돼요. 마저 쌓고 먹겠어요."

"아니다. 이거 먹고 해도 네가 이긴다. 걱정 말고 먹어라."

뜨거운 팥죽을 자꾸 권하는 어머니의 마음을 알아차린 누이는 더 이상 거역하지 못하고 뜨거운 팥죽을 식히며 먹기 시작했다. 그때 이몽학이 돌아왔다. 자기가 이길 셈으로 말까지 타고 다녀온 것이다. 이몽학은 느긋하게 팥죽까지 먹고 있는 누이를 보고 화가 치밀어 목을 쳐버렸다.

이런 일이 있어 이몽학은 실패를 했다.

● 이몽학은 실패할 만해서 실패했다고 이야기할 수는 없다. 실패한 이유를 말하는 이야기가 있어야 했다. 누이가 더 뛰어나고 이몽학은 누이만 못해서 실패했다고 하는 것으로 단서를 잡았다. (가)에서는 누이의 말을

부여 알기

듣지 않아서 실패했다고 한다. 무슨 말을 듣지 않았는지 전승에 결락이 있다. (나)에서 부당한 방법으로 누이를 죽여 실패를 했다는 것이 더욱 그럴듯하다.

충남문화 찾아가기

부여 보기

고란사와 백화정

고란사

충남 부여군 부여읍 쌍북리 백마강 기슭 바위 언덕 위에 자리 잡고 있다. 충청남도 문화재자료 제98호. 현재 마곡사(麻谷寺)의 말사로, 창건과 관련해서는 백제시대 왕들의 유휴처로 건립된 정자였다는 설과 궁중의 내불전이라는 두 설이 있다. 백제 멸망과 함께 소실된 것을 고려의 백제 후예들이 삼천궁녀를 위로하기 위해 중창했다고 한다. 『부여지』에 의하면 이절이 고란사라는 이름을 갖게 된 이유는 절 부근 언덕(皐)에 난초(蘭)가 자라고 있기 때문이라 한다.

고란사 경내에는 불탑은 없고 주불전인 극락보전과 종각만 있다. 극락보전 불단에는 아미타여래와 좌우보처보살인 백의관음보살과 대세지보살이 봉안되어 있는데, 극락전 주존불 아미타여래는 삼신불, 즉 법신(法身), 보신(報身), 화신(化身) 중 보신에 해당하는 부처님이다. 아미타불은 법장보살이었을 때 세운 48원(願)을 성취함으로써 부처가 되었고 서방 극락세계의 주재자가 되었다.

▲ 고란사

▲ 고란사 극락전 내부

극락보전 뒤 바위틈에 맑은 샘물이 솟아나고 있는데, 이 절을 찾는 사람들 사이에 인기가 높다. 샘 부근에 고란초로 불리는 양치식물이 자라고 있다. 앞서 말한 대로 이 절이 고란사로 명명된 연유가 부근에 난초가 자라고 있기 때문이었으므로 '고란초'는 고유명사라기보다는 '고란사의 풀'이라는 뜻으로 해석하는 것이 옳을 것이다.

고려시대에 중창했다고 하지만 조선의 선비 다산 정약용(1762~1836)이 백마강 배편으로 고란사를 찾았을 때는 이미 폐허가 된 후였다. 그가 남긴 시에 나오는 "고란사 있던 자리 강가에 와서, 배 매고 석양까지 서성거리네. 꽃은 옛 주춧돌에 아직 피었고, 가을 대 무너진 담 뒤에 숨었네. 서럽다 여기 찾은 옛사람 자취, 흐릿할 손 먼 옛날 전쟁의 흔적"이라는 대목이 당시 고란사 상황을 짐작케 해준다. 충남의 큰 선비 명재 윤증(1629~1714)도 친한 벗들과 함께 백마강, 낙화암, 고란사를 유람한 기록을 남겼다. 또한 동춘당 송준길(1606~1672)도 배를 타고 백마강 물길을 따라 내려가면서, 공주 독락정, 부여 호암(虎巖) 등 여러 정자와 누대를 배회하며 두루 구

▶ 백화정

경하고 고란사에 들리는 선유(船遊)를 즐기기도 했다. 이처럼 고란사와 백마강 일대는 조선 선비들 간에 선유를 즐기면서 옛것을 둘러볼 수 있는 매력적인 장소로 인기가 높았다.

일제강점기 때 2대 부여군수로 부임한 김창수(재임 1918~1922)는 재임 시절에 고란사 효경(曉磬)과 함께 평제탑 석조(夕照), 수북정 청람(晴嵐), 부소산 모우(暮雨), 낙화암 숙견(宿鵑), 구룡평 낙안(落雁), 백마강 침월(沈月), 규암진 귀범(歸帆)을 부여팔경으로 선정했다. 종전까지는 천정대, 조룡대, 고란사, 낙화암, 백마강, 반월성, 자온대, 평제탑이 부여팔경으로 선정되어 있었다.

백화정

고란사에서 부소산 올라가는 길을 따라 걷다 보면 오른편 험준한 바위 위에 선 백화정이 보인다. 충청남도 문화재자료 제108호. 육각형 바닥을 지반에서 높이 띄우고 남쪽에 나무 계단 하나를 두어 출입할 수 있게 했다. 마루에는 난간이 설치돼 있고, 천장에는 연꽃 등 여러 가지 아름다운 장식 문양이 시문(施紋)되어 있다. 정자에 올라보면 도도히 흐르는 백마강 전경이 한눈에 들어온다.

1929년에 발간된 『부여지』에 의하면, 부여 시인들 모임인 부풍시사(扶風詩社)에서 낙화암 꼭대기에 정자 하나를 세워 시 읊는 장소로 삼으려는 계획을 갖고 있었으나 힘이 부쳐 오랫동안 뜻을 이루지 못하고 있었다. 마침 5대 군수로 부임한 홍한표가 이 소식을 듣고 앞장서 군청 직원과 많은 사람들과 함께 의논하고 주선하여 만금(萬金)의 비용을 마련했다. 이에 목수와 주민들이 달려들어 몇 달 걸리지 않아 완성을 보았는데, 이름을 백화정이라 했다. 백제가 망하던 날의 낙화(落花) 모습을 떠올리기 위해서다(형승(形勝)조 「신팔경」).

부풍시사는 백화정 세운 뜻을 이렇게 밝혔다. "옛일로써 지금을 보고 지금 일로써 후세를 경계하면 국가의 감계(鑑戒)가 되기에 넉넉할 것이다. 이 정자에 올라서 술 한 잔을 따라 꽃다운 혼을 위로하면 흐느끼는 강물 소리가 마치 나라 잃은 슬픔을 말하는 것처럼 들릴 것이다. 이 정자 이름이 중외(中外)에 널리 퍼져서 지팡이 짚고 짚신 신은 나그네들이 (낙화암에 백화정이 없던) 예전보다 몇 갑절이나 많아질 터이니, 황의(黃衣)가 '땅은 사람을 만나야 명승지가 되고, 사람은 땅을 만나야 이름을 얻는다'는 말이 거짓이 아님을 알게 될 것이다. 이 정자를 보존하는 것은 부풍시사의 흥체(興替 : 흥하고 쇠함)에 달리고 시사의 흥체도 이 정자의 보존에 달렸으니, 후세에 보존하며 돌보는 일은 그 사람을 기다릴 것이다."

백제의 흔적, 백제역사유적지구

2015년, 공주시 · 부여군 · 익산시 등 3개 지역의 8개 고고학 유적지가

▶ 공산성

'백제역사유적지구'라는 명칭으로 한국의 12번째 유네스코세계문화유산으로 등재되었다. 한반도에서 형성된 초기 삼국 중 하나인 백제는 700년 동안 존속했다. 충청남도 지역에 분포하는 백제 유적은 공주의 웅진성과 연관된 공산성과 송산리 고분군, 부여의 부소산성과 관련된 관북리 유적(관북리 왕궁지) 및 정림사지, 능산리 고분군, 부여 나성 등이다. 백제역사유적지구는 5∼7세기 한국, 중국, 일본의 고대 동아시아 왕국들 사이의 교류와, 그 결과로 나타난 건축기술의 발전과 불교의 확산을 보여주는 중요한 고고학 유적으로 평가되고 있다.

공산성

공주 지역에 속한 공산성(사적 제12호)은 백제가 도읍을 한성(漢城)에서 웅진(熊津)으로 옮긴 후의 주요 거점이 된 성곽으로서, 부소산성과 함께 남쪽으로 천도한 이후의 대표적인 백제 성곽으로 꼽히고 있다.

근초고왕 이후 백제가 왕위 계승을 둘러싼 권력다툼으로 혼란한 틈을

◀ 공북루

타 고구려의 장수왕은 475년, 한강 유역을 빼앗기 위해 위례성을 공격했다. 개로왕이 이에 맞서 싸우다가 전쟁터에서 죽자 문주왕은 수도를 남쪽 웅진성으로 옮기게 된다. 웅진성을 새 도읍으로 정한 것은 차령산맥과 금강을 낀 지형 조건이 고구려 침입을 막는 데 유리하다고 생각했기 때문이다. 웅진성은 63년간 백제 중흥을 이끈 도성으로서의 기능을 다했고, 사비(泗沘) 시대에는 북방 거점으로 자리 잡고 있으면서 군사·행정면에서 중요한 역할을 했다. 웅진성을 둘러싼 성곽을 백제 당시에는 웅진성이라고 불렀으나 고려시대 이후에는 공산성이라 했고, 조선 인조 이후에는 쌍수산성으로 부르기도 했다.

성은 석축과 토축으로 이루어져 있으며 성벽은 이중으로 되어 있다. 축성 연대는 동성왕 때로 보고 있으나 웅진 천도 이전에 이미 성책의 시설이 있었다는 견해도 있다. 산성의 주문(主門)은 남문인 진남루와 북문인 공북루이다. 진남루는 정면 3칸, 측면 2칸의 팔작지붕 누각이며, 공북루는 1603년(선조 36)에 옛 망북루(望北樓) 터에 세운 것으로 정면 5칸, 측면 3칸의 2층 다락집이다. 1859년(철종 10)에 편찬된 『공산지(公山誌)』에 의하면,

▶ 송산리 고분군
　무령왕릉

동문은 서문·남문·북문처럼 2층이었으며, 동쪽 외곽의 토성에도 약 4미터 크기의 문터가 남아 있었다고 한다. 현재 성 안에는 후대에 세워진 영은사를 비롯해서 광복루·쌍수정·명국삼장비·쌍수산정주필사적비·창고터·연못터 등이 남아 있다.

송산리 고분군, 무령왕릉

충청남도 공주시 금성동에 있는 백제시대 고분군으로, 계곡을 중심으로 지형에 따라 구분되는 분포상을 보인다. 사적 제13호. 현재 벽돌무덤인 무령왕릉과 6호분, 돌방무덤인 송산리 1~5호분, 파괴분, 9호분, 29호분으로 분류된 고분을 포함한 다수의 굴식 돌방무덤, 그리고 7~8호분으로 구분된 구덩식 돌덧널무덤 등이 알려져 있다. 송산리 고분군은 백제가 도읍을 웅진으로 옮긴 후에 조성된 왕릉군으로는 유일하게 알려진 유적이며, 웅진시대 백제 왕실의 무덤 구조를 파악할 수 있는 중요한 유적이다.

특히 무령왕릉은 1971년에 5호분과 6호분의 배수로 공사 과정에서 우연히 발견되었다. 긴급 발굴을 통해 조사한 결과 무덤이 조성된 이후 누구의 손도 거치지 않은 처녀분이었으며, 무덤 내부에 있는 묘지석 조사를 통해 묘주가 백제 제25대 무령왕임이 확인되었다. 무령왕릉은 벽돌을 사용한 전축분으로, 묘실은 평면 장방형에 아치식 천장 구조를 갖추고 있다. 또한 무덤 안에서는 금제관식, 목걸이, 귀걸이 등의 다양한 금제 장신구와 지석, 석수, 용봉문환두대도 및 중국제 자기 등 다양한 유물들이 출토되었다. 이 유물들은 백제 웅진기의 문화를 이해하는 데 많은 정보를 제공해 주었으며, 이로써 백제사 연구는 진일보할 수 있게 되었다.

부소산성

충청남도 부여군 부여읍 쌍북리 부소산에 있는 백제시대의 산성. 사적 제5호. 백제시대에 축조된 산성으로 당시에는 사비성으로 불렸다. 부소산 산정을 중심으로 테뫼식 산성이 동서로 나뉘어 붙어 있고, 다시 그 주위에 북동쪽의 계곡을 둘러싼 포곡식 산성이 동반된 복합식 산성이다. 모두 3개의 산성이 부소산성을 이루고 있는 셈이다. 일단 유사시에는 군사적인 목적으로 사용하다가 평상시에는 왕과 귀족들이 백마강과 부소산의 아름다운 경관을 즐기는 비원으로서의 구실을 했다. 이 성은 사비 천도 이후 멸망할 때까지 수도의 중심 산성으로서, 왕도 방어를 목적으로 한 성곽의 발달사에서 새로운 면모를 보여주고 있다. 현재 성안에는 사비루·영일루·반월루·고란사·백화정 등의 목조 건축물, 그리고 사방의 성문터, 군창터 등이 남아 있다.

관북리 유적(관북리 왕궁지)

충남 부여읍 관북리에 위치한 백제 왕궁지. 사적 제428호. 면적은 약 2,102㎡으로 부소산성의 남쪽 기슭, 즉 옛 국립 부여박물관 앞쪽에 해당

▲ 부소산성 　　　　▲ 부소산성 사자루

하는 이곳은 부여 시가지가 내려다보이는 입지조건이 좋은 곳이다. 발굴 조사 과정에서 백제의 연못이 발견되었다. 연못은 정교한 호안석(護岸石)을 갖추었고, 그 내부에서는 연화문와당, 인명와편, 철제창, 화살촉, 개원통보, 토기, 은제 귀걸이, 대바구니 등 다양한 유물이 대량 수습되었다. 특히 백제 지역에서는 처음으로 나무패에 글씨를 쓴 목간이 출토되었다. 현재 박물관 정원에 안치된 부여석조도 이곳에서 발굴한 것이다. 현재 추정 백제 왕궁지는 철책으로 보호되고 있다.

정림사지

충남 부여군 부여읍 동남리에 있는 삼국시대 절터. 사적 제301호. 1942년 발굴조사 때 "大平八年戊辰(대평팔년무진) 定林寺大藏當草(정림사대장당초)"라고 쓰인 고려 초기 명문(銘文) 기와(1028년 제작)가 발견됨에 따라 정림사지라 불리고 있다. 부여지역은 백제의 찬란한 문화가 꽃피었던 곳이지만, 나당연합군에 의해 철저히 파괴되는 불행을 겪었다. 그래서 백제의 흔적을 찾을 수 있는 것이라고는 정림사 터의 정림사지의 5층석탑(국보 제9호), 석불좌상(보물 제108호)과 몇 종류의 석물들뿐이다. 당나라 장군 소정방이 자신의 공을 기록하기 위해서 남겨둔 오층석탑이 지금 우리들 앞에

▲ 정림사지 오층석탑

서 부여 폐허의 이유가 무엇인지 증언하고 있다.

1979년과 1980년 2년에 걸쳐 충남대학교 박물관이 실시한 발굴조사를 통해 많은 유물이 출토되고 가람의 규모가 밝혀졌다. 가람의 배치는 강당과 금당·중문이 일직선상에 놓여 있고, 강당과 중문을 연결한 회랑이 있으며 금당과 중문 사이에는 1기의 탑을 배치한 1탑식 가람형식인 것으로 확인되었다.

능산리 고분군

부여 능산리 산 남쪽 경사면에 자리 잡은 백제시대 무덤들이다. 앞뒤 2줄로 3기씩 있고, 뒤쪽 제일 높은 곳에 1기가 더 있어 모두 7기로 이루어져 있다. 오래전부터 왕릉으로 알려진 곳으로 일제시대에 1~6호 무덤까지 조사되어 내부구조가 자세히 밝혀졌고, 7호 무덤은 1971년 보수공사 때 발견되었다. 고분의 겉모습은 모두 원형봉토분이고, 내부는 널길이 붙은 굴식 돌방무덤으로 뚜껑돌 아래는 모두 지하에 만들었다.

내부구조와 재료에 따라 크게 3가지 유형으로 나눌 수 있다. 먼저, 1호 무덤(동하총)은 네모형의 널방과 널길로 이루어진 단실무덤으로 널길은 비교적 길고 밖을 향할수록 넓어지는 나팔형이다. 널방의 네 벽과 천장에는 각각 사신과 연꽃, 그리고 구름 문양의 벽화가 그려져 있는데, 고구려 고분벽화의 영향을 받은 것으로 보고 있다.

충남문화 찾아가기

▲ 능산리고분군

▲ 능산리고분군 내부 모형

2호 무덤(중하총)은 무령왕릉과 같이 천장이 터널식으로 되어 있으며, 가장 먼저 조성된 것으로 추정되고 있다. 3호 무덤(서하총), 4호 무덤(서상총)은 천장을 반쯤 뉘어 비스듬히 만든 후 판석을 덮은 평사천장이고 짧은 널길을 가졌다. 이 형식은 부여 지방에 많으며 최후까지 유행한 것으로 보고 있다. 무덤들 서쪽에 절터에서 백제금동대향로(국보 제287호)와 백제창왕명석조사리감(국보 제288호)이 출토되었는데, 이로 인해 능산리 일대의 무덤들이 왕실 무덤이라는 것이 재확인되었다.

부여나성

충청남도 부여군 부여읍 염창리 일대에 있는 백제시대의 성곽. 사적 제58호. 둘레 약 84킬로미터. 사적 제58호. 백제 수도인 사비의 외곽을 둘러싸고 있던 성으로 사방에서 문지(門址)가 발견되었다. 이 나성은 수도 사비를 보호하기 위한 외곽 방어시설이며 축성 연대는 성왕대(523~554)를 전후한 시기로 보고 있다. 성벽은 부소산성의 동문 부근을 기점으로 하여 동쪽으로 약 500미터 지점에 있는 청산성을 거쳐 남쪽으로 석목리 필서봉 상봉을 지나 염창리 뒷산의 봉우리를 거쳐 금강변까지 토축이 있었던 것으로 전하나 현재는 청산성 동쪽으로 약 200미터와 석목리에서 동문 다리까지 그리고 필서봉에서 염창리까지 약간의 흔적이 남아 있다. 나성 안에는 백제시대의 왕궁을 비롯, 관아·민가·사찰·상가 및 수도 수비를 위한 방위시설 등이 있었던 것으로 추정하고 있다.

무량사

충남 부여군 외산면 만수리에 위치해 있다. 무량사는 신라 말에 범일이 세워 여러 차례 중수를 거쳤다고 하나 정확한 연대는 알려져 있지 않다. 다만 신라 말 고승 무염대사가 일시 머물렀고, 고려시대에 중건했다는 것은 사실로 받아들여지고 있다. 절 이름 '무량(無量)'은 서방 극락정토의 주재자인 아미타여래의 다른 이름 '무량수불'에서 딴 것이다. 불자들은 수명의 한계가 없는 아미타불의 공덕을 찬양하여 무량수불이라 부르고 있다. 절 이름에 이곳이 아미타불의 극락정토라는 의미가 담겨 있는 셈이다.

임진왜란 후 무량사는 1624년부터 대대적인 재건 불사를 시작으로, 1627년 괘불 조성, 1633년 극락전 중건과 아미타삼존불 조성, 1636년 범종 조성을 끝으로 13년의 짧은 기간에 사찰 면모를 일신했다. 현재 경내에는 극락전을 비롯하여 소조아미타여래삼존좌상, 미륵불괘불탱, 삼전패(三殿牌) 등 당시의 유물과 오층석탑, 석등 등 고려시대 유적이 남아 있다.

이 절에는 다른 절에서 보기 어려운 조선 유학자의 부도가 있다. 김시습(1435~1493) 부도가 그것인데, 그는 단종이 왕위를 찬탈당하는 세상에 없는 변고가 일어나자 하루아침에 속세와 인연을 끊고 이 절에 정착. 은거하

▲ 무량사 극락전

▲ 소조아미타여래삼존좌상

다가 생을 마쳤다. 유교적 관례로는 매장이 관례지만 승려들은 그를 부처에 비유하면서 다비식을 치르고 부도를 세웠다.

극락전, 그리고 아미타삼존상과 삼전패

무량사 극락전(보물 제356호)은 아미타삼존을 봉안한 무량사의 중심 불전이다. 겉보기는 2층처럼 생겼지만 내부는 아래 위층이 트인 통층 구조로 되어 있다. 정면 5칸, 측면 4칸 규모이며, 내부 기둥 높이가 아득한 것이 특징이다. 상층은 건물 안쪽 기둥, 즉 내진 기둥을 높이 연장하여 4면의 벽을 형성하는 방식을 사용했다. 원래는 2층 기둥 사이에 빛을 받아들이는 창문틀이 있었으나 지금은 판벽으로 막아두었다. 무량사 극락전은 조선 중기 사찰 건축 양식의 특징을 잘 보여주는 불전 중 하나로 그 가치가 높다.

극락전의 주존불로 봉안된 소조아미타여래삼존좌상(보물 제1565호)은 아

▲ 삼전패

미타여래, 관음보살, 대세지보살의 3
존으로 이루어져 있다. 17세기 대규
모 사찰에서 널리 조성되었던 대형의
소조 불상 양식을 따랐다. 근래에 현
진이라는 조각승과 1633년이라는 조
성연대를 확인할 수 있는 복장발원
문이 발견됨에 따라 조선후기 조각사
연구는 물론 조각 유파 연구에도 귀
중한 불상으로 평가되고 있다.

삼전패로 불리는 이 패의 문화재 지정명칭은 '부여 무량사 삼전패'(보물
제1860호)이다. '삼전(三殿)'은 옛날에 대전·중궁전·왕대비전, 또는 왕·
왕비·왕대비를 함께 부를 때 썼던 말이다. 때로 왕·왕세자·왕대비를
뜻하는 말로 쓰이기도 했다. 그러므로 삼전패라고 하면 곧 이 세 분을 위
한 패라는 의미가 된다. 실제로 다른 사찰이나 박물관에 소장된 삼전패를
보면 '主上殿下壽萬歲(주상전하수만세)', '王妃殿下壽齊年(왕비전하수제년)',
'世子低下壽千秋(세자저하수천추)' 등 이들의 장수를 기원하는 글귀가 적혀
있는 것을 확인할 수 있다.

그런데 무량사의 경우에는 축원 내용은 없고 '南無阿彌陀佛(나무아미타
불)', '南無觀世音菩薩(나무관세음보살)', '南無大勢至菩薩(나무대세지보살)'
등 아미타삼존을 이루는 불·보살 명호만 쓰여 있을 뿐이다. 그러므로 '삼
전패'보다는 '불명패(佛名牌)'가 적합한 명칭으로 생각된다. 어쨌든 1654
년에 철학, 천승, 도균이 제작했다는 사실을 알려주는 묵서명이 있어 조선
후기 불교목공예의 편년과 도상 연구에 중요한 자료가 되고 있다.

▶ 오층석탑과 석등

오층석탑과 석등

무량사 경내에 있는 고려시대 석탑(보물 제185호)이다. 고려 전기 작품인 이 석탑은 1단의 기단 위에 5층의 탑신을 세운 형태로 돼 있다. 화려했을 상륜은 사라지고 없고, 낮은 받침돌만 보이는데, 석질이 다른 것으로 봐서 나중에 올려놓은 것으로 생각된다. 전체적으로 고려시대 탑답게 장중하고 경직된 느낌을 준다. 하지만 가볍게 들린 옥개석 처마의 우아한 곡선은 이곳이 백제 땅임을 증명해주는 듯하다. 해체공사를 할 때 1층 옥신에서 금동제 아미타여래, 지장보살, 관음보살의 삼존상이 출토되었고, 3층에서는 금동보살상, 5층에서는 사리구(舍利具)가 발견되었다.

탑은 원래 부처님 진신사리 봉안처이자 예배 대상이다. 그런데 진신사리 양이 한정돼 있기 때문에 누구나 다 얻을 수 있는 것이 아니다. 그래서 진신사리를 대신하는 성물(聖物)을 탑 속에 봉안하는 방법을 쓰는데, 법신사리라는 것이 그것이다. 법신사리로는 경전을 비롯한 불보살상. 소탑 등이 있다. 무량사 오층석탑 출토 불보살상, 사리구 등도 같은 성격을 가진 유물이라 할 것이다.

석탑 가까이 서 있는 석등(보물 제233호)은 사각 기대 위에 복련을 두고 이를 기초로 8각의 기둥을 세워 화사석(火舍石)을 받치게 한 형태로 되어 있다. 석등은 불탑처럼 신앙 대상도 아니고 불전사물처럼 조석 의식(儀式) 때 사용하는 것도 아니어서 불자들의 관심의 대상이 되지 못하는 경우가 많다. 그러나 불을 밝힌 석등은 부처님께 올리는 수승한 등불 공양물이라는 의미를 갖고 있고, 석등의 밝은 빛은 부처님의 광명지(光明智)를 상징한다는 점에서 석등은 탑, 사물 못지않게 중요한 석물이라 하겠다.

『대반열반경』 중권에, "만일 어떤 중생이 비단 번기(幡旗)와 일산(日傘)을 달고, 향을 사르고 꽃을 뿌리며 또 등불과 촛불을 켜고, 나의 탑파에 예배하고 찬탄하면 이 사람은 오랫동안 큰 복과 이익을 얻게 되며, 장래에 머지않아 다른 사람도 또한 그를 위해 큰 탑파를 세우고 그의 몸에 공양하게 될 것이다."라는 대목이 있다. 이것은 석가모니 부처님이 등공양 공덕의 무한함을 설파한 내용이다.

석등을 제작한 의도가 등불 공양에 있었음을 밝힌 명문(銘文)이 나주서문석등(국립중앙박물관 소장)에서 발견되었다. 고려시대에 제작된 이 석등에 70여 자에 이르는 글이 새겨져 있는데, 그중에 "삼세제불성영헌공양(三世諸佛聖永獻供養)"이라고 쓴 대목이 주목된다. "과거 현재 미래세의 모든 부처님께 공양한다."라는 뜻으로 풀이되는 이 명문을 통해 석등이 부처님께 올리는 등공양물로 만들어졌다는 것을 재확인할 수 있다.

미륵불괘불탱

무량사미륵불괘불탱(보물 제1265호)은 미래불인 미륵불을 주인공으로 하고 그 좌우에 각각 여덟 구씩의 화불을 그린 괘불이다. 괘불은 야외에서

큰 법회나 기우제 등의 의식을 진
행할 때 예배 대상으로 법당 앞뜰
에 거는 대형 불화다. 1930년대 거
행된 부여의 홍산 기우제는 유교식
기우제와 무량사의 불교식 괘불기
우재(掛佛祈雨齋)가 혼합된 독특한
의례로 유명한데, 당시 "백 년 만에
무량사 괘불이 나들이를 했다."는
일화가 전해지고 있다.

조선 인조 5년(1627)에 제작된 이
괘불은 대관보살형 괘불에 속한다.
대관보살형 괘불은 큰 보관을 쓰고
신체를 화려하게 장엄한 특이한 보
살을 그린 괘불을 말한다. 이 형식

▲ 무량사 미륵불괘불탱

의 괘불은 마곡사 본·말사를 비롯한 충청도 지역의 사찰에서 많이 조성
되었다. 불화에 등장하는 상들의 면모를 살펴보면 미륵불은 보관을 쓰고
두 손으로 용화수 나뭇가지를 받쳐 들고 서 있는 모습을 하고 있으며, 보
관 주변에는 6구의 화불과 그 사이에 다수의 동자, 동녀 얼굴이 배치돼 있
다. 상호는 눈과 속눈썹, 입술, 콧수염까지 세밀하게 묘사돼 있고 옷 장식
또한 화려하다. 두광과 신광을 나타냈는데, 신광에는 연꽃과 모란 등의 무
늬가 시문돼 있다. 두광과 신광 주변에는 오색구름과 작은 화불들이 보인
다.

부여 즐기기

온양식당 우여회

우여회가 생소하다면 우리가 얼마나 똑같은 식재료에 항상 갇혀 있는지, 전어는 알고 우여는 모른다면 얼마나 음식 문화 전통에서 유리되어 있는지 반성해야 한다. 아슬아슬하게 이어지는 우여회를 진한 토속의 맛과 인간의 맛으로 접할 수 있다. 음식이 감동이 되는 것을 경험할 수 있다.

충남 부여군 세도면 세도중앙로 27(간대리 138번지)
041-833-0021
주요 음식 : 우여회무침

우여회무침과 여러 곁반찬, 솜씨 좋은 동네 아낙의 밥상을 받는 느낌이다. 우여회무침은 우여에 부추와 미나리를 주요 부재료로 하여 무친다. 무침 양념장 소스로는 미나리즙, 매실청 등등을 사용한다. 매실청은 씨를 빼고 살로만 만든다. 우여회는 봄이 제철이다. 봄에는 뼈째 썰어 회무침으로 먹는데, 가을 우여는 뼈가 억세져 먹기 힘들다.

우여회무침은 무침장이 관건이다. 달금한 맛과 신맛이 적절하게 어우러진 무침장으로 미나리, 부추를 함께 무치면 이 맛이 우여에 어우러져 풍미가 배인다. 고추장도 직접 담가 쓴다. 고추장 자부심이 대단하여 순창고추장은 감히 대지 말라 한다. 이 무침장 맛을 내려고 얼마나 노력을 기울였을까.

곱게 붉은 빛으로 때깔을 자랑하지만, 짜지도 맵지도 않다. 신맛도 상큼하게 돈다. 밥 없이 따로 먹어도 좋을 음식이다. 음식이 아니라 애정 어린 작품 같다. 최상의 식재료 우여에 어우러진 무침장의 조화, 장인의 솜씨가 활짝 피었다.

깻잎장아찌 등 밑반찬에서도 장맛이 예사롭지 않다. 깻잎장아찌의 사근사근 연삽한 감촉은 부드러운 장맛이 적당히 밴 덕

▲ 우여회무침

분이다. 찐고추무침도 간장 맛이 얍삽하지 않은 천연의 조미료 맛이다. 묵은 솜씨는 내려받은 맛 감각에, 손에 착 달라붙은 손맛에, 음식의 특성을 찾아내는 촉수가 어우러져 빚어낸 것이다.

밥은 압력밥솥이 아닌 일반 냄비에 한다. 고슬고슬하면서 적당히 차진 것이 일품이다. 회무침은 밥에 비벼 먹기도 하는데, 밥이 너무 되어도 질어도 제맛이 안 난다. 비빔 거섶들과 같이 잘 섞여야 하므로 밥알의 찰기와 탄력이 중요하다. 밥알에 거섶 맛이 너무 깊이 배어도 식감이 좋지 않다. 밥알에 적당히 거섶 맛이 배면서 제맛을 가지고 있어야 한다. 밥의 신이다.

손님이 올 때마다 냄비에 따로따로 해낸다. 누룽지는 밥이 다 되면 조금 눌려서 밥을 푸고 난 다음 뚜껑을 열고 눌린다. 수분이 빠지면서 절로 오그라들어 오목한 솥 모양이 된다. 누룽지 몫으로 쌀의 1/6을 쓴다. 밥을 다 먹은 사람에게만 누룽지를 준

다. 친정엄마에게 와서 먹고 가는 기분이다.

우여는 한강, 낙동강, 금강에서 고루 나던 생선으로 수라상과 서민 밥상에 함께 오르던 음식이었다. 웅어, 우어, 위어(葦魚), 의어(義魚) 등등으로 불렸다. 『조선왕조실록』에서는 갈대숲 사이에 알을 낳아 갈대고기 '위어(葦魚)'라 불렀다. 한강에 위어소를 설치하고 왕실에도 진상했다. 겸재 정선의 행호관어도(杏湖觀漁圖)는 한강의 우여잡이 배를 그린 것이다. 지금은 4대강 공사 등으로 우여가 대부분 사라졌다. 그런 우여를 다시 만났다. 따뜻한 친정엄마의 손, 자연의 손의 위로이다. 우여의 회귀는 자연 재생이다. 우리는 모두 자연의 위로가 필요하다.

서산

瑞山

대산읍

지곡면

성연면

팔봉면

음암면

부춘동
서산시청 ●
동문1동

운산면

동문2동
수석동

● 개심사

석남동

인지면

해미면
● 해미읍성

부석면

고북면

간월암 ●
● 간월도

▲ 서산 해수욕장

충청남도 서북쪽 서해 연안, 태안반도(泰安半島)의 중심부이다. 낮은 구릉지대이다. 조석간만의 차이가 심하고 수심이 얕아서 항구의 발달은 미약하지만, 넓은 간척지가 있어 농지 및 염전으로 이용된다. 신창면의 개심사(開心寺), 부석면의 간월암(看月庵)이 유서 깊고 경치 좋은 사찰이다. 해미(海美)는 조선시대 서해안 방어 사령부여서 병영(兵營)이 있었고, 읍성이 남아 있다. 어리굴젓의 명산지이다.

서산 알기

서산을 읊은 한시

서산의 길가에 있는 석불(瑞山途邊石佛)　　　　　　　이승소(李承召)

돌부처가 황량하게 길가 바짝 서 있어,	石佛荒涼立路邊
해마다 먼지가 어깨 위에 쌓이는구나.	年年塵土上齊肩
범궁 있던 옛 자리엔 빈 터만이 남았고,	梵宮故地空遺址
향화 올려 좋은 인연 맺으려는 사람 없네.	香火無人辦勝緣
소와 양이 들이받음 견디지를 못하니,	不耐牛羊來觸躪
칡넝쿨이 엉키는 걸 어찌 사양하겠는가.	寧辭藤蔓去纏綿
누가 능히 맑은 연우 가져다가 주어서	誰能與致淸蓮雨
칠보림 가운데 상연 우뚝하게 하려는가.	七寶林中峙象筵

● 오랜 세월이 지났다고 조선 초기 시인이 말했다. 그 뒤에 얼마나 많은 시간이 흘러갔는가? "범궁(梵宮)"은 사찰이다. "연우(蓮雨)"는 연꽃에 내리는 비이며, 부처의 은혜를 뜻한다. "칠보림(七寶林)"은 사찰이고 "상연(象筵)"은 부처님 자리이다.

해미에서 읊는다(海美題詠)　　　　　　　　　　　　서거정(徐居正)

백마여 세류영에서 힘차게 울어라.　　　　　　　白馬驕嘶細柳營
큰 번진 절도사가 장성을 지었도다.　　　　　　　雄藩節度作長城
높이 세운 깃발 가을 그림자가 한가롭고,　　　　閑看建纛高秋影
온종일 투호하는 소리 잔잔하게 들린다.　　　　　細聽投壺盡日聲
쪽머리가 떠오른 듯 봉우리들 둘러싸고,　　　　　螺髻欲浮山綠繞
큰 파도가 일지 않고 바다가 잔잔해라.　　　　　鯨波不動海澄淸
서풍이 엷은 솜옷을 끝없이 불어대니,　　　　　西風吹盡綿裘薄
먼 길손 만리 외로운 정을 어이 견디랴.　　　　遠客那堪萬里情

● 조선 초기 시인이 해미의 절도사 군영을 보고 이런 시를 지었다. "세류영(細柳營)"은 군율이 엄격한 군영이다. 투호를 하는 것은 전쟁이 없어 한가하다는 말이다. 군영이 대단하다고 한참 말한 다음 자기는 외로운 나그네라고 했다.

달을 보고 깨달음을 얻은 간월암

부석면 간월도의 간월암(看月庵)에 얽힌 이야기가 있다. 간월암은 조선 태조 때의 왕사 무학대사(無學大師)가 세운 절이다. 무학이 이 절에서 수도를 하다가 달을 보고 홀연히 도를 깨우쳐 암자 이름이 간월암이 되었다. 그래서 섬 이름도 간월도가 되었다고 한다.

● "간월"의 유래에 대한 간략한 설명이다.

▲ 간월암

▲ 간월도

간월도(看月島)　　　　　　　　　　　　　　김원행(金元行)

자라의 등 위에 누각이 자리하니	鼇背開樓閣
올라가 바라보매 흥취가 오묘해라.	登臨興渺然
외로운 섬 너머로 하늘은 유장하고	天長孤島外
돛단 배 몇 척 앞 바다는 광활하네.	水闊數帆前
바다와 맞닿은 곳 솔숲 푸르고,	際海森松碧
떠가는 흰 구름 먼 산과 닿아 있네.	浮雲遠嶠聯
서호에는 이만한 승경이 없으며,	西湖無此勝
나는 신선을 끼어도 좋으리.	如可挾飛仙

● 조선 후기 시인이 간월도의 모습을 이렇게 그렸다. "서호(西湖)"는 중국 항주(杭州)에 있는 이름난 호수이다. "협비선(挾飛仙)"은 소식(蘇軾)이 「적벽부(赤壁賦)」에서 "挾飛仙以遨遊(나는 신선을 끼고 한가하게 논다)"고 한 말에서 따왔다.

무학대사의 신비로운 출생

무학대사의 출생지는 인지면 모월리이다. 무학이 아직 어머니 뱃속에 있을 때 아버지는 나라 빚을 갚지 못해 피신했다. 어머니가 현청의 사령(司令)에게 잡혀가다가 산기를 느껴 해산할 곳을 찾았으나 온 산천에 모두 눈이 쌓여 있었다. 눈이 쌓이지 않은 곳이 있어 그곳에서 출산을 한 뒤 옷가지로 아기를 덮어 뉘어놓고 잡혀갔다.

현감이 전후 사정을 듣고 무학의 어머니를 풀어주었다. 급히 아기가 있는 곳으로 가니 큰 학이 두 날개를 펴 아기를 보호하고 있었다. 이에 감격해 아이의 이름을 무학(舞鶴)이라고 하고, 출생한 장소를 '학돌재'라고 부르게 되었다고 한다.

● 간월암을 창건한 무학(無學)은 경남 합천에서 태어났다. 이 전설의 무학(舞鶴)은 한자 표기도 상이해 다른 인물이다. 이렇게 설명하고 말 것은 아니다. 어머니가 관청에 잡혀가다가 태어나 버려졌다는 것은 고승의 출생담에 흔히 있다. 경북 영덕에 전하는 나옹(懶翁) 출생담도 이와 같다. 간월함을 창건한 "無學"이 "舞鶴"이 아닌가 하며 이 이야기의 주인공으로 삼는 것은 자연스러운 연결이다.

조기 떼를 두고 벌어진 용 싸움

400여 년 전 황금산 앞바다는 물고기들이 많아 어부들이 부유한 생활을 하고 있었다. 황금산 앞 갯골을 사이에 두고 있는 자각산 아래 박(朴)씨라는 한량이 살고 있었다. 특히 활을 잘 쏘아 명궁으로 소문이 났다. 어느 날

꿈에 황룡이 나타나 이렇게 말했다.

"나는 이 황금산 앞바다를 지키는 용신이다. 이곳 어부들의 고사밥을 받아먹으며 살고 있다. 그런데 연평도에 살고 있는 청룡이 황금산 조기 떼를 몰고 가려고 해서 며칠째 황금산 앞바다 사공에서 싸움을 하고 있다. 나 혼자의 힘으로는 청룡을 이기기 어렵다. 다음 날 새벽에 청룡을 이곳 마당바위 상공으로 유인해 올 터이니 너의 활솜씨로 청룡을 쏘아 죽여달라. 화살로 눈을 명중시키면 청룡이 죽을 것이다."

다음 날 새벽 마당바위 상공에서 황룡과 청룡이 싸움을 했다. 박씨는 재빨리 활에 화살을 메기고 청룡의 눈을 향해 시위를 당겼다. 그런데 몸이 뒤틀려 황룡과 청룡의 위치가 바뀌었다. 화살이 황룡의 눈에 꽂혀, 황룡이 우레와 같은 비명을 지르며 물속을 떨어져 죽고 말았다. 그날 밤 황룡이 피를 흘리며 나타나 말했다.

"모든 것은 하늘의 뜻이다. 이제 청룡이 황금산 조기 떼를 연평도 앞 바다로 모두 몰고 가서, 이곳 어민들의 생활이 빈곤하게 될 것이다"

● 용 싸움에 사람이 개입해 뜻한 대로 되었다는 것은 없고 뜻하지 않은 결과를 가져왔다는 이야기가 여기저기 있다. 사람은 그 나름대로 대단한 능력을 가졌지만 실수를 능사로 삼는다고 일깨워준다. 이 이야기에서는 실수가 고기잡이를 하기 어렵게 되었다는 결과를 가져왔다고 한다. 결과를 가져온 원인을 찾다가 거창한 사건을 지어냈을 수 있다.

마음을 여는 곳, 개심사

개심사는 운산면 신창리 상왕산(象王山)에 있는, 백제시대 창건했다고

▲ 개심사　　　　　　　　　　　　　　　　▲ 개심사 입구

하는 고찰이다. 오랜 모습을 간직하고 있어 찾는 사람을 흐뭇하게 한다.
이 절에 관한 고금의 시를 한 수씩 들어본다.

개심사(開心寺)　　　　　　　　　　　　　　　　김수항(金壽恒)

옛 사찰 스님들은 어디로 갔나,　　　　　　　古寺僧何去
황량한 뜰 해가 서쪽으로 기운다.　　　　　　荒庭日欲西
목어는 바람 따라 절로 울리고,　　　　　　　木魚風自響
산새는 저물녘 둥지 찾아가는구나.　　　　　山鳥暮還棲
불전의 이끼가 불좌까지 번지고,　　　　　　佛殿苔侵座
바위 사립의 낙엽이 길을 없애네.　　　　　　巖扉葉沒蹊
이따금 보이는 건 유람객이 와서　　　　　　時看遊客至
깨진 벽에 써 놓은 이름이구나.　　　　　　破壁姓名題

● 이 시를 지은 17세기에 개심사는 고풍스러운 모습이 퇴락해가고 있
었던 것 같다. 스님이 어디 갔는지 알 수 없는 옛 사찰의 황량한 뜰에 해가

충남문화 찾아가기

진다고 했다. 목어, 산새, 이끼, 낙엽이나 눈에 들어오고, 유람객이 와서 깨진 벽에 써놓은 이름이나 이따금 보인다고 했다. 시를 다 읽고 나니 의문이 생긴다.

말한 것을 그대로 받아들여도 되는가? 절이 어째서 그럴 수 있는가? 안에 들어가보고 알 것은 찾지 않고 겉만 대강 구경한 탓이 아닌가? 이끼 낀 불좌만 보이고 그 위의 부처와는 만나지 못한 것이 아닌가? 개심사에 가서 마음을 열지 않으려면 왜 갔는가?

쑥국   윤동재

황사가 심한 봄날
개심사에 들렀다가
부처님은 만나지 못하고
개심사 입구
식당 앞에서 쑥을 파는 할머니에게
쑥을 사 왔다
중학교 2학년과 초등학교 4학년
손자 둘을
집 나간 제 어미 대신 키운다며
쑥 좀 사달라고 했다
해는 저물고
더 이상 손님이 올 턱이 없으니
꼭 좀 사달라고 통사정을 했다
만 원을 주니
쑥을 몽땅 다 주었다
집으로 가지고 와서
콩가루를 넣고

쑥국을 끓였더니
만난 적 없는 할머니의 두 손자 얼굴이
쑥국에 비치었다
할머니의 눈물도
쑥국에 두어 방울 떨어졌다
그 바람에 쑥국 맛이 간간했다

● 오늘날의 시인은 이런 시를 지었다. 황사가 심한 봄날 마음이라도 열어야 하겠기에 열 '개(開)' 자 마음 '심(心)' 자를 이름으로 삼는 '개심사(開·心寺)'를 찾았다. 마음을 열어줄 부처님을 만나지 못했지만, 그 할머니가 부처님이니 제대로 찾아갔다. 할머니는 산다는 것이 무엇인지 알 수 있게 마음의 눈을 열어주었다. 쑥국 맛이 간간하다고 하면서, 할머니, 두 손자, 집 나간 어미, 그리고 그 밖의 다른 여러 사람과도 체험을 공유하고 마음이 통하는 경지에 이르렀다. 시공을 넘어선 소통을 하게 되어, 자폐증에서 유래하는 인생의 황사를 물리칠 수 있는 깨달음을 얻었다.

서산 즐기기

고목나무가든 산채비빔밥

상차림에서 한눈에 토속적인 맛과 담백하고 그리운 맛이 감지된다. 역시 맛이 품새를 배반하지 않는다. 우리는 익히 아는 맛, 그리운 맛, 있어야 하는 맛을 담은 음식을 기대한다. 그 기대가 실현되는 곳, 바로 이런 집을 맛집이라 한다.

충남 서산시 운산면 개심사로 327(신창리 19-1)
041-688-7787
주요 음식 : 더덕정식, 산채된장비빔밥

어줍잖은 도시 사람들은 먹어보지 못하는 뽕잎나물 등 갖가지 향수어린 찬들이 오른다. 요즘은 이런 자연 토속음식이 제대로 된 호사다. 산채된장비빔밥에 고추장아찌, 소고기장조림, 파김치, 마늘쫑장아찌, 콩조림, 젓갈, 갖가지 산나물, 고등어구이 등이 한정식인 양 푸지게 상을 메운다.

잊을 수 없는 것은 게국지이다. 게국지에 손이 가자 주인아저씨는 이거 먹어보면 아마 감탄하지 않을 수 없을 거다, 하는 자신감 어린 표정으로 흥미롭게 지켜보았다. 근데 맛을 보니 근거 있는 자신감이 확인되어 역시 감탄하지 않을 수 없었다.

갖가지 나물은 목나물, 뽕잎나물, 곤드레나물, 고사리, 표고 등으로 인근에서 나는 산나물이다. 곤드레는 요즘 흔히 볼 수 있지만 뽕잎나물, 목나물은 행운이다. 나물들을 적당하게 삶아 적당한 간으로 무쳤

▲ 더덕구이

▲ 산채비빔밥

다. 고소한 참기름 속에 든 고유의 맛을 놓치지 않아야 한다. 비빔밥에는 여러 나물과 호박, 상추 등 거섶이 화려하다. 여기에 따로 오른 곁반찬을 기호에 따라 더 넣어 비빌 수 있다.

된장찌개의 된장은 결코 대량생산 상품이 아님이 한입에 감지된다. 아닌 게 아니라 직접 담근단다. 색깔도 냄새도 시골 아낙의 수더분함이 담겼다. 오랜 옛날, 밭일하는 농군 남편에게 광주리에 담아 내온 새참에서나 맛보았음 직한 음식이다. 숭늉에는 눌은밥이 그대로 들어 있다. 그냥 물을 부어 불린 것이 아니고 솥에 끓인 숭늉, 오랜만에 제대로 된 숭늉을 만난다.

이전에는 별거 아니던 일상의 음식이 요즘은 접하기 어려운 고향음식이 되었다. 정작 나서서 어렵게 찾은 고향에는 할머니도 어머니도 안 계시다. 고향은 상상의 공간이 되고, 음식은 가슴에만 남아 있는 추억이 된다. 각박한 삶과 고향에서의 이탈 덕분에 고향음식은 아스라한 추억에서 급기야는 신성한 그 무엇인 신화가 된다.

고향음식 신화는 할머니 마케팅, 향수 마케팅으로 상업적 수단이 되기도 한다. 그것을 알면서도 찾아갈 정도로 추억의 힘은 강하고 현대인은 외롭다. 그러면서도 진짜 고향음식을 어딘가에서 찾을 수 있을 거라는 소망을 다시 은밀하게 간직한다.

코앞에 개심사가 있다. 개심(開心), 마음을 열고 둘러보면 부처도 있고, 고향도 있다. 사실 모든 게 마음에 있는 것이다. 마음을 열면 부처도 고향도 마음에 있다. 마음에 있는 고향을 느끼는데 위로가 될 만한 음식이다. 고향음식으로 받아들이기에 손색이 없는 음식이다.

서천

舒川

서면　비인면　판교면　문산면

▲ 월명산

종천면　　　　시초면　마산면

서천읍　　　　　　한산면

● 서천군청　기산면　● 한산모시관

마서면　　화양면

장항읍

● 국립해양생물자원관

▲ 모시 짜는 여인(한산모시관 전시품)

충청남도 남서쪽에 있다. 일부 지역만 조금 높을 뿐 대부분의 지역이 준평원이며, 호남평야와 연결되어 있다. 관개시설도 잘 되어 있어서 논농사가 활발하게 이루어고 있다. 마한시대에는 이 지역에 비미국(卑彌國)이 있었던 것으로 추정된다. 고려시대에는 한산(韓山)이라고 했으며, 이곳 출신 이색(李穡)이 한산백(韓山伯)이라는 작위를 받았다. 한산모시, 한산소곡주가 특산품이다. 국립생태원, 국립해양생물자원관, 한산모시관이 있어 돌아볼 곳이 많다.

서천 알기

이색 집안의 내력

서천군 한산면은 전에 한산 고을이고 이색 집안 한산 이씨의 고향이다. 그 집안 선조의 무덤을 잘 써서 후손이 잘되었다는 이야기가 여러 가지로 전한다.

(가) 이색의 선조는 한산의 아전이었다. 무덤 자리를 잘 보는 군수가 한산 군청 자리가 명당인가 해서, 이색의 선조 아전에게 마루 밑에 계란을 넣어두라고 했다. 군수 몰래 상한 계란을 넣었다. 그 자리에 무덤을 쓰니 시신이 튀어나왔다. 그 군수는 가고 다음 군수가 왔을 때 전후의 사실을 다 말하니, "그 땅은 네 땅이다."라고 하고, 다른 사람은 못 들어오게 부적을 써주었다. 그 자리에 무덤을 써서 후손이 잘되었다.

(나) 이색이 무학대사를 데리고 무덤 자리를 찾아 나섰다. 무학대사가 일러주는 세 자리가 마음에 들지 않는다고 하면서 일일이 표시해두었다. 무학대사가 할 일을 하지 못한 것으로 알고 돌아간 뒤에, 세 자리에 모두

무덤을 써서 후손이 잘되었다.

(다) 이색의 아버지 산소가 빗고개에 있다. 자리를 잡은 지관이 쇠갓을 쓴 사람이 지나가면 하관을 하라고 했다. 마침 웬 여자가 솥뚜껑을 이고 가는 것을 보고 하관을 했다. 그러자 벌이 나타나 지관을 공격했다. 지관이 항아리 속에 들어가 위기를 모면했다.

● 셋 다 정상이 아닌 방법으로 선조 무덤을 잘 써서 이색 같은 인물이 나고 한산 이씨 후손이 잘되었다고 하는 이야기이다. 무덤 자리를 잘 보는 군수, 무학대사, 이름 모를 지관이, 이색의 선조나 이색이 더욱 슬기롭고 운이 좋아 도와주게 되어 있었다고 했다. 능력과 행운의 상보관계를 말한다.

(가)에서 아전이었던 이색의 선조가 군수보다 더 슬기로워 지체 향상을 위한 기틀을 마련했다고 설명했다. (나)에서는 이름난 승려 무학대사를 등장시키고, 이색이 더 슬기로워 명당자리를 많이 확보했다고 했다. 지혜로 행운을 만드는 일을 거듭했다는 말이다.

(다)는 땅의 수호신이 허용하지 않는 자리에 무덤을 쓴 이야기이다. 쇠갓을 쓰는 사람이 지나가야 하는 거의 불가능한 조건이 있다고 지관이 알고 말해주었는데, 우연한 행운으로 조건이 충족되었다. 땅을 보호하는 벌이 나타나 공격하자 지관이 위기를 가까스로 모면했다 하고, 그 자리에 있던 이색은 어떻게 했다는 말은 없다. 지관이 기밀을 누설한 것은 잘못이지만, 이색은 명당을 차지할 자격을 가졌다고 땅의 수호신이 인정한 것이다.

서천의 한시

서천으로 가는 길(舒川途中)　　　　　　　　　이승소(李承召)

산 열리고 들 넓어 푸른 하늘 나직한데	山開野闊碧天低
말을 타고 가면서 낮닭 우는 소리 듣네.	信馬歸來聽午雞
시냇물은 길게 흐르며 별포로 통하고,	溪水練鋪通別浦
밭두둑은 수놓은 듯 긴 방죽을 둘렀네.	田疇繡錯繞長堤
대나무 숲 비를 띠어 푸른 안개 어둑하고,	竹林帶雨靑煙暗
모시 잎은 나부끼어 푸른 물결 일렁이네.	苧葉翻風翠浪齊
태평 세상의 참된 모습을 기억하게나,	記取太平眞氣象
촌 노인네 동제 뒤에 취해서 부축 받는구나.	村翁社後醉扶携

● 시골 마을의 태평스러운 모습을 잘 그렸다. 동제를 지내고 술을 마셔 취한 노인을 부축해서 가는 것이 가장 인상 깊다고 했다.

　지금은 서천군 비인면인 곳이 비인현(庇仁縣)이었다. 그곳의 절경을 옛 시인이 길게 노래했다. 가는 곳마다 시를 남기는 정성이 놀랍고, 보고 느끼고 표현하는 능력을 본받을 만하다. 둘만 든다.

비인팔경(庇仁八景)　　　　　　　　　서거정(徐居正)

만 리 크나큰 물결 만 리나 되는 하늘	萬里鯨濤萬里天
남쪽으로 가는 붕새 몇 삼천 리나 치는가?	圖南鵬擊幾三千
맑고 깊은 곳엔 신룡이 졸고 있으리니,	泓深知有神龍睡
우저의 무소뿔에 불붙여보고 싶구나.	牛渚靈犀我欲然

● 여기서는 망망대해(茫茫大海)를 읊었다고 했다. "붕(鵬)"은 『장자(莊子)』에

서 말한 아주 큰 새이며, 삼천 리나 물결을 친다고 했다. "우저(牛渚)"라는 곳에서 옛사람이 무소의 뿔에 불을 붙여 깊은 물속의 괴물을 비추어보았다고 한다.

오잠은 신기롭게 파도 가운데 솟아 있고,	鼇岑神聳碧波中
바다 기운은 온종일 어둠침침하기만 하나.	海氣昏昏盡日封
그 사이에 가장 진기한 그림 같은 곳은	最識此間奇畫處
갠 날엔 출렁거리고 가랑비엔 자욱하구나.	晴能瀲灩雨溕濛

● 여기서는 보일락 말락 한 작은 섬들(隱映小島)을 읊었다고 했다. "오잠(鼇岑)"은 자라 머리라는 말이며, 섬을 뜻한다.

쌍둥이 아기장수 용골대

옛날에 늦도록 자식을 두지 못한 부부가 비인 월명산 사층바위에서 백일기도를 하고 쌍둥이를 낳았다. 용골대·망골대라고 이름을 붙여 두 아들을 정성껏 키웠다. 무척 빨리 자라서 몇 달 만에 칼싸움을 할 정도였다. 어느 날 두 아들이 잠든 사이 자세히 살펴보니 겨드랑이 밑에 날개가 있었다. 부부는 두 아들이 역적이 될까 두려워 죽이기로 마음을 먹었다.

두 아들이 언덕 밑에서 놀고 있을 때 돌을 굴렸다. 망골대만이 돌에 깔려 죽고, 용골대(龍骨大)는 그 길로 집을 나가 중국으로 건너가 청나라 장수가 되었다. 병자호란 때 용골대가 인조를 무릎 꿇렸다. 부모는 그 소식을 듣고 월명산에 숨어 지내다 죽었다. 사층바위는 용골대 형제가 어릴 때 가지고 놀던 바위로 높이가 사 층이나 된다 하여 이렇게 부른다.

● 아기장수 쌍둥이로 태어나 하나는 살해되고 하나는 중국으로 가서 청나라 장수가 되었다고 했다. 살해되지 않은 것이 불행인가 다행인가? 나라에는 불행이어도 본인에게는 다행이다. 쌍둥이 아기장수가 둘 다 조선에서 자라 청나라의 침공을 막는 것은 불가능한 상상이라고 전제하고, 나라의 불행과 본인의 다행을 두고 시비를 하게 한다.

명당자리

종천면 조종천리 명당자리가 있다는 이야기가 전해온다. 조선시대에 청나라에 간 사신이 그곳 도사로부터 명당자리의 지도가 그려진 부채를 선물로 받았다. 금싸라기 석 되가 나온다는 명당이 그려진 부채를 가지고 바다를 건너오다가 부채를 바다 속에 빠뜨렸다. 종천 마을을 지나다가 부채 속의 명당자리를 생각하고 땅을 파보았으나 금싸라기는 나오지 않았다.

이 소식을 들은 이지함(李之菡)이 종천에 와서 백일기도 끝에 현몽한 산신령의 계시대로 명당을 찾아 지장풀로 표시를 해두었다. 그 때문에 노한 산신령이 그 일대의 지장풀을 모두 묶어버려, 결국 이지함도 명당자리를 찾지 못했다. 그 터가 아직까지도 발견되지 않았다 한다.

● 최상의 명당자리는 신령이 감추어두었으므로, 아무리 뛰어난 풍수라도 가까이 가기나 하고 찾아내지 못한다는 말이다. 찾아낼 수 있으면 최상의 명당자리가 아니고, 어떤 사람이라도 신령이 감춘 것을 찾아내지 못한다고 했다.

서천 즐기기

할매온정집 아구탕

아구탕이 여러 가지 먹을 만한 곁반찬과 함께 오른다. 아구탕은 풍성한 맛을 품고 전골로 나와 입맛을 돋운다. 오랜 노하우와 숙련된 솜씨가 한눈에 보인다. 국물도 적절한 양념과 아구 맛이 우러나와 밥 비비지 않아도 별미다.

충남 서천군 장항읍 장서로47번길 20
(창선2리 572)
041-956-4860
주요 음식 : 아구탕, 아구찜

아구에 기대하는 것은 쫄깃한 식감인데 아구도 쫄깃하고 국물 맛도 좋고 양도 푸짐하다. 여러 가지 곁반찬도 적당히 간이 맞다. 번데기와 양파장아찌가 눈길을 끈다. 물김치 맛도 깊고 탕평채도 어지간하다.

아구는 입이 크고 못생겨서 외모 때문에 굴욕을 많이 당했는데, 이제 맛으로 이렇게 인기가 높으니 한이 풀릴 것 같다. 양념이 적절하게 밴 살의 쫄깃한 맛과 젤라틴 맛이 좋다. 너무 매울까 봐 겁을 내지 않아도 좋다. 찜으로는 맛볼 수 없는 국물 맛도 짜지도 진하지도 않아 부담 없다. 밥을 말아도 되지만 볶음밥으로 먹어도 국물 맛이 담겨서 좋다. 아구의 산지 장항에서 이런 아구를 먹는 것은 행복하다. 그래도 아구찜이 너무 비싼 것은 이해하기 어렵다.

번데기는 외국인에게는 혐오식품이지만 맛과 영양이 그만이다. 신선하고 통통해야 제맛이 난다. 신선하지 못하면 떫은 맛이 나는데 통통한 번데기 살의 실한 맛을 적당한 간이 잘 살려낸다. 벌써 옛날이 된 그 시절엔 막걸리 안주로 빠지지 않았고, 아이들 간식의 주요 품목이었다. 초등학교 앞 작은 거리에는 고구마 맛탕과 번데기 장사가 줄지어 있었다.

▲ 아구탕

외국인들이 부담스러워하는 식품으로 개고기는 위축되고 있는 데 비해, 번데기는 의연하게 식품으로 자리 잡는 거 같다. 성균관에서도 복날이면 유생들에게 개고기를 대접하였다는 이야기가 『어우야담』에 있을 만큼 유서 깊은 식품 개고기가 식탁에서 사라지고 있다. 식용인 황구(黃狗)과 애완견(愛玩犬), '구(狗)'와 '견(犬)'의 구분이 명확한데도 타자의 시선이 중시되는 거 같다. 식품의 호불호는 그 지역 민중의 식성에 맡겨져 되지 않겠는가. 번데기의 귀환과 장수를 축하한다.

아구의 정식 명칭은 아귀이다. 아귀라는 이름은 불교에서 굶주림의 형벌을 받은 귀신을 일컫는 아귀(餓鬼)에서 나왔다. 쓸모없는 생선이 외모까지 흉악하여 바다에 '텀벙' 버렸다고 해서 '물텀벙'이라고도 했다. 외모 때문에 천대를 받았지만 40여 년 전부터 마산의 아구찜이 개발된 이후 이제는 전국에 아구찜이 없는 곳이 없다. 군산을 비롯한 서해안 산지는 물론이다.

그러면서 아귀도 이름을 바꾸어 아구가 되었다. 입을 비하하는 '아가리'의 방언이 '아구'이다. 아구는 입이 큰 것이 특징이므로 '아구'가 되면서 귀신의 의미는 털어버렸다. 아구는 이제 맛있고 입이 큰 생선으로 친근한 식재료가 되었다. 만인의 입은 주술성이 있다. 못생긴 생선을 인기 식품으로 만든 것은 한국 민중의 선택이다. 한국 음식문화는 한국인이 만들어가야 하고, 타자의 시선으로 왜곡되어서는 안 된다.

세종
世宗

▲ 비암사 극락보전 불상

　　지금의 세종특별자치시는 전에 연기군(燕岐郡)이었다. 연기의 자취를 여기서 다룬다. 연기는 충청남도 동남쪽이다. 북부 조치원읍 북쪽으로 차령산맥(車嶺山脈)의 지맥이 지나가지만 높은 산은 없다. 금남면에서 발원한 삼성천(三城川)이 북류하여 금강(錦江)에 합류한다. 금강은 군의 남부를 서류하여 공주시로 흘러간다. 그 유역은 넓은 평야이다. 연서면에 연기향토박물관을 만들어 옛 문화를 보존한다.

오가는 손님 많았던 연기 땅

연기에서(燕岐題詩)　　　　　　　　　　　　서거정(徐居正)

구령을 넘을 땐 험하기만 하더니　　　　　　　龜嶺行多險

연기 땅은 길이 절로 평탄하구나　　　　　　　燕岐路自平

산은 계룡산과 연하여 푸르고　　　　　　　　　山連鷄岫翠

물은 금강으로 들어 맑게 흐르네　　　　　　　水入錦江明

오가는 손님들 저토록 빈번하거니　　　　　　　有客頻來往

보내고 맞는 일을 어느 때에 마치랴.　　　　　　何時了送迎

외로운 객관의 처량한 한밤중에　　　　　　　　凄凉孤館夜

먼 길 나그네 심정 산란하구나.　　　　　　　　惱殺遠遊情

● 옛사람이 연기에서 지은 이런 시가 있다. 옛적에도 오가는 손님이 많았다고 하니 기이하다.

최치원과 조치원

조치원(鳥致院)이라는 지명은 신라시대의 최치원(崔致遠)으로부터 유래되었다고 한다. 최치원이 이곳에 시장을 개설하고 상업을 권장하여 '최치원시장'이라고 불렀는데, 세월이 흐르면서 와전되어 '조치원'이 되었다고 한다.

● 어원을 몰라 무리한 추리를 한 것 같다.

원수산의 유래

(가)『신증동국여지승람』연기현(燕歧縣)조에 있는 기사를 옮긴다. 원수산(元帥山) 현 남쪽 5리에 있다. 고려 충렬왕(忠烈王) 17년에 합단(哈丹)이 침범해 왔다. 왕이 구원병을 원나라에 청하니, 세조(世祖)가 평장사(平章事), 설도간(薛闍干)을 보내어 군사를 거느리고 와서 돕게 하고, 왕이 한희유(韓希愈), 김흔(金忻) 등으로 하여금 3군(軍)을 거느리고 원나라 군사와 함께 합단의 군병과 더불어 본현 북쪽 청주 경계에 위치한 정좌상(正左山) 아래에서 싸워 크게 이기고 공주 웅진까지 추격하니, 땅에 깔린 시체가 30여 리까지 연하였으며, 벤 머리와 노획한 병기 등은 이루 헤아릴 수 없었다. 이래서 세속에서 지금까지도 그 군사가 주둔했던 곳을 원수산이라고 부른다.

(나) 옛날에 두 형제가 근동에서 제일가는 부자로 살면서 사이가 좋지 않았다. 주인이 사이가 좋지 않으니 하인들까지도 사이가 좋지 않았다. 어

느 날 작은집 하인과 큰집 하인이 길거리에서 싸움이 붙었는데, 하인들까지 참여하게 되었고, 그 과정에서 곡괭이, 몽둥이 등이 등장하더니 마을이 마치 전쟁터처럼 치열한 전투장으로 변하였다. 두 형제의 싸움에서 아우집이 이겼고, 형은 아우와 매일 이렇게 살아갈 수 없음을 느끼고 이곳을 떠났다. 그때 형과 아우는 마을 뒷산의 산봉우리가 되었는데, 둘 사이가 좋지 않아 이 산을 원수봉(원수봉)이라 불렀다. 이런 말이 전해 내려오자, 그곳 마을 사람들은 원수산 아래 살고 있는 것이 부끄러워 누가 어디에서 사냐고 물으면 선뜻 대답을 해주지 않았다고 전해진다.

● '원수산'이라는 지명을 (가)에서는 '元帥山'으로, (나)에서는 '怨讐山'으로 이해하면서 상이한 유래를 말한다. (가)가 지닌 원래의 의미가 망각되면서 (나)라고 하는 설명이 생겨났을 수 있다.

사람이 되지 못한 구렁이, 비암사

비암사(碑巖寺)는 전의면 운주산에 있는 절이다. 창건의 유래는 분명하지 않은데, 백제가 망한 다음 부흥 운동을 하는 유민들이 지었다는 말이 전한다. '비암'이라는 절 이름은 우리말 '뱀'을 길게 발음한 것이다.

이와 관련된 전설이 있다. 어느 청년이 절에 와서 밤에 탑돌이를 하고 그 절의 비구니에게 물 한 잔을 청했다. 비구니가 물을 주고 밤에 탑돌이 하는 이유를 물어보았더니, 사연을 말할 수 없다는 듯이 빙그레 웃고는 그냥 떠나갔다. 청년이 사는 곳이 궁금해 미행했다. 청년은 산속의 커다란 바위에 뚫린 굴로 들어갔다. 비구니가 따라 들어가니 연기가 피어오르는 가운데 커다란 구렁이 한 마리가 눈물을 흘리고 있었다.

▲ 비암사 석탑

▲ 비암사 극락전

　비구니가 놀라서 서 있으니, 청년이 말했다. "나는 사람이 되는 것이 소원인데, 백 일 동안 탑돌이를 하면 사람이 된다고 했다. 내 정체에 대해서는 누구에게 말하지 않고 숨겨왔는데, 이제 정체가 탄로 났으니 평생 구렁이로 살아가게 되었다." 비구니는 자기 호기심 때문에 사람이 되지 못한 구렁이 곁에서 수발을 들며 일생을 보냈다고 한다. 절 동쪽 산 정상에 바위굴이 있다. 이런 연유가 있어 절 이름이 비암사이다.

　● 구렁이를 주인공으로 해서 이야기가 전개된다. 비구니가 구렁이 곁에서 수발을 들며 일생을 보냈다고 한다. 징그럽다고 여기고 무서워하는 구렁이를 소중하게 생각하니 놀랍다.

뱀골 이야기

　옛날에 아버지와 외딸이 살고 있었는데 밤마다 정체 모를 남자가 나타나 딸과 동침하고 사라지고는 하더니 급기야는 딸이 임신을 하고 말았다. 아버지가 딸에게 시켜 실이 달린 바늘을 남자의 옷에 꿰어놓도록 했다. 다음 날 그 실을 따라가보니 소리산 꼭대기에 뱀 한 마리가 죽어 있었다. 그래서 그 골짜기를 뱀골이라 부르게 되었다.

● 흔한 이야기가 지명과 결부되어 정착되었다.

비룡산에 산삼이 많은 이유

서면 고복리에 비룡산이란 산이 있는데, 산삼 많은 산이라고 전해 온다. 고려시대에 궁중에서 산삼이 급히 필요하여 전국의 심마니들에게 산삼을 캐오면 큰 상을 내리겠다고 했다. 다른 심마니들은 명산을 찾아가는데, 고씨 성을 가진 심마니는 산삼을 찾아 연기 땅으로 왔다. 연기에 들어서니 소나기가 쏟아졌다. 주막으로 비를 피하고, 막걸리와 국밥 한 그릇을 시켰다. 상을 들고 주모한테 근처에 산삼이 나올 만한 산이 있느냐고 물었다. 주모는 산삼 캤다는 이야기는 듣지 못했지만 비가 온 뒤에 바라보면 마치 산삼처럼 보이는 산이 있다고 하며 서쪽을 가리켰다.

이튿날 그 산에 가보니 물고기가 시냇물 물살을 타고 올라가야 하는데 아래로 내려가는 것이었다. 고씨 심마니는 무릎을 탁 치면서 "그렇다, 산삼 냄새가 독해서 물고기가 아래로 내려가는구나." 하고는 걸음을 재촉하여 안개가 자욱한 산을 올라가니 과연 산삼이 있었다. 수백 년 묵은 산삼을 망태기에 가득 차게 캤다.

산삼을 가져가니 임금님은 기뻐하면서 많은 상을 내렸다. 산삼을 더 캐오라고 해서 또다시 연기 비룡산으로 향했다. 산삼은 없고, 큰 바위에 구멍이 뚫려 있는 것이 보였다, 그 속을 들여다보자 갑자기 커다란 구렁이가 나와서 고씨 심마니의 몸을 칭칭 감고 잡아먹으려고 했다. 그 구렁이는 용이 되려는 이무기였다. 이무기는 고씨 심마니에게 "내가 용이 되려고 수백 년 키워온 산삼을 네가 모두 캐가는 바람에 다시 몇백 년을 기다려야 하게 되었으니 너를 가만두지 않겠다"고 했다.

고씨 심마니는 정신을 차리고 이무기에게 말했다. "이무기님, 산삼을 캔 것은 잘못이지만, 나를 잡아먹으면 피를 보아야 하는데 이무기가 사람의 피를 보면 용이 될 수 없을 것입니다." 이무기는 이 말을 듣고 고씨 심마니를 풀어주고 바위 구멍으로 들어갔다. 고씨 심마니는 산삼 몇 뿌리만 구하게 해달라고 부탁을 드리자고 결심하고 바위구멍에 대고 큰 소리로 외쳤다. 이무기는 "산 위 바위에 올라가서 백 일 동안 기도를 올리면 너에게 산삼을 캐도록 도와주겠다"고 했다.

기도를 하고 있으니 어느 날 천둥 번개가 요란스럽게 치고 갑자기 하늘에서 한 줄기 빛이 내려와 바위굴을 비추었다. 그러자 이무기가 용이 되어 하늘로 올라갔다. 용은 하늘로 오르면서 심마니에게 백 일 동안 정성을 다하라고 했다. 용이 하늘로 올라간 후 몇 번 천둥과 번개가 치더니 하늘이 언제 그랬냐는 듯 다시 맑고 환하게 변했다.

기도를 마치고 산삼을 캤던 곳을 바라보니 풀밭이었던 곳에 황토흙이 깔려 있었고 거기엔 산삼 새싹이 가득히 나 있었다. 산삼은 옆에 사람이 살면 자라지 않기 때문에, 산 아래에 움막을 짓고 매일 산삼이 있는 곳에 가서 정성을 다하여 물도 주면서 보살폈다. 제법 약 효과가 나는 산삼이 되려면 적어도 몇십 년을 기다려야 했다. 나이 많은 고씨 심마니는 산삼을 수확하지 못하고 그만 세상을 뜨고 말았다. 그곳이 어딘지 누구한테 알리지도 않아 아는 사람이 없다.

1990년에 고복리에 사는 젊은이가 산에 나무하러 갔다가 산삼 열다섯 뿌리를 발견하고 조심스레 캐 왔다. 비룡산의 산삼 전설을 아는 이들은 신비함에 감탄했다. 산삼을 캔 젊은이는 그것을 병든 사람에게 주어 병을 낫게 하고, 돈이 없으면 무료로 제공해 많은 이를 감동시켰다.

● 산삼은 예사로운 식물이 아니다. 특별한 약효를 지닐 뿐만 아니라, 내력이 신비스럽다.

소원 들어주는 독락정 석불

남면 나성리에는 독락정(獨樂亭)이라는 정자가 있다. 세종 때에 임목(林穆)이 세웠다. 독락정 북쪽에 석불이 있다. 부드러운 표정을 하고 있는 비로자나불이다. 이 석불의 유래에 관한 전설이 있다. 임목 장군이 돌부처 두 개를 양손에 쥐고 금강을 건너다가, 물에 빠져 신발이 떠내려가자 주우려고, 들고 있는 석불을 양쪽에 꽂아놓았는데, 강 건너 석불은 보이지 않고 독락정 석불만이 전해온다고 한다.

이 석불에 소원을 빌면 영험하여 소원성취할 수 있다는 이야기가 있다. 옛날에 한 노부부가 살고 있었다. 젊어서 열심히 노력하여 재산은 어느 정도 모았지만 슬하에 자식이 없어 고민이었다. 어느 날 백발이 성성한 노인이 찾아와서 먹을 것을 요구했다. 두 부부는 정성스레 밥상을 차려 배불리 대접하고 쌀 한 되를 싸서 주기까지 했다. 그러자 그 노인은 혹시 무슨 걱정거리가 있느냐고 물었다. 노부부는 자식이 없어서 걱정이라 하였다. 노인은 독락정 뒤에 있는 석불에게 백 일 동안 기도를 드리면 소원을 이룰 것이라고 말하고는 어디론가 사라졌다. 노부부는 정성을 다해 음식을 석불 앞에 차려놓고 기도를 했다. 백 일이 되던 날, 여느 날과 마찬가지로 깨끗이 목욕재계하고 정성을 다해 음식을 마련하고 기도를 했다.

어느 정도 시간이 흘렀을까, 노부부는 정신이 몽롱해지더니 그 자리에 쓰러져 잠이 들고 말았다. 꿈속에서 부처님이 나타나 "그대들의 정성이 지극해서 아들을 점지하니 잘 길러서 장차 훌륭한 사람이 되도록 하라."고 하고는, 인자한 얼굴에 미소를 가득 담고 "어려운 일이 있으면 날 찾아오너라."는 말을 남겼다. 노부부는 꿈에서 깨어났다. 그 꿈을 꾸고 태기가 있어 열 달 만에 아들을 낳았다. 아들은 나이에 걸맞지 않게 무럭무럭 자라 장성했을 때는 나라를 지키는 장군이 되었다. 몇 번이나 큰 전쟁을 치렀으나 부상도 입지 않고 또 전투에서 항상 승리를 거두었다. 이 모든 것이 석불의 은덕으로 알고 열심히 성실하게 살아갔다.

그런데 걱정거리가 생겼다. 정정하던 노부부가 갑자기 이름 모를 병에 걸려 자리에 눕게 된 것이다. 이 소식을 들은 아들은 단숨에 집으로 달려왔지만 어떻게 해야 할지 알 수 없었다. 병명이 없으니 어떤 약을 구해야 좋을지 모르겠고, 용하다는 의사를 불러 진단을 해보았지만 대답은 마찬가지였다.

그때 노부부가 백일기도 끝나는 날 꾸었던 꿈이 생각났다. 당시 부처님께서 어려운 일이 있으면 찾아오라는 말을 했기 때문에 아들에게 그 이야기를 해주었다. 그러자 아들은 정성을 다해 음식을 차려놓고 기도를 하였다. 역시 부처님이 나타나서 내일 아침 일찍 건너편 송원리의 높은 산에 오르면 둥그런 큰 바위가 있는데 그 밑에 큰 더덕 두 뿌리가 있을 것이니 그 더덕을 캐서 정성을 다해 달여서 부모님께 드리면 병이 나을 것이라 했다.

아들은 다음 날 아침 일찍 부처님이 가르쳐준 장소에 가보니 실제로 커다란 더덕이 두 뿌리 있었다. 그것을 캐서 정성을 다해 달여서 부모께 드리니 언제 그랬냐는 듯 씻은 듯이 병이 나았다. 이러한 이야기가 소문으로 이웃 마을까지 전해졌다. 이웃 마을에는 욕심 많고 부모에게 불효막심하다는 이야기로 소문이 나 있는 이가 있었다. 그는 노부부의 아들을 찾아와서 자세한 이야기를 듣고 그도 정성을 다해 음식을 마련하여 석불 앞에 차려놓고 기도를 올렸다. "부처님, 돈이 없어 부모님이 병석에 누웠는데 약을 사지 못해 죽어가고 있습니다. 그러니 저에게 돈을 좀 주십시오." 이렇게 말했다.

눈물까지 펑펑 흘리면서 기도를 하니, 꿈속에서 부처님이 나타나서 말했다. "너의 소원이 정녕 돈이라면 내가 돈을 주겠노라. 그러나 그 돈은 좋은 데에 써야지 그렇게 하지 않으면 아니 되느니라." 고맙다고 큰절을 올리며 꼭 좋은 데에 쓰겠노라고 다짐을 하였다. 꿈을 깨어보니 석불 앞에는 돈이 한 꾸러미 놓여 있었다. 돈을 얻은 불효자는 부처님 앞에서 맹세한 것을 금방이라도 잊은 듯이 그 길로 우선 그동안 못 마신 술을 실컷 마시려고 술집으로 갔다. 기생도 부르고 돈을 펑펑 썼다.

어느 날 돈을 꺼내 과시하려고 주머니에 손을 넣었는데 뭉클 하는 것이 잡혔다. 꺼내보니 뱀이었다. 깜짝 놀라 정신을 차리고 다시 주머니에 손을 넣으니 역시 뱀이 들어 있었다. 급히 돈을 넣어두었던 함을 열어보았다. 그 속에는 돈 대신 뱀이 우글거렸다. 불효자는 미친 듯이 뛰어나가 금강으로 뛰어들었다. 석불의 영험이 흑과 백을 가려 상과 벌을 주기 때문에 이후 사람들은 함부로 소원을 빌지 않게 되었다.

● 석불의 모습을 한 부처님이 소원을 빌면 다 들어주는 것은 아니다. 선악을 가려 권선징악을 하니 헛된 기대를 하지 말고, 자기 자신을 되돌아보아야 한다. 이런 가르침을 베풀고 있다.

며느리 바위

남면 양화리에서 부안 임씨들이 오래전부터 집성촌을 이루어 살고 있다. 산중턱에는 사람의 형상을 한 바위가 있다. 며느리 바위라고 한다. 유래 전설이 다음과 같이 전한다.

아주 먼 옛날 그곳에 아주 인색한 부자가 있었다. 그런데 며느리는 마음씨가 착했다. 어느 날 스님이 목탁을 두드리며 시주하기를 권했다. 낮잠을 자던 주인은 잠에서 깨어나 하인의 쇠스랑을 빼앗아 두엄을 떠서 스님의 바짓가랑이에 넣어주었다.

이 광경을 멀리서 바라보던 며느리는 기겁을 하며 숨었다가 스님이 마을을 벗어나려 할 때 쌀 한 됫박을 들고 쫓아가서 시아버지의 행동을 사과했다. 스님은 며느리의 기특한 행동에 고맙다는 인사를 한 다음 이런 말을 했다.

"내일 모레 뒷산 전월산에 올라가 정상까지 가보시오. 가는 도중 절대로 뒤를 돌아봐서는 아니 됩니다. 어떠한 소리가 나더라도 앞만 보며 산 정상까지 올라가야 합니다."

이 말을 남기고 스님은 사라졌다. 며느리는 기이한 일이라면서 스님이 가르쳐준 날에 전월산을 오르기 시작했다. 산은 높고 가팔랐다. 며느리가 조심스럽게 산을 오르려는데 갑자기 하늘이 검게 변하더니 천둥번개가 치는 것이었다.

며느리가 오르는 산에는 비가 내리지 않았지만 소리로 보아 산 아래 마을에는 많은 비가 내리는 듯했다. 며느리는 불안하였다. 산 아래 마을에 얼마나 많은 비가 내리고 있으며 집은 무사한가 당장 뒤돌아 확인하고 싶었지만 스님이 한 말이 생각나서 한 발 한 발 산 정상을 향해 오르기 시작했다. 며느리가 산 중턱에 올랐을 때 이번에는 사람의 비명 소리가 들려왔다. 며느리는 그만 뒤를 돌아보고 말았다. 그런데 이게 웬일인가. 마을이 온통 물속에 잠기어 마치 넓은 바다의 작은 섬에 와 있는 것처럼 많은 비가 내려서 마을과 집은 보이지 않았다.

바로 그때 기이한 일이 벌어졌다. 뒤돌아본 며느리의 모습이 바위로 변하기 시작하는 것이었다. 며느리는 뒤돌아보지 말라는 스님의 말을 거역하여 바위로 변해 그 자리에 우뚝 솟아 있게 되었던 것이다. 훗날 사람들은 이 바위를 며느리 바위라고 부른다. 이루지 못한 일이 있으면 며느리 바위 밑에 와서 촛불을 켜놓고 정성을 다하여 치성을 드리면 소원이 이루어진다고 한다.

● 전국 여러 곳에 전하고 있는 장자못 이야기. 며느리 바위에 소원을 빌면 이루어진다고 하는 것이 특징이다.

세종 즐기기

산장가든 숯불통돼지갈비

갈비의 불맛을 쫀득쫀득한 육질과 함께 즐기고 싶으면 한번 찾아보자. 전문가가 구운, 타지 않은 갈비를 불의 향과 함께 즐길 수 있다. 맛깔스러운 밑반찬도 푸지다. 근처 고복저수지 경관은 덤이다.

▲ 돼지갈비

세종시 연서면 도신고복로 1131-7(고복리 32)
044-867-3333
주요 음식 : 돼지갈비

갈비를 구워서 내오므로 방에서는 연기 없이 먹을 수 있다. 전문가가 구우니 타지 않고 골고루 잘 익은 숯불갈비를 먹을 수 있다. 한상 차려 나오는 밑반찬은 기대보다 맛이 좋다. 솜씨 좋고 인심 푸진 아낙의 마음으로 차린 밥상 같다. 고기 메뉴는 고기만 줄창 먹어야 되는 부담이 있는데 다

양한 반찬으로 갈비를 즐기면서 고기에 야채도 먹을 수 있어 좋다.

갈비는 육질이 좋고, 불맛이 배어 재료와 요리가 다 같이 최상이다. 반지르르 윤나는 고기, 고루 잘 구워진 고기, 잘 밴 양념 맛, 다 먹을 때까지 식지 않는 불판 등 굽는 고기 요리에서 원하는 맛과 조건을 고루 갖췄다.

배추김치는 생김치로, 총각김치는 익은 김치로 제공하고, 오이소박이까지 함께 내는 김치 인심, 호박볶음, 고추볶음 등으로 고기 중심의 음식상에서 벗어나는 다채로

▲ 냉면

▲ 고복저수지

움, 동치미와 충청도 무장아찌로 지역 음식과 맛의 깊이를 보여주려는 지역성이 고루 담겨 있다.

밥과 함께 먹는 된장시래기국에 이르면 한적한 외곽 식당에서 왜 줄을 서야 먹을 수 있는지 확실히 알게 된다. 냉면은 냉면대로 쫄깃한 면발과 동치미국물 같은 시원한 육수 맛이 일품이다. 거기다 가격까지 저렴하다. 한창때 잘 먹는 아이들 데려온 가장의 어깨도 가볍게 한다.

가끔 소문난 집이지만 막상 가보면 허망한 식당을 만난다. 이것은 주인 사장님이 제대로 만들 줄도 먹을 줄도 모르기 때문이어서라고 생각한다. 음식의 재료는 생물이어서 지질과 날씨, 그해 풍흉 정도, 보관 상태 등등 수많은 변수에 따라 미세하게 맛이 달라지기 때문에 교과서적인 레시피만으로는 음식맛을 조정하기 어렵다. 이러한 변수를 넘어서서 일관되고 좋은 맛을 유지하려면 주인이 맛을 식별하고 유지할 수 있는 능력과 성의가 있어야 한다. 그런 점에서 요리사 위주로 식당이 운영되는 프랑스의 운영방식을 참고할 만하다.

반찬 하나하나의 개별적인 맛과 반찬들끼리의 조화에서 오는 맛의 신비는 과학의 영역이 아니고 통찰의 영역이다. 맛의 통찰력을 갖춘 사람이 음식점을 운영해야 하는 이유다. 이 식당은 주인이 맛을 제대로 알고 음식을 내는 전문성에다 성의가 느껴진다. 식당 운영의 3박자를 갖춘 셈이다. 비슷한 음식을 하는 인근 식당보다 한 수 위다. 오래도록 이 맛과 자세를 유지하여 흐뭇한 역사를 계속 써나가기를 빈다.

바로 앞의 넓고 아름다운 고복저수지는 물가로 다리를 놓아 걸어서 호수를 돌아볼 수 있다. 맛있는 음식을 먹고 물 위를 걷는 신선놀음, 소박하고도 화려한 일정이다. 살면서 뭘 더 바라겠는가.

아산

牙山

둔포면

공세리성당 ●

영인면

인주면

용와산 ▲

영인산 ●

음봉면

세심사 ●

염치읍

현충사 ●

탕정면

온양1동

신창면

인취사 ●

아산시청 ●

온양4동

온양3동

선장면

온양온천 ●

도고면

온양2동

배방읍

온양6동

맹씨행단 ●

온양5동

외암리민속마을 ●

송악면

봉곡사 ●

▲ 영인산 자연휴양림

　충청남도 서북쪽에 있다. 영인산(靈仁山)은 백제시대 성지였고, 현재는 자연휴양림이 있다. 조선 초의 명재상 맹사성(孟思誠)의 출신지이며, 살던 곳을 맹씨행단(孟氏杏壇)이라고 하면서 보존한다. 임진왜란 때의 명장 이순신(李舜臣)의 고향이어서, 현충사(顯忠祠)가 있다. 인취사(仁翠寺), 세심사(洗心寺), 봉곡사(鳳谷寺) 등의 사찰이 있다. 병인박해 때의 유물이 보존되어 있는 공세리성당이 있다. 외암(外巖) 민속마을에 전통 민가가 보존되어 있다. 온천 지대여서 온양(溫陽)온천, 아산온천, 도고(道高)온천 등의 이름난 온천이 있다. 신정호(神井湖) 주위에 좋은 산책로가 있다. 세계꽃식물원에는 사철 많은 꽃이 피어 있다.

아산 알기

아산을 읊은 한시

아산(牙山)

이승소(李承召)

아산 역시 예로부터 이름 있는 고장이며,	牙山亦是古名區
땅이 비옥하고 백성 많아 한구석에서 으뜸이네.	土沃民稠冠一隅
풍속이 두터운지 엷은지는 깊이 걱정이 되고,	俗尙淳漓深可懼
고을살이 흥하고 망하는 것은 누구를 허물하랴.	邑居興替更誰尤
한탄스럽게도 공탁 같은 어진 수령 없어서,	恨無循吏如龔卓
노추에게 견줄 만한 문풍이 나타나지 않는다.	不見文風擬魯鄒
객관에는 수십 개의 서까래만 공연히 남아,	客館空餘楹數十
뜬구름 같은 옛일만 유유히 떠돌아다니네.	浮雲往事轉悠悠

● 조선 초기 시인이 아산에 관해 이런 시를 남겼다. "공탁(龔卓)"은 중국 한나라의 뛰어난 지방관 공수(龔遂)와 탁무(卓茂)이다. "노추(魯鄒)"는 공자와 맹자의 고장이다. 서두에서 아산이 좋은 곳이라고 하고 차차 좋지 못한 말을 하는 것은 그곳에서 지방관으로 있으면서 불운을 겪었기 때문이 아닌가 한다.

토정 이지함 이야기

토정비결

이지함(李之菡)은 흙담 움막에서 살아 토정(土亭)이라고 했다. 무위도식하는 작은아버지가 있어, 돌아다니며 비결을 봐주고 밥이나 얻어먹게 하기 위해 비결 책을 만들어주었다. 그것이『토정비결(土亭祕訣)』이다. 너무 적중해 몇 군데 틀리게 고쳐놓았다고 한다.

토정보다 뛰어난 소금장사

토정이 보니까, 당진 기시지리에서 얼마 안 가 한진 나루가 있는데, 그 일대가 바다가 밀려와 물에 잠길 것 같다고 했다. 그래도 주민들은 별로 믿지 않았다. 토정은 날짜와 시간을 기다리면서 한진에서 하루 묵었다. 소금장사 한 사람이 한 집에서 투숙을 하게 되었다.

토정은 시간이 곧 될 것을 예상하고 문을 열었다 닫았다 해가며 들락날락 노심초사했다. 소금장사가 아랫목에서 노상 쿨쿨 자는 것을 보고, "당신 일어나서 피신 준비를 해야지 잠만 자면 어떻게 하겠느냐?"라고 했다. 그러니까 소금장사는 "아직 시간이 멀었어."라고 했다.

얼마 있다가 소금장사가 일어나 말했다. "아, 이제 시간이 됐으니 피신해야겠다." 소금장사가 소금 짐을 지고 산에 올라가는 것을 보고 토정도 따라갔다. 소금장수는 그 중간쯤 가다가 "여기면 된다." 하고 작대기로 선을 그었다.

물이 거기까지만 들어왔다고 한다. 삽교천을 막은 그곳이 전부 육지였는데, 그때에 물이 들어왔다. 지금은 삽교천 제방을 막아 육지가 되었다.

나무 생률 먹고 죽은 토정 (1)

토정이 여기 아산 원으로 있을 때 읍내 뒷산 고용산(高湧山)에 아전을 데리고 순찰을 나갔다. 순찰을 나가니 금덩어리가 있었다. 토정은 모든 것을 아는 사람이라 아전보고 "이거 금이다."라고 했다. 그러자 아전은 욕심이 생겼다.

토정은 늘 지네 생즙을 먹었다. 지네를 생즙으로 아침에 먹고 생률로 해독(解毒)도 했다. 그 아전이 금에 욕심이 나서 미루나무를 깎아 생률처럼 만든 것을 올렸다. 해독할 수 있는 시간이 지나 토정이 죽고 말았다.

나무 생률 먹고 죽은 토정 (2)

토정선생이 벼슬을 내놓고 거기 은거할 적에 고령산에다가 금 한 독, 은 한 독을 묻었다. 그것을 떠들어보다가 하인한테 들켰다. 그 양반이 지네를 먹고 해독제로 밤을 먹는 습관이 있었다. 하인이 금은을 탐내 토정이 지네를 먹자 버드나무를 밤처럼 깎은 것을 드렸다. 버드나무를 깨물 수 없어 밤 달라고 하다가 지네 독으로 죽었다. 토정이 죽자 하인이 금은이 있는 독을 찾았으나 찾을 수 없었다. 임자가 아니니까 옮겨졌던 것이다.

● 토정 이지함이 아산현감을 해서 아산에 전하는 이야기가 많다. 아는 것이 많았으나 더 아는 사람을 만나고, 별난 짓을 하다가 생명을 단축했다.

병을 고쳐주는 온양온천

가난한 노파가 절름발이 삼대독자를 혼인시키지 못해 백일기도를 드렸더니, 관세음보살이 나타나 "내일 마을 앞 들판에 나타난 절름발이 학의 거동을 살펴보라."고 했다. 정말 학이 날아와 절뚝거리더니, 며칠 지나 한 발로 껑충껑충 뛰더니 완치되어 날아갔다. 학이 날아간 자리에 가보니 펄 펄 끓는 물이 솟아오르고 있었다. 이상하게 여겨 아들의 다리를 끓는 물에 넣었더니 신통하게 치료가 되어, 양가의 처녀에게 장가들었다. 이 소문이 나서 병을 고치겠다고 전국에서 사람들이 몰려들었다고 한다.

● 학이 상한 다리를 치료하는 것을 보고 온천을 발견했다고 하는 흔히 있는 전설에 관세음보살의 영험이 추가되었다.

은혜 갚은 이무기

음봉면 용와산에 있는 크고 긴 굴을 이무기굴이라고 한다. 그 근처에 사는 음봉이라는 총각이 어느 날 논에 물을 대려고 나갔다가 이상한 소리를 들었다. 소리가 나는 곳으로 찾아 가니, 큰 못에서 청색 이무기와 황색 이무기가 엉키어 싸우고 있었다. 놀란 음봉은 호기심을 못 이겨 그 싸움을 지켜보았다.

황색 이무기는 피를 많이 흘리며 고통스러운 신음 소리와 함께 필사적으로 싸우고 있었다. 음봉이는 황색 이무기를 돕고 싶은 마음에서 청색 이무기를 향해 들고 있던 삽을 힘껏 던졌다. 금속성 소리를 울리며 뛰쳐나간 삽은 청색 이무기의 몸에 깊숙이 박혔다. 청색 이무기는 음봉을 향해 저주와 원망의 눈초리를 보내고 자취를 감추었다.

잠시 후 황색 이무기는 하얀 수염의 노인으로 변해 음봉에게 다가왔다.

"당신 덕분에 목숨을 구했습니다. 이 은혜를 어떻게 갚아야 할지……"

음봉은 갑작스런 변화에 어찌할 줄을 몰랐다.

"저는 본디 하늘의 문지기였답니다. 하루는 낮잠을 자던 중 하늘의 급한 용무로 온 사자를 문을 열어주지 않아 죽게 했습니다. 옥황상제님이 내린 벌로 천 년 동안 이무기로서 지내며 자기의 죄를 뉘우치고, 착한 일 천 가지를 해야만 죄를 면할 수 있습니다. 오늘이 바로 그 죄를 면할 날입니다. 그런데 용화산의 굴에 사는 청색 이무기가 난데없이 나타나서 방해하는 바람에 차질이 생겼었습니다."

노인은 다시금 고맙다는 인사를 메아리로 남기고 구름에 휩싸여 하늘로 올라갔다. 음봉은 논에 물 대는 것을 잊고, 삽도 잊어버린 채 집으로 돌아왔다.

이태 년 뒤 음봉이 혼인할 나이가 되어, 중매장이의 소개로 신부를 맞이하게 되었다. 홀어머니를 집에 남기고 산 너머에 있는 신부 집을 향해 떠났다.

그 이튿날 마당을 쓸고 있던 음봉의 어머니는 신부 집에서 달려온 하인에게 음봉이 어젯밤 도착하지 않았다고 하는 청천벽력 같은 이야기를 들었다. 마을 주민과 음봉의 어머니, 신부 집 하인들이 용와산을 뒤지니 무엇에 이끌리어 간 듯한 발자취가 굴 앞에서 멈춘 것을 발견했다.

그 뒤 마을엔 흉년이 들고 몇 집이나마 농사를 지어놓으면 누구의 소행인지 모조리 짓밟아놓기가 일쑤었다. 불행은 겹쳐, 용와산을 넘던 사람들이 감쪽같이 사라져버리는 일도 일어났다. 마을은 쑥밭이 되고 아들, 남편을 잃은 여인네들의 울음소리만 마을을 감쌌다.

음봉의 신부 순례는 홀어머니를 모시며, 한 번도 보지 못한 남편의 행방을 찾기 위해 뒤뜰에 잇는 큰 정자나무에 정성껏 백일기도를 드렸다. 그날도 어머니께 밥상을 차려드린 후 기도를 올리고 있었다. 하늘에서 흰 수염을 늘어뜨린 노인이 내려오며 기도를 드리는 순례에게 말했다.

"하늘에서 당신의 정성에 탄복하여 저를 보냈습니다. 당신의 남편은 저의 은인이기도 합니다. 당신의 남편은 용와산의 청색 이무기에게 잡혀 죽음을 당했습니다. 청색 이무기는 본디 성질이 포악해 하늘에서 버림받았습니다. 이것을 가져가셔서 청색 이무기의 꼬리에 다십시오. 그 다음엔 제가 맡겠습니다. 목숨이 위험하니 조심해 하십시오."

"제 걱정은 마십시오. 한 번도 보지 못한 남편이지만 원수를 갚기로 마음을 먹었습니다."

"그럼 이것을……." 노인은 순례에게 조그마한 구슬을 내밀었다. 순례가 구슬을 받아들자 노인은 구름과 함께 자취를 감추었다. 순간 깜짝 놀란 순례는 잠에서 깨어났다. 치마에는 구슬이 놓여 있었다.

이튿날 순례는 남장 차림을 하고 어머니께 편지로써 하직 인사를 한 후 용와산의 굴로 향했다. 고생을 하며 굴에 도착한 순례는 심호흡을 하고 손에 쥔 구슬을 놓칠세라 힘껏 쥐고 굴로 들어갔다.

순례가 굴로 들어간 후 뒤늦게 사실을 안 어머니는 마을 사람들과 굴을 향해 달렸다. 달리던 어머니가 굴을 쳐다보니 황색의 용과 꼬리에 무엇인가를 단 청색의 이무기가 굴 위에서 치열한 싸움을 하고 있었다. 싸움을 하던 청색 이무기가 꼬리에 구슬을 달자 갑자기 기운을 잃은 듯 하늘서 떨어져 굴에 부딪혀 죽고 말았다. 어머니는 사람들이 말릴 사이도 없이 굴로 들어가 죽어가는 며느리를 등에 업고 나왔다. 어머니는 싸움에 이긴 황색의 용에게 며느리를 살려줄 것을 애원했다.

"아들은 이미 죽은 몸이나 오직 한 가지 소원이 며느리를 살리는 것입니다. 제발 이 늙은이의 소원을 들어주십시오."

황색의 용은 노인으로 변해 두 사람을 살려내고 마을 사람들의 호송을 받으며 하늘로 올라갔다. 그 뒤 마을에는 흉년이 사라지고 해마다 풍년이 들어 순례네는 물론 마을 사람들 모두 생활이 윤택해졌다.

이런 유래가 있어 마을 사람들은 용와산의 굴을 이무기가 나온 굴이라 했다. 이 굴은 워낙 깊어 끝을 알 수 없으며 서해까지 통했다고 한다.

● 이무기라고도 하고 용이라고도 하는 것들 둘의 싸움에 사람이 개입해 피해를 당했다가 회복된 것이 이야기의 기본 요건이다. 이무기가 용이 되어 승천했다고 하지 않고, 천상의 용이 하강해 이무기가 되었다는 것은 특이하다. 용 싸움에서 희생된 남편을 혼인 전의 아내가 살려냈다고 한 것은 더욱 특이하다. 있는 이야기를 그대로 하지 않고 특이하게 고쳐 더욱 흥미를 끌고자 했다.

사람이 되고 싶었던 여우

옛날 배방읍 중리에 가난하게 홀로 사는 총각이 있었다. 부모를 일찍 여의고 나무장사를 하여 그날그날의 생계를 이어가고 있었다. 지게를 짊어지고 산꼭대기에 올라 나무를 하려 하는데 어디선가 울음소리가 들려왔다. 울음소리가 나는 곳으로 가보았다.

한 여인이 슬프게 울고 있었다. 그냥 보고 지나칠 수 없어 여인의 곁에 가서 물었다. "무슨 일인데 이렇게 슬피 울고 있습니까? 혹시 제가 도움이라도 되면……." 총각은 말끝을 흐리고 말았다. 여인의 눈빛이 너무도 빛났기 때문이다. 여인은 금방 울음을 그치고 총각에게 달려들면서 "저 좀 살려 주세요. 이유는 묻지 마시고요." 하며 애원했다. 총각은 하는 수 없이 그 여인을 집에 데려왔다.

총각의 집은 쓰러질 듯한 초가집에 단칸방과 거기에 딸린 부엌 하나, 너무나 단조로웠다. 그 여인은 집에 오자마자 자기 집이나 되는 것처럼 팔을 걷어붙이고 부엌으로 들어가 그동안 쌓였던 먼지와 그릇을 닦고 집안 청소를 하기 시작했다. 총각은 좀 어안이 벙벙하였지만 속으로는 은근히 좋아했다. 자태가 너무나도 아름다웠다.

다음 날 뜻이 맞은 두 사람은 결혼을 하였다. 동네 사람들을 모아놓고 잔치를 하였다. 여인이 가지고 온 보물이 있었던 것이다. 동네 사람들이 모두 놀랐다. "어제만 해도 겨우 밥 세 끼 먹을 형편이었는데 이렇게 음식 장만할 돈이 어디 있으며 저 여인은 또 누구인가?" 호기심이 가득 찬 얼굴들이었다.

총각은 너무나 신났다. 예쁜 색시에다 돈까지라니. 그날부터 그들은 논과 밭을 샀다. 그리고 그들의 금실은 부러울 만치 좋았다. 그러나 한 가지 이상한 일이 있었다. 그 여인은 자정이 가까워지면 몰래 어디론지 나갔다 오곤 하였다. 몇 번 보았지만 총각은 모른 척했다. 그러나 그 소문은 동네에 퍼지고 말았다. 동네 사람이 밤늦게 집에 돌아오다가 산에서 내려오는 이 여인을 보았다는 것이다. 하얀 옷을 입고, 신발은 신지 않은 채였다. 허기진 듯 배를 움켜쥐고 있었다고 했다.

그 여인이 여우가 둔갑한 사람이라는 소문이 총각에게까지 들려왔다. 총각은 아내에게 물었다. 그랬더니 아내는 "한 번만 참아주세요. 한 달 뒤엔 꼭 말씀드리겠어요."라고 했다. 총각은 좀 두려움이 있었지만 더 이상 묻지 않았다. 동네에서는 총각과 아내에 대해 이러쿵저러쿵 말이 많았다. 그때도 모내기에 바빴다. 총각이 처음으로 자기 논에다 모를 심어보는 날이었다. 동네 사람 몇을 사서 모를 심고 부인은 밥을 해 날랐다.

밥을 이고 온 아내의 치마 사이로 긴 여우의 꼬리가 보였다. 둔갑을 제대로 하지 못한 것이다. 모심던 동네 사람 중의 한 사람이 들고 있던 괭이로 때리려고 하자, 아내는 놀라 도망치고 말았다. 난데없이 맑은 하늘에 천둥벼락이 치더니 여인은 간데 없고 치마를 두른 듯한 모양의 큰 바위가 나타났다. 치마를 두른 여인 모습의 바위라 하여 그 바위를 치마바위라고 한다.

여우가 사람이 되고 싶어 백 일 동안 치성을 드렸다. 백 일 동안 착한 일을 하고 사람을 해치지 않으면 사람이 된다는 신령의 말을 실천에 옮기려고 하다가, 방해꾼 때문에 꿈을 이루지 못했다.

● 여우가 둔갑해 사람이 되는 것을 긍정적으로 평가하고, 방해꾼 때문에 실패한 것을 안타깝게 여겼다. 통상적인 이야기를 뒤집어서 한 것이다.

원수 갚은 처녀

(가) 옛날 음봉 땅에 부모를 오랑캐에게 잃은 한 처녀가 살았다. 그녀는 이곳을 지키는 장수와 사랑에 빠졌는데, 오랑캐가 다시 쳐들어오자 그 장수도 오랑캐와 싸우다가 전사하고 말았다. 처녀는 부모와 정인의 원수를 갚기 위하여 오랑캐 주둔부대에 나아가 적장의 침실봉사를 자원하였다. 마침내 적장을 암살했으나, 처녀도 살해되고 말았다. 적이 물러간 후 마을에서는 그 처녀와 정인을 합장해주었는데, 그 무덤에서 제비 한 쌍이 나와 이 바위에 둥지를 틀었으므로 그 바위를 제비바위라 부르게 되었으며, 산 이름도 연암산(燕巖山)이 되었다고 한다.

(나) 음봉면 쌍룡리에 고이미라는 처녀가 홀로 살고 있었다. 홀로 살게

된 것은 어릴 적 부모와 형제를 모두 잃었기 때문이다. 자기 가족을 죽인 오랑캐에 대한 적개심을 불태우면서 무술을 익히고 있었다. 밤에만 나타나는 누군가가 나타나 무술을 가르쳤다.

그러던 중 다시 오랑캐가 침입을 했다. 그녀는 산으로 몸을 피했다. 서울에서는 유망한 장수를 뽑아 부랴부랴 올려 보냈지만 장수가 당도했을 때는 오랑캐가 떠나간 후였다. 장수는 계속 머물러 있었다. 고이미는 장수를 찾아가 받아주기를 청했다. 따뜻한 환영의 목소리에 고개를 들어보니, 장수는 고이미 자기보다 두어 살 많이 보이는 패기 왕성한 젊은이었다. 고이미의 마음은 장수에게로 쏠렸다. 장수 또한 애국심에 도취된 그 여인을 그리워하고 있었다.

변방에서의 아름다운 사랑이 합일되려 할 때 오랑캐가 또다시 기세를 몰아 쳐들어왔다. 혼인을 며칠 앞두고, 어쩔 수 없이 장수는 떠나가야만 했다. 며칠 후 패전의 소식이 들리고, 새 한 마리가 고이미 앞에서 울어댔다. 장수의 시체가 고이미 앞에 멈추어 선 말에 실려 있었다. 고이미는 장수를 묻어주었다. 그리고 생각하니 가슴이 저며오는 듯했다. 그날 고이미는 비수를 지닌 채 적의 막사에 숨어들었다. 코를 골며 자는 적장의 목에 비수를 꽂았다.

그런데 얼마가 지나고 고이미가 포승에 묶인 채 끌려와 있는데 그 앞에 적장이 서 있는 것이 아닌가! 장수가 아닌 다른 인물을 죽인 것이다. 고이미는 분했다. 서러웠다. "신이여! 제게 다시 한번 기회를 주소서" 망나니가 칼을 놀리고 있을 때 갑자기 멈추라는 적장의 호령이 들렸다.

그날 밤 옥으로 적장이 찾아왔다. "나의 아내가 되어주지 않겠소?" 비록 흐트러진 차림이기는 했지만 아름답고 초롱초롱한 눈에 적개심과 애국심이 빛나고, 망나니의 칼 앞에서도 태연한 것이 충격을 주어, 적장은 고이미를 용서해주었다.

거절하는 고이미에게 다음 날도 적장이 찾아왔다. 무슨 생각에서인지, 고이미는 순순히 응낙했다. 적장이 방에 들어와 잠자리에 들자, 고이미는 갑자기 적장의 칼을 들어 적장의 가슴에 꽂았다. 그 순간 적장의 또 다른 칼이 고이미의 목에 와 닿고 있었다. "요망한 계집 같으니!" 적장은 죽어 갔다. 고이미도 죽었다.

지도자가 없어진 오랑캐는 이미 오합지졸(烏合之卒)이 되었다. 우리 군 사의 사기에 오랑캐는 모두 물러가야 했다. 대승리였다.

처녀를 사랑하던 장수와 합장해 묻어주었다. 그 무덤에서 제비 한 쌍이 솟아 날아갔다. 제비가 멈춘 곳은 어느 높은 산의 넓은 바위였다. 전쟁터 가 내려다보이는 높은 산의 바위는 아무도 손대지 못할 곳이었다. 제비들 은 그곳에 둥지를 지었다. 제비가 둥우리를 지었던 이 바위를 연암이라 하 고, 그 산을 연암사라고 했다. 연암산이 음봉면 쌍용리에 있다.

● 같은 이야기를 간략하게 하니 너무 단순하고, 자세하게 해도 묘미는 없다. 분명하게 나타나 있는 주제는 평가할 만하지만 전개 과정이 범속하 기만 해서 설화답지 않고 서투르게 쓴 소설 같다.

백전백승 아기장수

아산시 음봉면 원남리에 장수바위가 있다. 어리목 고개 서쪽 국수봉에 있4는 집채만큼 넓고 큰 바위이다. 그 위에 말발굽 자국이 있다. 옛날에 장수가 말을 타고 올라갔던 곳이라고 한다.

옛날 이 마을에는 금슬 좋은 부부가 살고 있었다. 비록 가난은 하지만 그런대로 행복한 생활이었다. 그런데 나라에 전쟁이 일어나 남편이 싸움터에 나가지 않으면 안 될 처지가 되었다.

"여보, 혹시 내가 못 돌아오더라도 너무 슬퍼하지 말고 곧 태어날 우리 자식 훌륭하게 키워주오."

"걱정하지 말고 나라를 위해 열심히 싸우세요. 저도 우리 자식 훌륭하게 키우며 당신만을 기다리며 살고 있을 거예요."

그 후 반년이 지나자 남편의 전사 소식이 왔다. 부인은 슬픔과 절망에 잠겨 쌔근쌔근 자고 있는 어린 자식을 바라보았다. 아버지를 빼닮은 건강한 체구에 잘생긴 얼굴이었다. 어린아이는 하루가 다르게 커갔다.

4년이 지난 어느 날, 어머니가 새벽에 밖으로 나왔는데 아들 방에서 퉁탕거리는 요란한 소리가 났다. 이상히 여겨 가보았더니 퉁탕거리는 소리가 어느새 그쳐 있었다.

그 다음 날도 똑같이 아들 방에서 퉁탕거리는 소리가 들렸다. 살금살금 가서 문구멍으로 들여다보니 소리는 그치고 어린아이는 깊은 잠에 빠진 듯 자고 있었다. 그후에 또 어머니는 빨래를 하러 갔다가 갑자기 아들 생각이 나 집에 돌아와 조심스레 옆으로 가서 아들 방을 엿보았다. 방 안에서 퉁탕거리던 아이는 인기척을 듣고 얼른 이불로 들어가 자는 체했다.

"얘, 궁아. 너 그게 도대체 뭐 하는 짓이냐? 밖에 나가서 동네 애들하고 놀아라."

"어머니, 지금부터 제가 하는 행동을 엿보지 마세요. 만약 어머니가 엿보게 되면 전 큰일 나요."

보지 않겠다고 다짐을 했지만 어머니는 궁금해서 견딜 수가 없었다. 자식과의 약속을 저버리고 아들 방을 엿보다 들키고 말았다. 어린 궁은 어머니가 약속을 어긴 것에 대해 몹시 분개하고, 엿보지 말라고 다시 다짐했다.

그 후부터 아들은 아침 일찍 나가 저녁 늦게야 돌아왔다. 이상히 여긴 어머니는 숨어서 아들의 뒤를 밟았다. 뒷산으로 가고 있었다. 거기에는 큰 바위가 있었는데, 그 위에 올라가 있지 않은가. 놀란 어머니는 아들이 다칠까 봐 내려오라고 하고 싶었지만 또 약속을 어길 수 없어 그대로 보고만 있었다.

궁이 바위를 한 번 탁 치니 그 속에서 꼬마 병정들이 쏟아져 나왔다. 그리고 말 한 마리가 나와 그 말에 궁이 올라타고 지휘를 하며 그 바위에서 군사훈련을 시키고 있는 것이 아닌가. 너무나 신기하고 재미있어 그만 어머니는 자신도 모르게 소리를 치고 말았다. 그 소리에 깜짝 놀란 꼬마 병정들과 말은 다시 바위로 들어가고 궁은 어머니에게 달려왔다.

그 후 어머니는 궁의 행동을 엿보지 않았다. 궁이 18세 되던 해 또다시 큰 전쟁이 있어 궁도 참가했다. 훈련된 자기 병사를 이끌고 늠름하게 싸웠다. 백전백승이었다.

● 아기장수가 살해되지 않고 성장해 전쟁에 나가 공을 세웠다는 것이 예사롭지 않다. 아기장수의 희생을 통탄만 하지 말고 성공한 이야기도 하자고 작심하고 내놓은 개작이다.

청댕이고개

남편을 일찍 여읜 젊은 과부가 노시부모를 봉양하며 아주 가난하게 살았다. 어느 해 흉년이 들어 온 식구가 굶어죽을 지경이 되자 견디다 못해 며느리가 구걸에 나섰으나 며칠을 헤매도 쌀 한 톨도 구하지 못했다. 그러다 어느 고개에 이르러 그곳에 있는 바위에 대고 식량을 구하는 소원을 빌었다. 이때 지나가던 개가 생쌀과 보리쌀을 토해내고 있었다. 며느리는 꺼림칙했지만 이것을 모아 죽을 쑤어 시부모에게 올렸다.

그러자 갑자기 천둥번개에 벼락이 내려쳤다. 며느리는 개가 토해낸 것을 시부모에게 드린 것이 죄스러워 소원을 빌었던 그 바위에 가서 이번에는 회개기도를 하였다. 벼락이 바위를 때리더니 바위가 두 조각으로 갈라졌는데, 그 속에서 누런 금덩어리가 나왔다. 며느리는 그것으로 시부모를 공양하며 행복하게 살았다고 한다. 며느리의 효성을 기리며 이 고개를 '청동고개'라고 불렀는데, 와전되어 오늘날 '청댕이고개'가 되었다. 벼락에 맞아 황금이 나온 바위는 '벼락바위' 또는 '효성바위'라고 한다.

● 극단적인 효성을 그냥 두고 보지 못해 뜻밖의 행운으로 보상했다.

요로원에서 만난 선비

지금의 아산군 음봉면 신정리에 요로원(要路院)이 있었다. 숙박업소를 원(院)이라고 했다. 과거를 보러 서울을 오르내리는 선비들이 원에서 묵었다. 그런 여행자인 박두세(朴斗世, 1650~1733)가 요로원에서 하룻밤 묵은 일을 기록해 「요로원야화기(要路院夜話記)」라고 한 것이 널리 알려지고 많이 읽힌다. 한문본과 국문본이 다 있으며, 번역일 듯한 국문본에서도 묘미 있는 문장과 번득이는 재치가 나타나 있다.

1708년(숙종 34)에 서술자가 과거에 낙방하고 시골로 돌아가다가 요로원에서 하룻밤을 지낸 일을 다루었다. 우연히 동숙하게 된 서울 양반이 고단하고 초라한 행색의 시골 선비를 멸시했다. 짐짓 무식한 체하며, 서울 양반을 은근히 놀렸다. 서울 양반의 제의로 육담풍월(肉談風月)을 읊게 되자, 서울 양반은 속은 것을 알고 교만한 언행을 부끄러워했다. 두 사람 사이의 우열이 작품 전개와 더불어 역전되는 과정을 묘미 있게 서술한 수법이 뛰어나다. 주고받은 여러 편의 시를 통해 당대의 정치에 대한 불만을 토로하고 세태를 풍자했다. 이윽고 날이 밝아오자 두 사람은 성명도 모른 채 헤어진다.

아산 보기

아산 외암마을과 고택

충청남도 아산시 송악면 외암리 일대의 자연부락이다. 국가민속문화재 제236호. 현재 유네스코 세계문화유산 잠정목록에 올라 있다. 세계문화유산으로 등재된 우리나라 전통 마을은 안동 하회마을, 경주 양동마을, 상주 한개마을, 낙안읍성 마을 등이 있다. 머지않아 외암마을도 이들과 어깨를 나란히 할 것으로 예상하고 있다. 외암마을은 약 500년 전에 강씨, 목씨 등이 살았다고 전하며, 조선 명종 때 예안 이씨가 이주해 와서 정착하면서부터 조선시대 양반촌의 면모를 갖추게 되었다.

외암마을에는 종가, 사당과 묘역, 정려와 송덕비, 정자 등 유교적 문화경관을 구성하는 건축물들이 많이 남아 있으며, 장승과 솟대, 당산목, 산신당, 마을 숲 등 민간신앙적 요소들도 곳곳에 존재한다. 약화되기는 했어도 조상숭배 의례, 공동체 농경문화 및 생태환경의 보존 등 유·무형의 생활문화도 전승되고 있다.

현재 이 마을에는 건재고택(영암댁), 참판댁, 송화댁 등의 양반주택과 50여 채의 초가 등 크고 작은 옛집들이 상당 부분 원래 모습으로 유존하고

▲ 동구의 장승

▲ 외암마을

있다. 자연석으로 쌓은 돌담과 골목길 주변 거목들이 마을 경관을 고풍스럽게 한다. 지금도 초가지붕 잇는 전통기술 및 주민 공동체 민속놀이가 마을 주민들에 의해 전승되고 있다.

　외암마을의 공간구조와 살림집은 조선시대에 유교가 지향하는 가치관이 민간에 정착하는 과정을 잘 보여준다는 점에서 보존 가치가 크다. 그러나 시대 변화의 흐름은 거역할 수 없는지 과거에 중요한 역할을 했던 예안 이씨의 종족 집단 대신 지금은 국가와 지방자치단체, 그리고 마을보존회와 주민 등 다양한 주체들이 경관보존 또는 개발이라는 상이한 입장에서 마을 정비 계획을 제시하고 있는 상황이다.

건재고택

　외암마을 중심부에 자리 잡고 있는 옛집으로 '영암집'으로도 불린다. 국가민속문화재 제233호. 1800년대 후기에 건립된 반가로서, 건재 이상익

▲ 건재고택

(1848~1897)이 현재의 모습으로 지었다. '영암집'이라고 불리는 것은 건재가 전라도 영암군수를 지낸 바 있었기 때문이다. 문간채·사랑채·안채를 주축으로 하여, 안채의 오른쪽에 나무광·왼쪽에 곳간채·안채 뒷편 오른쪽에는 가묘(家廟)를 배치했다. 안채와 사랑채는 'ㄱ'자형 집으로 마주하여 튼 'ㅁ'자형을 이루고 있다. 사랑채 앞 넓은 마당은 연못과 정자 등으로 구성된 정원으로 꾸며져 있다.

사위였던 추사 김정희 선생이 썼다고 알려진 현판이 지금도 볼만하다. 그런데 외암마을의 대표적 문화재이자 빼어난 건축미와 정원을 자랑하는 이 고택이 7년여 동안 일반인들의 출입이 자유롭지 못한 상태로 있었다. 빚 문제, 경매 등 소유권에 얽힌 여러 가지 문제들 때문이었다. 그러나 다행히도 2019년 3월 아산시가 땅과 건물을 사들이면서 자유로운 관람이 가능하게 되었다.

▲ 참판댁 대문간채

참판댁

외암마을 동쪽 지역에 위치하고 있다. 국가민속문화재 제195호. 참판댁은 동남향인 큰집과 서남향한 작은집이 담장을 사이에 두고 이웃하여 다른 구역을 이루고 있는 것이 특징이다. 19세기 말 규장각의 직학사와 참판을 지낸 이정렬이 고종으로부터 하사 받아 지은 집이라 한다.

큰집의 사당과 작은집의 대문채, 사당은 20세기 초에 건립한 것으로 알려져 있다. 동남향으로 자리 잡은 큰집은 솟을대문을 낸 '一'자형 대문간채 안에 'ㄴ'자형의 사랑채와 곳간채가 'ㄱ'자형의 안채와 안마당을 감싸면서 튼 'ㅁ'자형을 이룬다. 대문간채는 사랑채가 정면으로 보이지 않도록 약간 서쪽으로 틀어져 있다.

아산 즐기기

소나무집 한정식

한정식 상차림이 깔끔하고 찬이 제맛을 낸다. 소나무 뜰과 고풍스런 실내 장식이 품격을 돋우어 선비가 된 기분이다. 마당 수많은 장독 항아리들은 맛에 신뢰도를 높인다.

충남 아산시 충무로 97번길 16(권곡동 443-140) 아산고등학교 후문 앞
041-547-9598
주요 음식 : 한정식, 영양밥정식, 비빔밥

반찬 일습이 먼저 차려지고 불고기와 된장찌개, 다음 무쇠솥밥이 차례로 나온다. 한정식의 소박한 품위가 드러나는, 전통문양이 있는 하얀 그릇에 담겨서 정갈한 선비 느낌을 준다.

가마솥에 지은 잡곡밥에서부터 정성이 감지된다. 온갖 좋은 재료를 다 써서 지

▲ 영양밥정식

은 밥에는 콩, 흑미, 찹쌀, 해바라기씨, 호박씨, 고구마, 우엉 등등의 잡곡 및 재료가 절기에 맞게 들어간다. 멥쌀은 '아산맑은쌀'이다. 제 고장 식품을 이용하는 것은 신토불이의 시작이다.

찬 하나하나가 제맛이 느껴진다. 불고기, 된장찌개, 잡채, 삼합 등 주요 음식이 기대에 어긋나지 않는다. 한식은 정성이 받쳐지지 않은 음식이라면 금방 드러나서 먹는 사람은 홀대받는 기분이 들기 쉽다.

이집 음식은 묵은 정성이 들어 있어 대접받는 기분으로 먹을 수 있다.

도토리묵무침 등이 신선한 맛을 내며, 방풍나물찜이 청량하다. 삼합의 김치는 이 요리를 위해 얼마나 준비했는지가 보인다. 오리훈제무침도 탱탱한 맛이어서 좋다.

김치 맛을 보면 음식 맛의 절반 이상을 알 수 있다. 김치는 기본찬이지만 손이 많이 가면서도 제맛 내기가 어려운 데다 차려놓아도 화려한 장식 효과는 기대하기 어려우므로 상차림에서 소홀해지기 십상인 음식이다. 그러나 그런 김치가 제맛을 못내면 다른 요리가 아무리 화려해도 밥상이 신뢰를 얻기 어렵다. 적당량의 젓갈이 어우러져 제맛을 내는 김치가 밥상을 신뢰하게 한다.

오랜 경력의 시어머니의 솜씨와 소나무집의 며느리 솜씨가 만나 맛이 넓어지고 깊어졌다. 식당 뜰 안의 수많은 장독 항아리들이 대를 이은 이들의 음식에 대한 탐구와 노력을 말해준다.

아산은 이래저래 전통적인 분위기가 짙은 동네다. 외암민속마을, 이순신의 현충사 외에도 맹사성 고택 등 풍부한 전통유산이 있다. 유명 전통 유적의 전통 아산의 성가는 전통 음식점이 받쳐주어야 더 빛이 난다.

손이 많이 가고 민감한 한정식은 뒤에 숨은 노고가 너무 커서 차리는 정성을 아무리 평가해도 지나치지 않다. 지역사회에서 전통 도시답게 이런 노고가 제대로 대접받는 날이 오기를 고대한다. 아울러 이런 정성이 아산으로 그치지 않고 이웃 예산과 민속벨트를 만들어 그 존재가치를 확대해나가기를 바란다.

연춘 장어구이

▲ 장어구이

우선 오랜 역사가 돋보이는 집. 80년이 넘은 연륜에 우선 압도된다. 단촐하고 깔끔한 음식이 청렬감(淸冽感)이 돋아 느끼한 장어를 잘 보좌한다. 독점하고 있는 신정호의 풍광도 압권이다. 시래기장어탕도, 닭구이도 먹을 만하다.

충남 아산시 신정호길 67(득산동 15-1)
041-545-2866
주요 음식 : 장어구이

신정호 위에서 배를 타고 먹는 듯한 착각을 일으킬 만큼 호수가 바로 아래에 있어 일렁이는 물의 기운을 느끼며 먹을 수 있다. 물 위에 떠서 오롯이 장어를 즐기는 것은 신선놀음, 삶의 여유가 고마울 뿐이다.

장어 양념구이는 신선한 장어에 맵지도 달지도 짜지도 않게 적절한 양념에 불맛이 먹기 안성맞춤이다. 소금구이도 짜지 않게 노릿하게 구워낸 솜씨가 프로의 솜씨를 보여준다.

장어의 느끼한 맛을 덜어주고 청량하게 먹을 수 있는 곁반찬을 다 동원하였다. 충남 지역 특유의 무장아찌에다 배추싱건지, 마늘줄기김치에 묵은 백김치에 파래국까지, 모두 장어를 개운하고 다양하게 즐기게 해준다.

젓갈이 적게 들어간 김치가 사각거리게 익어 치감이 좋다. 여린 배추를 삶아 무친 숙지나물도 먹을 만하다. 된장찌개는 냉이를 넣어 봄 냄새가 난다. 국물에 담긴 냉이 맛, 깊은 된장 맛이 짜지 않아 편하게 먹을 수 있다.

장어 외에 닭구이와 닭볶음탕도 많이 찾는 메뉴이다. 닭볶음탕보다 닭구이가 더 먹을 만하다. 사실 이 집은 닭구이로 시작한 집이다. 간장양념 약간 단맛의 고기를 살짝 구워 불맛을 입혔다. 맥주를 더하면 금상첨화다. 시래기 장어탕은 식당 연륜과 비례하는 깊은 맛이다. 놓치기 아까운 음식이다.

음식은 분위기로도 먹는다. 분위기 맛에 비중을 둔다면 이 이상의 선택이 없을 정도다.「합강정선유가(合江亭船遊歌)」가 생각나는 아름다운 풍광을 자랑한다. 아름다운 식당으로 이 이상의 식당이 드물 것이다. 신정호를 바짝 끼고는 다른 식당이 없다. 들리는 말로는 일제 때부터 영업을 하던 집이라 계속 영업이 가능하다 한다. 아

▲ 닭구이

▲ 신정호

닌 게 아니라 신정호수 물에 손을 씻을 수 있는 식당은 이 집이 유일하다.

『일간스포츠』 1987년 10월 26일자에는 1930년부터 시작된 오래된 음식점으로 소개하였고, 주요리는 닭구이라고 하였다. 2012년에 한식재단에서 출간한 『한국인이 사랑하는 오래된 한식당』에도 소개되어 있다. 3대째 영업을 하고 있다 하니 좋은 가업을 물려받는 커다란 행운을 누리고 있는 셈이다. 맛도 영업 능력도 잘 승계하여 식당을 잘 꾸리고 있다.

풍광에 역사에 맛까지 갖춘 것은 주인의 행운을 넘어 손님의 행운일 것이다. 다행히 음식이 경륜만큼 맛있으니 손님의 행운이 더 크다고 할 수 있지 않을까.

신정호는 식당에 앉아서 바라볼 수도 있지만 호수를 끼고 한 바퀴 돌 수 있는 산책길을 따라 걷는 것도 좋다. 간간이 정자와 작은 연못도 있어 쉴 곳도 풍광도 그만이다. 식후 산책은 식당이 건네는 선물이다. 음식 찾아올 만한 식당, 풍광 찾아올 만한 식당이다. 미슐랭 식이면 별 3개를 줘야 할 곳이다.

예산

禮山

봉산면
고덕면
신임면
● 추사 고택
● 남연군 묘
삽교읍
오가면
예산읍
덕산면
● 예산군청
대술면
● 수덕사
응봉면
대흥면
신양면
● 임존성
예당저수지
광시면

▲ 예당저수지 출렁다리

충청남도 중북쪽에 있다. 동부와 서부는 산지를 이루며, 중앙부에는 넓은 평야가 형성되어 있다. 삽교천(揷橋川)과 무한천(無限川) 유역이 넓고 기름지다. 임존성(任存城)은 백제 멸망 후 백제 부흥 운동의 근거지가 되었으며, 왕건(王建)과 견훤(甄萱)의 격전지였다. 수덕사(修德寺)가 큰 절이다. 김정희(金正喜)가 살던 집 추사고택(秋史古宅)이 있다. 한국고건축박물관에 고건축 모형과 연장이 전시되어 있다. 예당(禮唐)저수지는 아주 넓고, 관광지가 조성되어 있다.

예산 알기

예산을 읊은 한시

예산으로 가는 길에(禮山途中)　　　　　　　　　양경우(梁慶遇)

넓은 들판에는 햇빛이 저물고,	野闊留殘景
어두운 산에는 연기가 올라온다.	山昏起燒煙
강의 조수가 봄 언덕 치고,	江潮春破岸
나그네 길은 밭을 침식한다.	客路日侵田
물가 모래 오리들 요란하고,	浴罷沙鳧鬧
밭 갈던 소는 언덕에서 잔다.	耕餘隴犢眠
마을의 객점에 투숙하려고,	欲投村店宿
멀리 살구꽃 가를 바라본다.	遙望杏花邊

● 조선 중기의 시인이 이런 시를 남겼다. 예산이 평화로운 곳이어서 나그네의 마음을 흐뭇하게 했다. 오늘날도 그리 달라지지 않았다.

예산(禮山)　　　　　　　　　　　　　　　　김정희(金正喜)

예산은 근엄하다 팔짱을 낀 듯	禮山儼若拱

인산은 고요하여 조는 것 같네.	仁山靜如眠
뭇 사람이 보는 바는 같다지만,	衆人所同眺
특히 신명 나는 곳이 있다오.	獨有神往邊
가물가물 조각 난 노을 밖이요,	渺渺斷霞外
아득아득 외론 새 나는 앞이네.	依依孤鳥前
너른 벌판 참으로 기쁘고,	廣原固可喜
좋은 바람 또한 흐뭇하다.	善風亦欣然
벼가 자라 논둑을 묻어버리니,	長禾埋畦畛
모두 한 사람이 논 같아라.	平若一人田
게딱지 집들은 바다로 이어지고,	蟹屋連渙灣
메뚜기 비는 기러기 안개와 섞이네.	蝱雨襍雁煙
가을 맞은 버들 서너 가닥	秋柳三四行
파리하게 길 먼지를 덮어썼네.	鮹悴蒙行塵
그림 그릴 뜻 흩날리게 갖추자,	紛紛具畫意
저녁 빛이 먼 하늘에서 담담하다.	夕景澹遠天

● 조선 후기의 명필이 자기 고장 예산을 이렇게 말했다. 예리하게 관찰한 것들을 기발하게 표현해 김정희의 글씨 추사체(秋史體)를 보는 듯하다.

물에 떠내려온 산, 국사봉

옛날 천지가 창조되던 때의 일이다. 무한천변인 벼룩부리에서 한 노파가 빨래를 하고 있었는데, 상류로부터 산 하나가 둥실둥실 떠내려오더니 빨래터 앞에 와서 닿았다. 할머니는 이거 귀찮은 것이 왔군. 하고는 빨래 방망이로 밀어냈다. 산은 둥실둥실 쭉 밀려가더니 대안에 가서 멈췄다. 이 산이 바로 오늘의 예산군 오가면 신장리에 있는 국시봉이라고 한다.

● 산이 이동하다가 여자가 보고 말하자 멈춘 것이 천지 창조 때의 일이라고 했다.

▲ 덕숭산 부처

수덕사에 얽힌 전설

(가) 수덕사(修德寺)를 지은 내역이 전설로 전한다. 옛날 이 고을에 수덕(修德) 도령과 덕숭(德崇) 낭자가 살고 있었다. 수덕 도령이 덕숭 낭자를 사랑해 청혼했다. 낭자는 절을 지어주면 허혼하겠다고 했다. 도령은 한 달 만에 절을 완성했으나, 절을 짓는 동안 생각한 것은 부처님이 아니라 덕숭 낭자뿐이었다. 절은 완성되자마자 불타버리고 말았다. 두 번째 지은 절도 마찬가지였다. 세 번째는 오직 부처님만을 생각하며 절을 지었더니 온전했다. 그래서 도령과 낭자는 혼인을 하고 첫날밤을 맞이했다. 그런데 도령이 욕정을 발휘하려는 순간 뇌성벽력이 울리며 낭자가 사라졌다. 도령은 낭자의 버선 한 짝을 쥔 채 바위가 되어버렸다.

(나) 수덕사가 있던 자리에 초가삼간을 짓고 천하일색 미인이 살고 있었다. 많은 사람이 찾아와 보려고 했는데, 이름난 부자도 있었다.

그런데 미인은 얼굴에 수심이 가득했다. 부자가 무슨 까닭으로 수심이 가득한지 물으니 그 자리에 절을 크게 짓고 싶은 소원을 이루지 못하기 때문이라고 했다. 부자가 절을 크게 지을 터이니, 자기 소원도 들어달라고 했다. 무슨 소원이냐고 미인이 물으니 미인과 같이 사는 것이 소원이라고

▲ 수덕사 대웅전

▲덕숭산 수덕사 입구

했다. 미인이 절을 다 지으면 그 소원을 들어주겠다고 했다.

부자가 절을 다 짓고 부처님을 모셔놓자 미인은 부자에게 방에 들어오라고 하고 자기는 뒷문을 열고 나갔다. 부자가 잡으려고 하니 버선 한 짝만 남겨놓고 바위 속으로 사라졌다. 이튿날 다시 가보니, 바위에 버선 모양의 꽃이 피어 있었다.

그 미인은 관세음보살이었다. 미인으로 변신해 부자가 수덕사를 짓도록 하고 사라졌다. 보살이 버선을 벗어놓고 사라진 바위를 버선바위라고 한다.

● 남녀의 애정에 매이지 말고 부처를 따르라는 가르침을 예상을 넘어서서 충격을 주는 방식으로 나타냈다. 이야기를 소설처럼 길게 하면 긴장이 와해되고, 설명을 붙이면 김이 새는 단형 설화 특유의 방식을 최대한 활용했다. (가)가 너무 추상적이라고 생각해서 사건을 알기 쉽고 흥미롭게 꾸며 (나)를 만들었다. 이런 이야기를 모르고 수덕사에 가는 사람은 헛것만을 본다.

충남문화 찾아가기

오뉘 힘내기와 어머니의 후회

옛날 한 집안에 길동이와 묘순이라는 힘이 센 두 남매가 살았다. 둘은 힘자랑을 하면서 서로 경쟁했다. 어머니의 제의에 따라 내기를 하기로 했다. 길동이는 무거운 쇠나막신을 신고 서울을 다녀오고, 묘순이는 돌을 날라 성을 쌓기로 했다. 지는 사람은 죽기로 했다.

묘순이가 성을 다 쌓아가는데 길동이는 보이지 않았다. 어머니는 콩밥을 해서 묘순이보고 먹고 하라고 했다. 묘순이가 콩밥을 거의 다 먹었을 때 길동이가 길을 내려오고 있었다. 묘순이는 밥그릇을 내던지고 마지막 하나 남은 큰 돌을 치마에 안고 산을 오르다가 발을 헛디뎌 그 돌에 깔려 죽고 말았다.

그래서 내기는 길동이가 이겼다. 어머니는 슬퍼하면서 묘순이를 성벽 쌓던 곳에 파묻었다. 지금도 묘순이 바위에 가서 돌로 이 바위를 두드리며 "묘순아, 콩밥이 원수지?" 하고 부르면 묘순이가 "네~" 하고 대답을 한다고 한다.

● 오뉘 힘내기가 이처럼 어머니의 방해로 누이의 패배로 끝나는 것이 상례이다. 여기서는 어머니가 잘못을 뉘우치는 것이 특이하다.

월선헌

신계영(辛啓榮, 1577~1669)은 난후에 일본에 가는 사신의 임무를 맡고, 다시 청나라에도 가서 양쪽에서 모두 포로로 잡혀간 사람들을 데리고 왔다. 호조참판까지 이른 관직을 사임하고 1655년(효종 6)에 잠시 공주 서쪽

내포(內浦)로 물러났을 때 「월선헌십육경가(月先軒十六景歌)」를 지었다. 열여섯 곳의 아름다운 경치를 하나씩 들어 노래하고, "초당(草堂) 연월(煙月)에 시름없이 누어 있어/ 촌주(村酒) 강어(江魚)로 종일 취(醉)를 원하노라"는 말로 결말을 삼았다. 거기다 "이놈이 이러꿈도 역군은(亦君恩)이샷다"는 말을 덧붙였다. 전란의 참상을 아주 잊고 은일가사의 전형을 다시 보여 주었다.

추사 김정희가 태어난 곳

신암면 용궁리에 추사고택(秋史故宅)이 있다. 추사(秋史) 김정희(金正喜)가 태어나던 날 고택 뒤뜰에 있는 우물물이 갑자기 말라버렸고, 뒷산인 용산과 그 조산이 되는 팔봉산 초목이 모두 시들었다고 한다. 그러다가 추사가 태어난 뒤에 물이 다시 샘솟고 풀과 나무가 생기를 회복하였다는 전설이다. 그래서 인근 사람들은 추사가 팔봉산 정기를 받고 태어났다고 믿었다.

● 큰 인물은 주변 산천정기를 타고 태어난다고 한다. 사람이 스스로 위대한 것은 아니다. 산천정기가 위대한 것의 근원이다.

흥선대원군과 남연군 묘

나중에 대원군(大院君)이 된 흥선군(興君)이 경기도 연천에 있는 부친 남연군(南延君)의 묘를 옮기기로 작정하고 유명한 지사 정만영에게 자리를 잡아달라고 했다.

정만영이 말했다. "충청도 덕산 땅에 이대천자지지(二代天子之地)와 만대영화지지(萬代榮華之地)가 있는데 어느 쪽을 원하십니까?" 홍선군은 왕권을 회복하려 하므로 이대천자지지를 원한다고 했다. 정만영이 말한 만대영화지지는 가야산 어딘가에 있다.

이대천자지지는 가야사 금탑이 있는 곳이었다. 가야사에 불을 지르고 금탑을 허물고 남연군 묘를 이장했다. 형들은 무서워하고 있는데, 막내인 홍선군이 나서서 천둥과 번개가 치는 것을 무릅쓰고 도끼로 금탑을 헐었다.

가야사에 불을 지르고 금탑을 헐고 남연군의 묘를 이장한 자리가 장손이 화를 당할 곳이라고 했다. 두 형은 홍선군이 섭정을 할 때 죽었다. 홍선군은 절을 불사르고 탑을 허문 악업을 씻기 위해 남연군 무덤 아래 보덕사라는 절을 지어 큰 아들 이름으로 시주했다.

홍선군이 이장 문제 때문에 갔다가 덕산면 용안리 윤씨네 종가집에 들른 일이 있었다. 종손이 홍선군이 간 뒤에 파락호가 앉았던 자리라고 해서 마루장을 뜯어내고 다시 놓게 했다. 고종이 왕위에 올라 홍선군이 대원군이 되자 윤씨네를 모두 쫓아냈다.

● 홍선대원군이 아버지 남연군의 묘를 좋은 데 이장하려고 무리한 짓을 한 이야기이다. 독일인 오페르트(Oppert, E.J.)가 그 묘를 도굴하려다가 실패하는 화를 입은 것까지는 이야기하지 않는다.

예산 보기

임금을 배출한 남연군 묘

충청남도 예산군 덕산면 상가리 가야산에 자리 잡은 조선 흥선대원군 이하응의 아버지 이구(李球, 1788~1822)의 묘이다. 충청남도기념물 제80호. 높은 언덕 위에 규모가 큰 반구형 봉분이 자리 잡고 있고, 주변에 장명등, 망주석 등 석물과 비석 등이 배치돼 있다. 원래 경기도 연천 남송정(南松亭)에 있던 것을 1846년 이곳으로 옮겨온 것인데, 이묘에는 풍수지리적인 이유가 크게 작용했다.

현재 위치는 풍수적으로 이대천자지지(二代天子之地)로 알려진 곳이다. 2대에 걸쳐 임금이 나오는 명당이라는 뜻이다. 풍수 연구가의 설명에 따르면, 청룡의 긴 산 끝이 계곡을 막고 그 안쪽으로 백호가 감겨 있으며, 웅장한 가야산이 임금 '제(帝)'자 모양으로 겹친 형국이라 한다. 대원군 당시 풍수 대가로 알려진 정만영이, "덕산 땅에 만 대를 거쳐 영화를 누릴 곳과 2대에 걸쳐 황제가 나올 자리가 있는데 부친의 묘를 이장하시라." 권하자 대원군은 귀가 솔깃하여 이곳으로 남연군 묘를 이장키로 마음먹었다. 그런데 이곳에는 이미 가야사라는 절이 있었고 봉분을 모셔야 할 자리에는 석탑이 있었다. 그러나 대원군은 개의치 않고 권력으로 절을 불사르고 석탑을 파괴한 뒤 그 자리에 연천의 부친 묘를 옮겨 온 것이다.

명당에 묘를 이전한 덕분인지 대원군은 아들을 하나 더 얻었는데 이름이 명복(命福)이다. 철종이 후사가 없어 가까운 종손인 명복이 1863년, 12세 나이로 왕위에 오르니 그가 고종황제. 아들이 황제가 되자 흥선대원군은 묘에서 약 2킬로미터 떨어진 곳에 보덕사를 지었다. 헐어낸 가야사를 배상한다는 의미로 지어준 것이다. 1868년(고종 5) 독일의 상인 오페르트 등이 이 묘를 도굴하는 사건이 발생했는데, 이것이 흥선대원군의 쇄국정책을 더욱 강화하는 빌미가 되었다.

추사고택과 화순옹주 홍문

충청남도 예산군 신암면 용궁리 용산 아랫자락에 자리 잡고 있다. 충청남도 유형문화재 제43호. 조선 후기 서예가이자 금석학자인 김정희(1786~1856)의 고택으로 18세기 중엽 증조부인 부마 김한신에 의해 창건되었다. 충청도 서해안 지방에서는 보기 드문 'ㅁ'자형 평면의 안채와 사랑채를 갖춘 조선 후기 상류 주택이다. 대지 위쪽인 서편에 안채, 대지 아래쪽인 동편에 사랑채가 배치돼 있는데, 안채 대청의 방향은 동향, 사랑채는 남향이다. 지금은 볼 수 없지만 여기서 한 단 더 낮은 곳에 중문과 곳간채가 있었고 그 아래편에 대문간을 포함한 바깥 행랑이 있었다고 한다.

김정희는 이곳에서 태어나 유년시절을 보냈고, 관직생활과 귀양살이 중간중간에 이곳에 머물기도 했다. 후손들의 세거지로 유지되어오다가 1968년 타인에게 매도되었다. 주인이 바뀌면서 생활 편의에 따라 많은 변조와 개조가 이루어졌고, 대문채가 헐리고 사랑채가 무너지는 등 변형이

▲ 추사고택 안채와 사랑채

심했다. 1976년 우리 역사상 중요 인물의 흔적을 보존한다는 취지 아래 보수·정비 계획이 정부에 의해 수립되었는데, 주된 사업은 고택을 비롯한 증조부 김한신과 화순옹주 합장 묘역, 정려홍패(旌閭紅牌)가 달린 묘막 건물, 그리고 고조부 김흥경과 추사 묘역 정비였다. 현재 예산군이 주최하는 '추사고택 문화체험 캠프'가 실시되고 있는데, 고택에 머물며 추사 선생의 삶과 예술을 배우는 프로그램으로 인기가 높다.

화순옹주 홍문은 김정희 유적지 안에 있다. 충청남도 유형문화재 제45호. 화순옹주의 정절을 기리는 열녀문이다. 추사 김정희의 증조할머니이자 조선 영조의 둘째 딸인 화순옹주는 남편인 김한신이 불행한 일로 38세 나이로 세상을 뜨자 크게 슬퍼하여 아버지 영조의 만류에도 불구하고 열흘 동안 식음을 전폐하다가 결국 숨지고 말았다. 영조는 화순옹주의 정절을 기리면서도 부왕의 뜻을 저버린 데 대한 아쉬운 감정 때문에 열녀문을 선뜻 내리지 않았다. 지금의 열녀문은 훗날 정조가 내린 것이다. 징려를

▲ 화순옹주 홍문

내릴 때 왕족임을 감안하여 '열녀화순옹주지문(烈女和順翁主之門)'이라 명
명하자는 신하들의 의견이 있었지만 정조는 지아비를 밝혀 '모관 모지처
모씨지문(某官某之妻某氏之門)'이라 쓰는 사가(私家)의 예를 따르도록 했다.

예산 즐기기

호반식당 붕어찜

붕어찜을 먹을 때 기대하는 물고기 맛과 시래기 맛이 다 들어 있다. 붕어찜은 이래야 돼, 이런 거야. 일반적 기대가 다 충족된다. 웬만한 솜씨 아니면 민물고기 요리는 부담스러운데, 그런 부담을 일거에 씻어준다.

충남 예산군 대흥면 예당로 848(상중리 250-1)
041-332-0121
주요 음식 : 민물고기매운탕

실한 참붕어와 맛있는 시래기가 가득 든 냄비가 입맛을 돋운다. 밑반찬도 정성이 감지된다.

참붕어를 주문하여선지 실한 붕어 4마리 이상이 올라왔다. 통통하고 살이 올라 붕어만으로도 요기가 된다. 옆 예당호 깨끗한

▲ 참붕어찜

물에서 잡아 올린 고기여서 안심하고 먹을 수 있다. 싱싱한 붕어는 비린내가 나지 않고, 쫄깃한 맛이 생선 육질을 가감없이 즐기게 한다. 고기 맛을 더 확실하게 즐기고 싶으면 참붕어를 주문할 것을 권한다.

보통 붕어찜은 고기도 고기지만 시래기에 더 기대를 건다. 그닥 질기지 않은 시래기에 맛이 깊이 배어 입이 호사하는 느낌이다. 붕어찜에는 새우도 넣어 국물에서 개운한 맛이 난다. 너무 맵지 않고 적당히 매운 맛이 회를 동하게 한다.

주메뉴인 물고기는 물론 기타 반찬 식재

료도 대부분 직접 공급한다. 시래기도 직접 만든다. 삶아서 물기를 빼 냉동했다가 사용한다. 말리지 않아 질기기보다 부드러운 느낌을 주고 혀에 감기는 맛을 느낄 수 있다.

무청무침도 고소한 맛이 좋다. 갓김치는 갓 올라온 새순으로 담근 것이다. 갓김치 맛이 신선하여 돌산 갓김치와는 다른 부드러운 맛을 낸다. 총각김치는 새우를 갈아넣어 낸 시원한 맛이 느껴진다.

남편은 민물고기를 잡아 오고, 잡은 물고기로 아내는 음식을 만들고, 시어머니는 텃밭에 농사를 지어서 식당 밑반찬 재료를 댄다. 부창부수(夫唱婦隨)에 모자 협업으로 온 식구가 동원된 보기 좋은 향토기업이다.

가족의 생산적이고 효율적인 협업 덕분에 손님은 신토불이에다 신선도와 청결도, 신뢰도까지 높은 음식을 안심하고 먹을 수 있으니 '누이 좋고 매부 좋고'다. 그것도 예당저수지의 깨끗한 물에서 잡은 고기이니 더 말해 무엇 하겠는가. 여기에 텃밭에서 직접 가꾼 채소를 내니 통으로 웰빙 음식만 먹는 셈이다. 집밥 같은 느낌, 이유 있음이 확인되었다.

할머니어죽 어죽

어죽과 메기조림 두 가지만 한다. 어죽이 간판 메뉴다. 어죽을 소박하게 양재기에 담아 내오고 찬은 최소한으로 단순하다. 어죽이 맛있다.

충남 예산군 응봉면 예당관광로 67(등촌리 260)
041-331-2800
주요 음식 : 어죽, 메기조림

그림 같은 예당저수지를 내려다보며 정겨운 어죽을 먹을 수 있다. 상은 소박하여 새참상 같은 모습이다. 막걸리를 한잔 반주하면 좋을 듯한 분위기, 게다가 손님이 주민 반, 유람객 반이어서 서로에게 좋은 손님으로 막걸리를 권하는 분위기다.

국수와 밥알이 함께한 어죽이 주메뉴다. 죽이지만 고추장이 듬뿍 들어 있고 맛도 제법 강하다. 민물고기를 갈아 만들었으니 비린내를 없애려는 조리 방법이다. 비린내 없이 깊은 맛이 나며, 죽의 농도도 묽지도 걸쭉하지도 않아 훌훌 넘겨가며 먹기 좋다. 한입에 묵은 솜씨임을 알 수 있다. 개운한 맛과 그 속에 잘게 담긴 민물고기 육질 느낌이 죽을 든든하게 만들어준다. 게다가 짜지 않아 좋다. 국수가 들어 있어 먹기가 지루하지 않다. 권하기에 족한 전문가 할머니 솜씨다. 49년 전통이라는 자랑이 빈말이 아니다.

열무지가 달지 않고 토속적인 맛이어서 어죽과 함께 먹기 좋다. 묵은 김치는 볶음이다. 느끼하지 않게 해줘 어죽과 잘 맞는다. 고추 오이 양파 등 야채가 시원한 맛을 낸다. 그래도 반찬이 좀 서운하다. 매운 어

▲ 어죽

▲ 예당저수지

죽이니 속을 좀 달랠 만한 곁반찬이 아쉽다. 전주 음식의 성가가 맛에도 있지만 푸진 인심에 더 큰 몫이 있다는 것을 알아주면 좋겠다.

어죽 솜씨만큼은 누구라도 불만을 말하기 어려울 것이다. 예당저수지를 앞마당 삼고 있어서 먹을 복에 볼 복까지도 누릴 수 있다. 거기다 동네 사랑방처럼 마을 사람들이 식당의 태반을 메우고 있어서 사람 냄새를 맡는 복까지 누릴 수 있다.

밥을 먹고 2층 베란다에 앉아 커피를 마시면서 내려다보는 저수지 풍광은 가슴까지 불어오는 바람이 된다. 식사를 막 마친 포만감으로 저수지 풍광을 안주 삼고 물 위로 불어오는 바람을 벗 삼으면 잠시 인간사 시름을 잊을 수 있다. 몸이 신선(新船)에 오른 듯 광활한 수면에 눈이 신선(新鮮)해지고 마음은 신선(神仙)이 된다.

어죽은 달랑 한 그릇이라 만만해 보이지만 쉽게 만들기 어려운 음식이다. 민물고기는 손질하기가 쉽지 않고, 비린내가 나기 쉽기 때문이다. 홍성 '만수무강', 무주 '금강식당' 등이 모두 어죽을 만드는 데 얼마나 많은 공과 숙련된 솜씨가 필요한지 보여준다.

어죽은 단일한 레시피가 아니다. 지역에 따라 물고기에 따라 만드는 법이 조금씩 다르다. 홍성과 예산은 국수를 넣었고, 무주는 쌀을 넣었다. 홍성은 거기에 수제비도 넣었다. 통일된 레시피가 없다는 것은 요리사가 직접 적당한 방법을 찾아야 한다는 말이다. 입맛과 솜씨를 다 갖추지 않고서는 불가능한 일이다.

할머니가 가진 솜씨와 따뜻하고 토속적인 식당 분위기가 어죽과 잘 맞는다. 어죽에 할머니 마케팅, 참 적절해 보인다. 이 식당은 참 많은 것을 갖추었다.

주변에는 저수지를 통째로 즐길 만한 커피숍이 많다. 저수지 이쁜 길을 걷다 보면 시간마다 품어 나오는 분수도 만난다. 예당저수지가 얼마나 아름다운지 말하는 것은 사족이다.

천안

天安

성환읍

입장면

직산읍　성거읍

위례산 ▲

성거산 ▲

북면

●천안시청　▲ 흑성산

병천면

광덕산 ▲

동면

목천읍

쌍용1동

풍세면

성남면　수신면

▲ 망경산

● 광덕사　광덕면

◀ 광덕사 호두나무사적지비

충청남도 북동쪽에 있다. 동부에는 덕유산(德裕山), 위례산(慰禮山), 서부에는 성거산(聖居山), 흑성산(黑城山), 남부에는 광덕산(廣德山), 망경산(望京山) 등의 여러 산이 있다. 안성천(安城川), 미호천(美湖川) 등의 하천이 흐르는 유역은 평야이다. 광덕사(廣德寺)가 오래된 절이다. 호두가 처음 전래되었다는 연유가 있어 천안호두과자가 생겨났다. 교통의 요지여서 도시가 발전한다. 대학이 많은 곳이며, 독립기념관이 있다. 병천면의 병천순대가 널리 알려졌다.

천안 알기

위례산에 얽힌 네 개의 이야기

(가) 입장면 호당리에는 백제군이 고구려군에게 패하고 울었다는 위례산이 있다. 위례산 둘레에는 지금도 옛날을 말해주는 듯이 백제의 성터가 남아 있다.

(나) 위례산 위에 용이 놀았다는 용샘이 있다. 이 용샘이 공주까지 뚫렸다고도 하고, 서해까지 이어졌다고도 한다. 지금은 흙으로 메워져서 바닥이 보이고 지름이 5미터 정도밖에 안 되는 조그마한 샘이지만, 아무리 가물어도 물이 마르지 않는다.

(다) 위례산 마루에는 전쟁 때 백제 임금의 화살막이를 했던 3미터 정도의 높은 돌이 꽂혀 있다. 동남쪽으로 내려오면 말구유로 쓰였다는 큰 돌이 두 쪽으로 깨어진 채 있다. 동쪽으로는 어느 장군이 시험하기 위하여 돌에 주먹질을 하여 주먹 모양으로 파진 바위가 있다. 어쨌든 전쟁과 관련이 많은 이 산에 또 하나의 기이한 전설이 전해오고 있다.

(라) 옛날 백제가 공주에 수도를 정하고 있을 무렵 어느 임금인지는 분명하지 않지만 날로 남침해 오는 고구려의 군사를 막기 위하여 왕은 이곳 위례산까지 와서 군사들의 사기를 높여주고 전쟁을 독려했다고 한다. 그런데 이때 백제의 임금은 용왕(龍王)의 아들이 사람으로 변신하여 온갖 재주를 다 지닌 분이었다.

왕이 이곳에 올 때는 용으로 화하여 공주에서 위례산 용샘까지 땅속 물줄기를 타고 단숨에 왔다고 한다. 그때 백제의 국경선은 이곳까지 밀려와 고구려 군대는 틈만 있으면 백제를 공격했다. 백제왕은 산마루에 화살막이를 큰 돌로 만들어 세우고 그곳에서 백제군을 지휘했다. 백제왕은 천연적으로 유리한 이곳의 지형을 이용하고 온갖 조화를 부려 고구려 군사들이 침입해 올 때마다 물리치고 승리를 거두었다. 그야말로 고구려 군사들은 날로 피를 흘리고 쓰러졌다. 수천 명이 넘게 죽어간 것이다. 고구려군은 그래도 계속 이 위례산을 쳐들어왔다. 그것은 고구려가 이곳을 점령하면 지금의 천안까지 고구려의 땅이 될 수 있기 때문이다.

고구려는 이곳에서 너무 많은 피를 흘려 그대로 물러설 수는 없었다. 고구려는 처음에는 500명씩 군사를 보내어 위례산을 공격했다. 그러나 아무리 많은 군사를 투입시켜도 고구려군은 계속 패하기만 했다. 백제군이 승리를 거듭하는 것은 두말할 것도 없이 백제 임금이 이곳까지 와서 여러 가지 조화를 부려 전쟁을 지휘했기 때문이었다.

백제 임금은 이처럼 날마다 새벽에는 용으로 변하여 공주에서 이곳 용샘으로 나와 전쟁을 지휘하고 밤에는 공주로 가서 낮에 하지 못한 정사를 살폈다. 그렇기 때문에 백제는 날로 강한 나라가 되고 있었다. 그간 두려웠던 고구려도 문제가 되지 않았다.

그러던 어느 날이었다. 이날도 백제왕은 새벽에 위례산으로 군사를 지휘하러 갔다. 왕실에서는 날마다 낮에는 어디론가 갔다가 밤에만 나타나는 임금을 이상하게 여겼다. 특히 불만이 많던 처남은 동생인 왕비에게 임금이 간 곳을 물었다. 아무것도 모르는 왕비는 자기 오빠에게 임금은 사람이 아니라 용이라는 말을 했다. 가뜩이나 왕을 못마땅하게 여기던 왕의 처남은 임금을 죽이기로 작정했다. 임금의 처남은 용이 좋아한다는 제비를 잡아 낚싯밥으로 만들어 가지고 임금이 용이 되었다가 사람이 되어 나오는 강가로 갔다.

마침 해가 지고 어둠이 강가에 내려앉기 시작했다. 임금이 돌아올 시간이었다. 왕의 처남은 낚시를 강물에 던져놓고 용이 와서 물기를 기다렸다. 백제의 임금은 용이 되어 공주로 되돌아오고 있었다. 하루 종일 산성에서 소리를 지르며 전쟁을 지휘한 까닭에 피로하고 시장기까지 느꼈다. 그때 마침 용이 가장 좋아하는 제비가 보였다. 너무나 배가 고팠기 때문에 얼른 그것을 물었다. 처남은 힘껏 낚싯대를 당겨 용을 낚았다. 용은 우성면 동대리 마을에 가서 떨어져 죽었다. 그 뒤 용이 썩는 냄새가 너무나 지독하여 이곳을 구린내라고 한다.

한편 용을 낚은 장소를 지금도 조룡대라고 전하며 임금이 죽은 이튿날 위례산 전투에서는 백제군이 패하고 말았다. 백제군은 무릎을 꿇고 통곡을 했다. 이처럼 싸움에서 지고 울었다 해서 이 산을 위례산이라 했다고 전한다.

● 위례산이 어떤 곳인지 간략하게 소개하기도 하고, 그곳에서 벌어진 백제와 고구려의 싸움을 백제 편에서 말하는 이야기를 길게 하기도 한다. 밤이면 용이 되어 전투를 지휘하던 백제왕을 처남이 간계를 써서 죽인 것을 애통해한다. 왕이 용이 되어 더 큰 힘을 발휘하지 못하고 어이없이 당

한 것은 무엇을 말하는가? 정도에서 벗어나 무리를 하면 약점이 생긴다는 말이 아닌가 한다. 비극을 자초했다는 것이 서양 고전극에서 볼 수 있는 바와 같다.

천안을 읊은 한시

천안 가는 길(天安途中)　　　　　　　　　　이승소(李承召)

솔솔 내리는 찬 비 새벽부터 이어지더니,	廉纖冷雨曉連明
점심때쯤 쓸쓸하게 진눈깨비로 변하네,	日午蕭蕭變玉霙
잠깐 사이 눈꽃 피어 먼 숲 나무 흐릿하고,	頃刻開花迷遠樹
어느덧 많이도 쌓여 앞길 온통 에워싼다.	須臾盈尺擁前程
바람 점점 거세지는데 나그네 옷은 얇고,	風威漸緊征衣薄
술의 힘은 아직 약해 소름이 돋아나네.	酒力猶微軫粟生
말이 발을 떨면서 쉽게 미끄러지다가,	馬足凌兢容易蹶
밤 깊어 객점에 들고서도 마음 놀란다.	夜深投館尙心驚

● 지금은 번잡한 도시인 천안이 예전에는 황량한 곳이었다. 눈 오는 날 고생스럽게 길을 가던 나그네의 모습을 되돌아보자.

목천(木川)　　　　　　　　　　　　　　　서거정(徐居正)

서원의 주연을 이른 아침에 파하고,	宴罷西原尙早朝
목성으로 돌아오는 길은 다시 멀고 멀구나.	木城歸路更迢遙
검은 산은 아득하며 구름이 절을 가렸고,	黑山漠漠雲遮寺
푸른 들 맑고 맑은 물이 다리를 두드리네.	綠野粼粼水拍橋
늙어가니 자못 벼슬 재미가 적은 줄 알고,	老去頗知官況少

술이 깨도 나그네의 시름은 없어지지 않네.	醒來無乃旅魂銷
해 저물어 공관에 드니 실내가 조용하고,	晚投公館簾櫳靜
떨어진 버들개지 날리는 꽃 모두가 적적하구나.	落絮飛花共寂寥

● 목천은 지금 천안시에 소속된 읍이지만, 예전에는 독립된 고을이었다. 조선 초기 시인이 목천에서 지방관 노릇을 하는 감회를 이렇게 노래했다.

천안 삼거리의 능수버들

고려 말 조선 초엽에 무신 유봉서는 낙향하여 경상도 함양에서 주경야독으로 세월을 보냈다. 왜적의 침입으로 처자를 잃고 능수라고 하는 어린 딸만 데리고 곤궁하게 지내고 있었다. 능수는 일곱 살의 아름답고 총명한 아이가 되었다.

유봉서는 왜적을 물리치라는 명령을 받고 능수를 데리고 전지로 가게 되었다. 천안 삼거리에 이르고 보니 임지에 도착할 날짜가 너무나 늦어, 능수를 두고 떠나야 했다. 버들 지팡이를 노변에 심으며 "이 나무가 무성하게 자라서 잎이 피면 나의 딸도 몸 성히 자라리라."라고 했다.

그 후 세월이 십수 년이 지나 세종대왕 때에 전라도 고부에서 선비 박현수가 과거를 보려고 상경 도중 삼거리에 이르러 어느 초라한 주막에서 손님을 접대하는 절세미인 유능수를 만나 뜻이 맞아 하루를 즐기고 결혼을 약속하고 떠나갔다. 십년공부가 헛되지 않아 장원급제하고 삼남 어사가 되어 가는 길에 삼거리에 들러 능수를 만나 백년가약을 맺었다.

한편 유봉서가 심어놓은 버들 지팡이는 무성하게 자라 잎이 피었다. 그 밑에서 흐느끼고 있는 능수의 삼단 같은 머리를 매만지던 박 어사는 생각하는 바 있어 못을 파고 창포를 심었다. 그리고 읊은 말이 민요가 되어 삼천리 방방곡곡에 알려졌다. "천안 삼거리 흥 능수야 버들아 흥 제멋에 겨워서 축 늘어졌구나 흥."

그 뒤 해마다 단오가 되면 옛날 능수를 상기하는 인근 주민들이 창포물에 머리를 감고, 능수버들에 그네를 매서 놀았다.

● 이름이 대단한 곳에 대단치 않은 전설이 전한다. 소문난 잔치에 먹을 것이 없는 격이다. 이름이 너무 나면 이야기를 지어내기 어렵다. 사람뿐만 아니라 다른 무엇도 과대평가는 독이다.

어룡리 용제

성환읍에서 평택 쪽을 향해 국도로 따라가다가 철길을 건너면 어룡리가 나온다. 이 마을은 그 형태가 용처럼 생겼다고 하는데 마을 뒤에는 수리조합이 있고 앞은 탁 트여 있다. 이 마을 냇물에 고기가 살다가 용이 되어서 승천했다고 해서 어룡리라고 한다.

해마다 정월 초사흗날 자정이 되면 안에 있는 공동우물에서 정제를 지낸다. 제관은 생기복덕을 가려서 제주 한 사람을 선정하고 이장, 새마을 지도자, 반장이 함께 참석하며, 다른 사람들은 참석할 수가 없다. 제관은 정월 초하루부터 제를 지내는 시간까지 일체 문밖 출입을 하지 못하고 사람들의 눈에 보여서는 안 된다. 집 안에서 근신하고 있어야 하며, 금줄은 샘과 동리의 길가와 제주 집 문전에 늘이며 동리의 입구에는 황토를 펴놓는다.

제수 비용은 대동회에서 정제비로 염출하며 제물은 돼지머리와 떡, 삼색실과, 탕을 쓰고 술은 제주집에서 조리술을 담아 사용한다. 전에는 소머리를 썼으나 요즈음에는 돼지머리를 쓴다. 제일이 되면 마을 안에 있는 공동우물을 깨끗이 청소하고 금줄을 띠어놓았으므로 아무도 사용하지 못하는데 제가 끝나고 나면 제주의 소지를 먼저 올리고 다음으로는 세대주의 소지를 고령자부터 나이순으로 올려준다.

다음 날 새벽 한 시쯤 정제가 끝나면 마을회관에 모여서 노인들께 먼저 음식을 드리고 모여서 먹는다. 이 마을에서는 제가 끝나면 밤, 대추 등을 우물에 집어넣는데 그것을 제일 먼저 건져다 먹으면 아들을 낳는다고 하여서 부녀자들이 서로 먼저 물을 뜨려고 한다.

● 이 마을은 용제를 지내는 절차를 제대로 이어오고 있다. 용은 비를 관장해 농사를 좌우한다고 믿고 정성껏 섬기는 것이 마땅한데, 다른 곳들에서는 갖가지 이야기에 등장시켜 욕을 보이니 진노하지 않을 수 없다.

천안의 여러 가지 바위

목천읍 남화리 동쪽의 백호부리에는 마치 고양이가 입을 벌리고 있는 것 같은 형상의 고양이바위가 서 있다. 옛날 이 마을에 살던 심술쟁이가 마을을 망하게 할 심산으로 거짓으로 승려 행세를 하며 고양이바위를 깨뜨려버렸는데, 곧 마을에는 질병이 크게 번져 쑥대밭이 될 지경이 되었다. 그때서야 심술쟁이는 자기의 잘못을 깨닫고 깨진 바위에 회를 발라 다시 붙였는데, 이후로 마을에 질병이 없어지고 평안하여졌다고 한다.

● 고양이바위가 사람의 놀림감이 되었는데 영험하다고 할 수 있는가?

병천면 도원리에 있는 미륵당 부근에는 큰 바위가 우뚝 서 있다. 이 바위가 입바위이다. 그 아래에 북두칠성처럼 생긴 칠성바위가 있다. 이 입바위는 옛날 과거에 급제를 하였지만 종의 신분이라 하여 오히려 죽임을 당한 사람의 화신이며, 칠성바위는 그 사람의 일곱 아들이라는 이야기가 전한다.

● 입바위가 과거에 급제를 하였지만 종의 신분이라 하여 오히려 죽임을 당한 사람이라고 하는 말을 누가 어떻게 해서 지어냈는가? 자기 처지를 비관한 사람이 과거 급제를 염원하고, 죽임을 당할까 염려하는 마음을 바위에다 갖다 얹었다고 생각된다.

천안 즐기기

송연 한정식

깔끔하고 품위 있는 한옥의 독립된 방에서 여유 있게 식사를 즐길 수 있다. 시차를 두고 제공되는 음식을 음미하며 담소할 수 있어서 어려운 손님과 함께하기에도 좋다. 상견례, 돌잔치, 칠순 잔치 등 잔치 음식을 주로 하나 비교적 저렴한 한정식메뉴에도 충분히 푸짐한 음식이 제공된다.

충남 천안 동남구 양지말 1길 11-4(유량동 157)
041-554-2330
주요 음식 : 한정식

요리가 코스에 따라 나온다. 먼저 호박죽이 나오고 이후 찬 요리, 따뜻한 주요리와 밥과 국, 이어 후식 순으로 나온다. 굴과 연어회가 신선하다. 샐러드, 새우가 제맛을 내며, 연어야채쌈이 특별하다. 맛도

좋지만 접시에 담긴 모양새도 아름답고 우아하다. 식재료와 어울리는 접시가 맛과 격을 높인다.

미역국, 탕평채 맛이 깔끔하다. 낙지볶음, 돼지고기구이가 적절하게 조리되어 입맛을 돋운다. 수수부꾸미, 약밥은 쫀득쫀득한 맛으로 화려한 부식이 된다. 요리 코스가 끝나면 밥반찬이 된장국과 함께 나온다. 반찬류는 집밥처럼 수수하고 감칠맛이 있다. 된장국이 맛있다.

음식의 종류나 차림 방식은 일종의 퓨전 한정식, 전체 상차림도 공간형이 아니

라 시간형 상차림이다. 우리식 상차림은 한꺼번에 상 위에 모두 늘어놓고 혼자 먹는 외상차림의 공간형이다. 『춘향전』에서 어사가 된 이몽룡은 폐포파립으로도 외상을 받는다. 경우에 따라 겸상을 하기도 하지만 기본은 외상이다. 접빈객을 많이 하는 양반가에서는 1인용 소반을 수십 개씩 갖춰두고 손을 맞았다. 1900년대 이후 여럿이 함께 먹는 두레상을 병용하기 시작했다. 상도 교자상, 두레반으로 바뀌었는데, 다시 식탁으로 바뀌면서 가족 중심의 두레상으로 정착했다.

서양 음식문화의 대표 격인 프랑스는 이탈리아 메디치가의 음식문화를 받아들인 이후 식탁 예절을 완성한다. 따뜻하게 먹을 수 있도록 시차를 두어 상에 올리는 문화가 이때 완성되는데 물론 이런 상차림은 귀족들을 위한 것이다. 전용 요리사와 하인들의 서비스로 오랫동안 식사를 즐기는 미식 문화의 유행과 궤를 같이한다.

시간형 상차림과 어울리는 긴 대화, 서양 문화가 한식과 혼합되었다. 일본은 지금까지 외상이다. 식당에서는 일행이라도 쟁반으로 구분해서 따로따로 1인용 외상을 차리는 원칙을 지킨다. 공동체보다 개인 중심인 문화의 단면이라고 할 수 있다. 공동체 문화와 한식을 연계하고, 미식가 문화와 식사 향유의 여유를 찾는 우리만의 새로운 풍속도다. 새로운 문화를 수용해서 우리 문화와 접목시키는 융통성이 우리의 문화 수용 방식이다.

식당 뒤채의 메주가 인상적이다. 직접 장류를 담가 맛을 내는 것을 알 수 있다. 음식 맛은 전통에 확실히 기대고 있다.

조금 단순화한 점심은 훨씬 저렴하게 먹을 수 있다. 역시 정성이 담겨 있고 상당히 다양한 음식이 제공되어 부담 없는 가격에 한정식을 즐길 수 있다. 모두 예약이 필요하다. 마당 앞의 너른 공간이 주차장이어서 주차 걱정도 없다.

가까운 곳에 리각미술관이 있어서 전시를 보고 커피를 마시면 하루 일정이 화려하다. 미술관 안의 커피숍은 일대를 내려다보는 전망이 그만이다. 맛있고 아름다운 음식과 한옥 식당에다 미술, 전망, 커피가 골고루 갖추어져 있으니 멀리서도 와서 즐길 만하지 않은가.

마실 한정식

대중적인 가격에 다양한 한식 상차림이 예비되어 있다. 음식과 차림이 전통와 현대를 혼합한 소위 퓨전이다. 대중적 공감을 얻었는지 때도 없이 밀려드는 손님에 연일 문전성시다. 한식의 대중화를 선도하고 있다.

▲ 떡갈비

충남 천안시 서북구 월봉1길 50-1(쌍용2동 1736)
041-571-7007
주요 음식 : 한정식

음식은 크게 두 차례로 나누어 나온다. 먼저 요리상, 다음 밥반찬이다. 첫상에 오르는 요리는 흰죽과 함께 녹두빈대떡, 갈비찜, 오징어먹물잡채, 소고기과일냉채, 생선튀김, 야채샐러드, 연어회쌈 등이다. 소고기과일냉채는 배와 귤을 소고기편육과 함께 겨자양념에 무쳐서 나와 식재료가 새로운 조합으로 어우러져 신선한 맛을 낸다. 오징어먹물잡채는 따뜻하면서 감칠맛이 난다. 거기다 보쌈, 갈비찜 등이 나온

다. 떡갈비는 양파를 깔아 인덕션에 잠시 다시 구워준다. 냄새 없이 부드러운 고기 맛이 좋다.

시금치된장찌개는 인덕션에 끓이도록 시금치와 두부가 생으로 나온다. 게가 한 조각 들어 있어 국물 맛을 낸다. 인덕션이 평면의 식탁 안에 설치되어 있어 상차림을 편안하게 하면서 끓이는 데 부담을 줄인다. 새로운 시스템이 식탁도 깔끔하고 차림도 효율적으로 만든다. 잡곡밥은 솥에 통째로 나온다. 밥을 푸고 물을 부어 놓은 밥을 인덕션에 끓여서 먹을 수 있다. 밥알은 탱글탱글 쫀득쫀득 입안에 감도는 맛이 좋다.

편리한 주차장이 구비되어 있다. 예약이 필요하다. 커피숍과 전통찻집이 이웃해 있어서 식후정담도 가능하다.

한정식은 먹는 사람만 즐거운 요리다. 다양하고 맛있고, 입에 맞는 식재료인 데다 집에서는 못 먹는 진수성찬이니 먹는 사람이 즐겁다. 만드는 사람은 다양한 음식을 준비해야 하고, 서빙하는 사람은 실수 없이 때맞춰 그 많은 찬을 조리법에 따라 상에 올려야 한다. 거기다 언제나 빽빽한 손님들 속을 누벼야 한다. 한정식만큼 상차리기 복잡한 메뉴도 없을 것이다. 그러니 요리사도 종업원도 힘들다. 그런데도 매우 효율적으로 돌아가고 착오가 별로 없으니 놀랍다.

프랑스 요리의 대부라는 에스코피에는 수천 가지 요리를 창조한 요리사지만 효율적 조리와 운영을 위하여 조리 동선과 흐름을 고안하였고, 손님 주문에서 주방 전달까지 서빙의 흐름도 개발하였다. 요리가 제값을 평가받는 데 필요한 지원체계이기 때문이다. 1920년 레지옹도뇌르 훈장까지 받은 것은 요리 전반에 대한 구조적 인식의 결과이기도 하다.

요리를 잘하는 것은 필수적이지만, 요리와 서비스에 인력을 집중시켜 낭비시키지 않는 효율성이 요구된다. 더구나 한정식이라면 더욱 그러하다. 그 점에서 정면선생으로 부족함이 없다.

목천삼뱅이보리밥 비빔밥

보리밥이라지만 반찬을 따복따복 함께 먹는 맨밥으로보다 여러 야채와 비벼 비빔밥으로 먹기에 적절하다. 야채는 철마다 제철음식으로 바뀐다. 맛깔진 채식 선호하는 분이라면 맛있고 싱싱한 채소에 다시 오게 되는 집이다.

충남 천안시 동남구 공설시장2길 20-3 (문화동 52-1)
041-565-0873
주요 음식 : 보리밥비빔밥

메뉴는 보리밥 한 가지다. 35년 넘게 한 가지만 고집하며 해왔다. 여러 야채가 먹고도 남을 만큼 푸지게 나온다. 쌈장까지 허수룩한 건 하나 없이 싱싱하고 맛있다. 반찬은 절기에 따라 바뀐다. 이번에는 운 좋게도 울릉도 전호나물과 남도 방풍나물을 만났다. 어떤 때는 부지깽이나물도 만난다. 우거지들깨나물무침도 눈에 띈다. 우거지는 비빔밥을 부드럽게 해주고, 들깨 맛도 고소해서 고기 없이도 속이 부드럽다.

겉절이와 물김치가 맛을 잡아주는 중심이다. 물김치는 언제나 적절하게 약간 신맛이 막 들기 시작하는 지점에 있다. 비벼도 사각사각 제맛을 내며 감지된다. 겉절이는 싱싱하게 바로바로 무쳐 내와서 서슬 푸르게 살아 있는 맛이 좋다.

◀ 보리밥비빔밥

된장찌개가 짜지 않고 깊은 맛을 낸다. 냉이가 잔뜩 들어 된장과 섞인 향이 일품이다. 국으로 삼아 채소반찬을 하나하나 음미해가며 먹을 수도 있다. 된장찌개로만 비빈 비빔밥에도 회가 동한다. 고추장을 넣지 않아도 반찬들이 각기 제맛을 내므로 훌륭한 비빔밥이 된다. 푸성귀와 보리밥, 가난에 대한 아픈 추억이 있어도 여전히 그리운 전통이다.

대부분 주인아줌마가 단 손발로 준비하지만 헐한 구석이 없다. 다양한 나물 반찬을 제철 식재료로 또는 멀리서 공수해온 재료로 준비한다. 전주비빔밥과는 다른 나물비빔밥이다. 맛과 나물의 조화는 아줌마의 창조다. 전형적인 충청도 아줌마지만 맛감각만큼은 전국 어떤 전문가에게도 뒤지지 않는다. 거기다 체력을 아끼지 않는 성의와 음식 맛에 대한 자부심이 있다. 내 손에 만든 음식 먹고 가는 사람은 맛있게 먹어야 한다는. 한국 풀뿌리 식당은 이런 분들이 만들어내고 키워간다.

이런 정성과 솜씨를 사람들은 알아본다. 이후 몇 번 더 방문해보니 아니나 다를까, 만원 사례를 할 정도로 손님이 늘어 있다. 낭중지추(囊中之錐), 송곳은 언젠가는 주머니를 뚫고 나온다. 이것이 식당을 만들고 자리 잡고 발전해나가는 전형적인 방식이다. 지금은 동네 식당이지만, 이제 충청도 식당으로 나중에는 한국 식당으로 커 갈 것이다.

청양

青陽

운곡면

비봉면

● 청양군청

화성면　청양읍　대치면

정산면

장곡사 ●　▲ 칠갑산　목면

● 장승공원

남양면

장평면

청남면

▲ 장곡사 전경

　　충청남도 중앙부에 있다. 차령산맥의 여맥이 북동에서 남서로 뻗어, 칠갑산(七甲山)을 중간에 두고 남동부 정산 방면과 북서부 청양 방면으로 나누어진다. 금강(錦江)이 남동부를 흐르고, 여러 지류가 합류한다. 하천 유역은 넓은 평야이다. 칠갑산 장곡사(長谷寺)가 큰 절이다. 최익현(崔益鉉)이 이곳에서 의병을 일으켰다. 칠갑산은 구기자의 명산지이다. 〈칠갑산〉이라는 가요가 생겨난 곳이다. 청양고추의 원산지이다.

청양 알기

청양을 읊은 한시

청양에 이르러서(行次靑陽縣)　　　　　　　　정약용(丁若鏞)

청양의 관가 버들 길가 먼지 덮이고,　　　　　　靑陽官柳拂行塵

기러기떼 줄을 지어 해변에서 날아드네.　　　　霜雁相隨到海濱

시내의 새하얀 구름 새벽 햇살 받고,　　　　　　澹白溪雲依曉日

마을의 누런 나뭇잎은 새봄과 흡사하네.　　　　嫩黃村葉似新春

산 구경할 계획은 차츰 허사가 되고　　　　　　漸成瀌落看山計

서울로 떠난 사람은 머물지 못하겠구나.　　　　眞作棲遑去國人

아내는 깨를 털고 낭군은 벼 거두니,　　　　　　妻打胡麻郎穫稻

세상에서 말하는 호걸이란 농민이구나.　　　　世間豪傑是農民

● "산 구경(看山)"이란 무덤 자리를 찾는다는 말인 것 같다. 서울로 떠난 사람이 무덤 자리나 찾을까 하고 갔다가 열심히 일하는 농민 보기에 미안해 그만두고 돌아선다고 한다. 청양은 좋은 곳이어서 외지인이 함부로 끼어들 수 없다는 것을 알겠다.

장곡사에서 독서하다 늦게 금당에 오른다(讀書長谷寺晚登金堂)

김유(金楺)

금당 절에 이제 왔도다,	我來金堂寺
옛날부터 이름 있는 곳.	金堂自古名
겹쳐 갈라지고 푸른 대나무,	砌破蒼筠出
처마에서 일어나는 흰 구름.	簷虛白雲生
나그네 마음 한가하고 그윽한데,	客心閑更遠
산 돌 소리 저무니 더욱 맑구나.	山磬暮偏清
사랑스러운 오생의 필치가 있고,	最愛吳生筆
단청이 벽 가득 환하도다.	丹靑滿壁明
참선하는 방문 조용해 사랑스럽고	爲愛禪扉靜
경전을 지니니 뜻이 맑아지누나.	携經意轉清
저녁 처마에 하늘 퉁소 울리고,	夕簷虛籟動
쇠잔한 벽에는 불등이 밝구나.	殘壁佛燈明
나무는 삼한의 색을 띠고,	樹有三韓色

산은 만고의 소리를 머금었다.	山含萬古聲
밤을 지내도 아무 일 없어,	夜來無一事
베개에 의지해 샘물 소리 듣는다.	欹枕聽泉鳴

● "寺有吳道子所寫佛眞"(절에 오도자가 그린 그림이 있다)고 주를 달았다. 장곡사의 아름다운 모습, 그윽한 느낌을 즐기면서 마음을 맑고 깨끗하게 한 것이 부럽다.

칠갑산 전설과 노래

조선왕조 태조가 건강이 나빠져 어의에게 약을 구해 오라고 한 적 있다. 어의가 청양에 이르니, 사람들이 모두 건강하고 백세 노인도 일을 했다. 무슨 까닭이냐고 물으니 구기자를 먹는 덕분이라고 했다. 구기자를 구해 가서 약으로 쓰니 태조가 건강을 되찾았다. 청양까지 행차해 고마움을 치하하고 신선이 머무르는 고장 운곡(雲谷)이라고 고을 이름을 지어주었다.

● 청양 구기자 선전용 전설이다. 선전은 고금 공통의 상술이다. 지금 쓰는 글은 어떻게 선전해 사람을 모을까 구기자 선전 전설이 가르쳐주지 않는다. 상술을 독점하자는 것이 아니고 이야기가 너무 간략한 탓이다.

칠갑산

콩밭 매는 아낙네야
베적삼이 흠뻑 젖는다
무슨 설움 그리 많아

▲ 칠갑산 노래비

▲ 콩밭 매는 아낙네상

포기마다 눈물 심누나

홀어머니 두고 시집가던 날

칠갑산 산마루에

울어주던 산새 소리만

어린 가슴속을 태웠소

● 조운파 작사 작곡인 이 노래가 주병선 등 여러 가수가 불러 널리 알려졌다. 정산면 마치리에 칠갑사 노래공원을 만들고, 콩밭 매는 아낙네 동상을 세워놓았다. 카자흐스탄 알마티에 갔더니 고려인 여성합창단이 이 노래를 불렀다. 칠갑산이 어딘지 알려주려고 하니 잘 안다고 했다.

전국 최대의 장승공원

장곡사 입구에는 장승공원이 조성되어 있다. 1999년 칠갑산 장승문화축제를 개최하면서 조성한 전국 최대의 장승공원이다. 여기서 칠갑산 주변 마을에서 매년 정월 대보름을 전후해 10여 개 마을에서 장승제를 지낸다. 칠갑산 주변에는 대치리 한터마을을 비롯하여, 이화리, 대치리, 농소리, 정산면 용두리, 송학리, 천장리, 해남리, 대박리, 운곡면 위라리, 신대리 등에서 장승제가 전해지고 있다.

장승공원 안에는 장승체험관을 비롯하여 전국 최대의 천하대장군과 지하대장군, 청양마을의 장승과 각 지역별 장승, 시대별 장승, 창작 장승, 외국의 장승까지 두루 갖추고 있다. 약 300기가 넘는 장승공원에 서 있는 장승들은, 그 수명을 다해 쓰러지면 장승무덤에 갖다가 놓는다.

● 지방을 선전하려고 특성을 확대한 구경거리이다.

살까지 벤 효성, 효자비

조선 말기 사람인 양씨 효자비가 정산면 서정리에 있다. 어머니가 중병을 앓게 되자 양씨는 관청에서 환곡 백 석을 빌려 약값으로 썼지만 아무 차도가 없었다. 그러다 어머니의 병에는 사람고기를 먹어야 낫는다는 말을 듣고, 자기의 허벅지살을 베어 어머니께 고아드렸다.

이런 정성으로 어머니의 병환은 나았지만, 환곡을 갚지 못한 양씨는 관가에 끌려가 매를 맞게 되었다. 매를 때리려고 아랫도리를 벗겨보니 허벅지살이 없어 이를 이상히 여긴 현감이 자초지종을 묻자 양씨가 그 이유를 말했다. 이 사실을 알게 된 현감은 환곡의 상환을 면제해주고 효자비를 세워 효행을 기리게 되었다고 한다.

● 효행이 극도에 이른 사례이다. 자연스럽지 못하다.

소가 누워 있는 우성산

청양 읍내의 우성산(牛城山)은 소가 누워 있는 형상이어서 붙인 이름이다. 누워 있는 소의 고삐 쪽에 자리 잡은 마을을 고삐실이라 하고, 소의 젖꼭지 쪽에 자리한 마을을 새끼실이라고 한다. 우성산이 울면 마을에 불길한 일이 생긴다고 한다.

오직 그 자리에서만 피는 백련

정산면(定山面) 서정리의 백련지(白蓮池)는 임진왜란 때 정산현감으로 있던 김장생(金長生)이 피난을 갔다 오는 길에 동헌 마당의 연못에 백련을 심었다고 구전되는 곳이다. 그 백련은 다른 장소로 옮기면 곧 시들어 죽고, 오직 그 자리에서만 자란다고 한다. 지금도 백련이 많이 핀다. 못가에는 고려 초기에 세운 9층석탑이 있다.

현장에 다음과 같은 안내 비문이 둘 있다. 원문 그대로 옮긴다.

> 白蓮池 由來碑
> 산자수명한 이곳 정산에 松潭 宋枏壽(송남수)선생께서 51세 되던 선조 20(1587)년에 현감으로 재임시 연못을 축조하고 백련을 심었다. 못 가운데 섬을 만들고 정자를 세워 晩香亭이라고 했다. 그 고증으로 충청감사 藥圃 李海壽공이 정산 순방시 송담선생께 준 서정시를 여기에 새긴다.
> 悅城定山別號 松潭公爲宰時 鑿墻引溪 作池於庭畔 種蓮其中 又於池心 築島構小亭 極其淨麗 名曰晩香 繾成藥圃公 適以方伯 巡到有此詩
> 1998년 3월 · 일 定山面長

青陽 定山白蓮의 由來

400년의 역사가 살아 있는 청양백련(일명 정산백련)은 조선 선조 20년이던 1587년 송담 송남수 선생이 정산현감으로 재임할 때 정산현(현 정산면 사무소) 좌측에 연못을 만들고, 만향정이란 정자를 세우면서 심었던 기록이 있다.

이러한 정산 백련지는 400년 지켜오다 지난 2000년 정산면사무소 보수공사와 만향정 복원 당시 잠시 백련을 옮겼는데 이식이 불가능하다는 속설처럼 서서히 자취를 감추었다.

이후 청양백련을 되살려 토종 작물로서의 귀중한 자원 확보와 연꽃의 아름다움을 알리고 관광 상품 개발과 환경 및 생태교육장으로 활용하기 위해 망향정과 서정리 9층석탑 주변, 고택 주변에 복원하였다.

2011. 8. 청양군수

● 백련지를 만든 사람을 구전에서는 김장생이라고 하고, 만든 시기가 임진왜란 때라고 한다. 이름 높은 분이 전란을 잠재우기 위해 백련을 심은 것으로 알도록 한다. 면장의 안내 비문과 군수의 안내 비문은 세운 연대가 다르다. 복원 공사를 하고 군수가 다시 안내 비문을 세워 격을 높였다. 면장의 비문에서 서정시라고 한 것이 시 본문이 아니고 그 서(序)에 해당하는 글이다. 번역한다. "열성은 정산의 별호이다. 송담공이 다스림을 맡았을 때 담을 뚫고 냇물을 끌어와 정원 가에 못을 만들고 그 가운데 연을 만들었다. 못 가운데 섬을 쌓고 작은 정사를 지어 깨끗함과 아름다움이 지극하게 하고 '만향'이라고 이름 지었다. 공사가 막 이루어졌을 때 약포공이 마침 방백(관찰사) 순방을 하다가 여기 이르러 시를 지은 것이 있다."

군수 비문은 마지막 문장이 잘못되었다. 거창한 말을 하려다가 실수를 한 것 같다.

청양 즐기기

바닷물손두부

청국장백반, 두부

다양한 재료로 만든 두부가 특별하다. 오가피두부, 서리태두부, 콩두부 등이 겉절이와 하얀 묵은지와 함께 나온다. 밑반찬 나물 맛도 좋다.

충남 청양군 대치면 한티고개길 1(대치리 79-1)
041-943-6617
주요 음식 : 청국장백반, 바닷물두부

청국장백반은 깔끔한 반찬 한 세트와 함께, 바닷물손두부는 3종의 두부가 같이 나온다. 두부는 오가피두부, 서리태두부, 콩두부 등 3종 두부와 돼지고기 수육이 겉절이, 하얀 묵은지와 한 접시에 담겨 있다. 오가피는 약간 짙은 미색, 서리태는 회색이어서 일반 콩두부의 하얀색과 변별되며

보통 두부보다 밀도가 짙고 향긋한 느낌을 준다. 두부를 싸 먹는 부추와 양파 겉절이가 상큼하고 묵은지가 감칠맛이 있어서 두부 맛을 살려준다. 중국에 비해 한국 두부는 단조로운 편인데 이렇게 다양해지고 있다.

청국장백반의 반찬으로 나오는 열무지, 갓김치 등 김치 맛이 괜찮고, 마늘잎으로 담근 김치 맛도 좋다. 파김치인가 하고 보니 마늘잎 김치다. 특별하고도 맛있는 음식을 제공하려는 의지가 반갑다. 도토리묵도 쫄깃한 맛이 순수하다. 된장에 절인 고추도 개운하다.

나물류는 오가피나물과 다래순이 특별하다. 다른 곳에서 맛보기 힘든 음식을 개발한 것만으로도 주목된다. 특히 다래순은 고소한 맛이 나서 더 인상적이다. 깊은 산에서나 나는 다래, 열매나 먹는 것으로 알았던 그 다래의 넝쿨순을 맛 나는 음식으로 만들어 올린 감식안이 눈길을 끈다. 오가피막걸리와 같이하니 음식의 조화가 근

▲ 청국장백반

▲ 바닷물손두부

사하다. 다양한 한국 음식의 지도를 본다.

　중국인들은 한국음식이 단조로운 것으로 알고 있는 경우가 많다. 그러나 한국음식은 매우 다양한 재료를 사용한다. 우선 지리적 여건이 좋기 때문이다. 삼면이 바다이고, 산이 국토의 70% 정도이며, 나머지는 사막 아닌 평야다. 세계 5대 갯벌까지 끼고 있어 다양한 어패류도 생산된다.

　음식 맛은 기후도 중요한 변수다. 일조량이 많고 일교차가 크고 사계절이 있어야 맛있고 풍부한 식재료 생산이 가능하다. 한국이 바로 그렇다. 음식의 나라로 알려진 프랑스, 이탈리아, 스페인도 다 비슷한 조건을 가지고 있다. 특히 스페인 요리는 식재료의 다양성으로 유명하다.

　산간지역에서는 산나물을 비롯한 임산물을, 해안지역에서는 해초를 비롯한 각종 해산물을 많이 먹는다. 산나물은 먹는 나라가 많지 않다. 이웃 일본과 중국에서도 산나물 요리를 보기 쉽지 않다. 우리는 각종 산나물을 생으로도, 익혀서도, 말려서도 먹는다. 산나물까지 보면 식재료의 다양성에서 한국보다 나은 나라가 많지 않다.

　맛있는 식재료와 조리법의 다양성이 맛있는 음식의 척도다. 한국은 자연적 조건 덕분에 식재료 확장이 용이하다. 지역적인 식재료로는 그 자체가 새로운 음식이 된다. 칠갑산 산나물 밥상은 산해진미 귀한 밥상으로 손을 만족시키며, 한국음식을 풍부하게 만드는 이중의 공이 있다.

　이 식당은 칠갑산천문대로 들어가는 초입에 있어서 식후에는 찻길로 정상 가까이 오르면서 아름답고 깊은 칠갑산을 즐길 수 있다.

태안

泰安

泰安

학암포 해수욕장 ☂

이원면

신두리 해수욕장 ● 신두리사구

원북면

소원면

▲ 백화산

● 태안군청

근흥면   태안읍

● 안흥성

남면

● 안면도

안면읍

꽃지 해수욕장 ☂

고남면

▲ 태안 앞바다 서해안 낙조

충청남도 서부 태안반도에 있다. 이름 그대로 마음을 아주 편안하게 하는 곳이다. 백화산(白華山)이 있는 구릉지대이다. 신두리사구는 경관이 기이한 곳이다. 아랫쪽의 안면도(安眠島)는 경치가 빼어나다. 질 좋은 소나무가 섬을 덮고 있으며, 휴양림과 수목원이 있다. 해마다 봄과 가을에 꽃박람회가 열린다. 섬 전체가 머물면서 즐길 관광지이다.

태안 _{알기}

태안을 읊은 한시

안면도는 원래 육지와 붙어 있었는데, 1638년(인조 16)에 충청관찰사 김육(金堉)이 조운(漕運)하는 배가 바다에서 난파하지 않고 안전하게 통과하게 하기 위해 물길을 파서 섬이 되었다. 그런데 전설에서는 이곳이 큰 인물이 날 지세를 갖추고 있으므로, 중국의 이여송(李如松)이 와서 보고 지맥을 끊었다고 한다. 지맥을 끊은 데서 많은 피가 났다고도 한다. 그 때문에 안면도가 섬이 되었다고 한다.

안면도에 정박하고(泊安眠島)   김원행(金元行)

배를 타고 홀연 멀리 와서,   舟行忽超遠
벌써 남쪽 포구에 정박했노라.   已泊江南渚
솔숲이 천겹이고 만겹이니,   松林千·萬重
꾀꼬리 어디서 울어대는가.   鶯啼不知處

● 안면도에 이르러 상쾌한 기분을 최소한의 표현으로 선명히 나타냈다.

▲ 할미바위 · 할아비바위

할미바위와 할아비바위

천여 년 전의 일이다. 승언(承彦) 장군에게는 미도라는 아름다운 부인이 있었다. 장군과 부인은 서로 무척이나 사랑해 정이 나날이 깊어만 갔다. 그러던 어느 날 상부의 명령을 받고 출정하기 위해 장군은 부인과 헤어졌다. 부인 미도는 날마다 속을 태우며 남편을 기다렸다. 몇 해를 기다리다 부인은 죽고 말았다. 그러자 그 바위가 남편만 돌아오길 기다리며 서 있는 부인의 모습으로 변했다. 그 옆에 커다란 바위 하나가 또 솟아올랐다. 세상 사람들은 그 두 바위를 할미바위 · 할아비바위라고 불렀다. 안면도 꽃지해수욕장에 가면 그 바위를 볼 수 있다.

● 부부처럼 생긴 바위가 있으면 그럴듯한 이야기를 지어내야 하는데, 다소 미흡하다.

호랑이 쫓은 말

안면도에 호랑이가 많았다. 호환을 당해 죽는 사람들이 있었다. 호환을 막기 위해 당산에 말 세 마리를 만들어 세워놓았다. 얼마 뒤에 말 한 마리가 없어져 찾아보니, 벌판에 다리가 하나 부러진 채 쓰러져 있었다. 호랑이를 발로 차 물리치고 쓰러진 것이다.

● 동물에는 인간에게 우호적인 동물도 적대적인 동물도 있다. 우호적인 동물인 말이 적대적 동물인 호랑이를 물리친 이야기이다. 덩치가 큰 우호적인 동물에 소도 있으나, 말처럼 용감하지 못하고, 발로 차는 적극적인 공격력이 없다. 소는 소이기만 하지만, 말은 신령스럽다고 숭앙해왔다. 백마가 하늘에서 내려와 신라 시조 혁거세(赫居世)가 될 알을 전했다고 했다. 하늘을 나는 천마(天馬)를 숭상했다. 마을 당산에 쇠말을 만들어놓고 액을 물리치자는 곳이 이따금 있다. 그런 마을 가운데 하나에서 당산의 말이 호랑이를 물리쳤다는 이야기를 한다.

구렁이의 승천

근흥면 정죽리에 안흥성과 안흥항이 있다. 안흥성 밑으로 뚫어진 길을 가다 보면 안흥항을 바로 눈앞에 두고 길옆에 컴컴한 굴이 있다. 용굴이라고 하는 굴이다. 굴은 길지도 않고, 넓지도 않으며, 천장이 뚫려 있다. 바로 이 뚫린 천장으로 용이 승천했다고 한다.

아주 옛날 신진도에는 백 년 묵은 구렁이가 있었다. 용이 되고 싶었으나 도를 닦을 적당한 장소가 없었다. 산신령에게 자기의 처지를 말했다. "산

신령님, 제가 백 년을 살아왔는데 이대로 죽기는 억울합니다. 용이 되고 싶습니다. 다시 백 년 동안 도를 닦아야 용이 될 수 있는데, 어디로 가서 도를 닦아야 할는지요?' 그러자 산신령은 이 구렁이에게 조건부로 도 닦을 장소를 일러주었다.

"좋다. 내가 그 장소를 알려줄 터이니 나와 약속을 하자."

"무슨 약속인가요?"

"지금 안흥 앞바다에 풍랑이 심하여 좌초하는 배가 많다. 그러니 네가 용이 된 다음 풍랑을 잠재워준다면 내가 그 장소를 알려주겠다."

"좋습니다. 그런 일이라면 어렵지 않습니다."

이렇게 해서 산신령은 바로 마주 보이는 안흥성 밑에 그런 장소가 있다고 가르쳐주었다.

"그곳에 가면 사방 네 몸뚱이 길이와 똑같은 방이 있으니 그곳에서 도를 닦으면 용이 될 수 있느니라."

"그렇습니까? 그 방이 제 몸뚱이 길이와 똑같다니 제가 가서 제 몸 길이와 같은 굴을 찾아보겠습니다."

그 뒤 구렁이는 다시 백 년 동안 도를 닦고 승천했다고 한다. 산신령과의 약속 때문인지 안흥 앞 바다의 풍랑이 그때부터 한결 줄어들었다고 한다.

● 말은 많으나 밋밋한 이야기이다.

배은망덕한 원님

오랜 옛날 태안 읍내에 한 젊은이가 살았는데 몹시도 가난했다. 어느 날 스님이 와서 부처님께 시주를 하라고 했다.

"부처님께 시주하시고 복 받으시오."

이 소리에 젊은이는 발끈 성을 냈다.

"시주할 것이 아무것도 없소."

"보리쌀 한 줌이라도 좋습니다."

"보리쌀 한 줌이 어디 있소. 난 아침 끼니도 거르고 있소."

"그래요, 그것 참 안됐군요. 그런데 젊은이는 왜 그렇게 가난하게 사시오? 열심히 일하면 가난을 면할 수가 있지 않소."

"아무리 일을 해봐도 소용이 없소. 나도 스님처럼 중이나 되어 여기저기 얻어먹으러 다니기나 해야겠소."

"중은 아무나 되나요? 그러나저러나 내가 보니 당신이 가난한 이유는 당신 선친의 묘가 잘못 들어선 때문인 것 같소. 그러니 부친의 묘를 이장하는 것이 어떻소? 내가 못자리를 잡아주면 젊은이는 부자가 되고 또 벼슬도 얻을 것이오."

"그렇습니까? 그럼 스님께서 좋은 자리 좀 잡아주십시오."

젊은이는 아까와는 달리 중에게 매달리다시피 간청했다.

"그야 어렵지 않지만, 조건이 있소."

"조건이라면?"

"어려운 일이 아니오. 내가 당신의 선친 못자리를 잡아준 대로 묘를 쓰면 부자가 되고 벼슬도 하게 될 것이오. 그때 내게 삼백 냥만 주면 되오."

"여부가 있습니까, 삼백 냥보다 더한 것이라도 드려야지요."

"그럼, 계약을 합시다."

스님은 종이와 붓을 꺼내더니 계약서를 작성했다. 내용이야 나중에 젊은이가 잘되면 스님에게 300냥을 준다는 것이었다. 스님은 젊은이의 집 뒷산에 못자리를 잡아주고 홀연히 사라졌다.

그 뒤로부터 몇 년 지나 이 젊은이는 점점 가산이 넉넉해져 글공부를 하게 되었고, 과거에도 급제하여 한 고을의 원님이 되었다. 스님의 예언이 적중한 것이다.

그러나 마음이 점점 교만해지기 시작했다. 돈 백 냥이 생기면 천 냥만치 교만이 생기고, 원님이 되더니 정승이나 된 것만큼 교만하여지고, 남을 우습게 여기는가 하면 가난하고 지체 낮은 사람들을 학대하기까지에 이르렀다.

못자리를 잡아준 스님은 젊은이가 벼슬을 얻고 부자가 됐다는 소리를 듣고 돈 300냥을 받으러 길을 나섰다. 여러 날을 걸어 젊은이가 원님으로 있는 관청 앞에 오니 관청문 앞에는 문지기가 버티고 서서 얼씬도 못 하게 하였다.

"어디서 온 중인데 지체 높으신 양반을 만나겠다는 거요? 썩 물러가시오."

그러나 쉽게 물러설 중이 아니었다. 해가 지도록 문지기와 실랑이를 했다. 스님의 끈질긴 간청에 문지기도 하는 수가 없었던 모양이다.

"어디서 온 중이라고 할까요?"

"예, 오래전 원님의 부친 못자리를 잡아준 중이라 이르시오."

"잠시 기다려보시오."

문지기가 안으로 들어간 지 잠시 후, 문지기는 화가 잔뜩 난 얼굴을 하고 나왔다.

"여보시오, 괜히 나만 야단맞게 할 게 뭐요. 원님이 당신 같은 사람은 모른다고 하는데, 왜 쓸데없는 소리를 하는 거요. 빨리 가보시오."

스님은 이 뜻하지 않는 문전박대에 불쾌하기 이를 데 없었지만, 분을 참으며 다시 문지기에게 말했다.

"그럼 이것을 가지고 가면 나를 알아볼 것이오. 이걸 원님께 드리시오."

충남문화 찾아가기

중은 소매 주머니 속에서 몇 년 전 젊은이와 계약했던 문서를 꺼내어 주면서 다시 간청했다.

"이게 뭐요?"

"원님만 아는 것입니다. 부탁합니다."

문지기가 하는 수 없다는 표정으로 안으로 들어갔다가 나왔다. 그런데 그 표정을 보니 처음 들어갔다 나올 때보다도 더 화난 얼굴이었다.

"여보시오, 누구 볼기 맞는 꼴을 보려고 그러시오. 그 문서를 보자마자 원님께서 고래고래 소리를 지르시더니, 그 문서를 찢어버리시고, 당장 당신을 쫓아 보내라고 야단이십디다."

이쯤 되자, 스님은 원님의 못된 마음을 짐작하고 소매 주머니에서 종이를 꺼내더니 몇 글자를 적어 문지기에게 다시 주며 말했다.

"여보시오, 나 때문에 야단맞아 미안하오만, 한 번만 더 수고 좀 해주시오. 이 종이 쪽지를 원님께 갖다주시면 이번에는 나를 모른다고 하지 않을 것이오."

"싫소이다. 이제 다시는 당신의 심부름을 하지 않겠소."

문지기는 한마디로 거절하고는 중을 거들떠보지도 않았다. 스님은 주머니에서 엽전 열 냥을 꺼내 문지기의 손에 쥐여주며 다시 간청했다.

"이거 얼마 되지 않지만 받아 넣고 한 번만 더 원님을 만나주시오."

돈을 보자 문지기는 눈이 휘둥그레졌다. 예나 지금이나 그놈의 돈 앞에는 사람들이 맥을 못 추는 모양이다. 문지기는 입이 크게 벌어지더니 "염려 마시오, 내가 야단을 맞더라도 원님께 이 쪽지를 갖다드리겠소." 이렇게 말한 문지기는 그 쪽지를 원님께 갖다 드렸다. 쪽지를 본 원님은 조금 전과는 달리 얼굴색이 환해지면서 말씨도 부드럽게 문지기에게 물었다.

"그 스님이 지금 어디 계시느냐?"

"아직 문밖에 있을 겁니다."

"그럼 빨리 모셔오너라."

원님의 이 뜻하지 않는 돌변에 문지기가 엉거주춤하고 있는데 원님의 불호령이 떨어졌다.

"빨리 스님을 모셔오라는데 뭘 그리 꾸물거리고 있느냐?"

도대체 그 쪽지에는 뭐라고 쓰여 있었을까. 거기에는 이렇게 쓰여 있었다.

"원님, 오늘 내가 원님을 찾아온 것은 옛날 약속한 돈 삼백 냥을 받으러 온 것이 아닙니다. 원님이 더 잘 될 수 있는 길을 알려주려고 왔습니다. 선친의 묘를 지금의 위치에서 열 걸음 더 올려 쓰면 원님은 장차 이 나라의 정승이 될 것입니다."

이런 복된 소리에 중을 그냥 보낼 리 없는 원님이었다. 문지기에게 빨리 스님을 모셔오라고 호령하는 것도 무리가 아니었다.

원님이 버선발로 쫓아 나오며 호들갑을 떨었다.

"아이고, 누구신가 했더니 스님께서 오셨군요. 내 그동안 깜박 잊고 무례하게 스님을 몰라보았습니다. 자, 어서 오르시지요."

스님은 못 이기는 척하며 방으로 들어갔다. 그리고 아까 쪽지의 내용대로 3일 후면 천묘하기에 가장 좋은 날이니 선친의 묘를 옮기라고 말했다. 사흘 후, 원님은 부친의 묘를 이장하기 위하여 스님을 앞세우고 산으로 올라갔다.

"정확한 위치를 알려주십시오."

스님은 한 걸음 한 걸음 위로 올라갔다. 그리고 열 걸음을 세고는 발을 멈췄다. "여기올시다."

스님이 잡아준 대로 이장은 시작되었다. 그런데, 이게 웬일인가? 먼저 묘를 파헤치는 순간 지금껏 보지 못했던 이상한 새 한 마리가 푸드득 하며 멀리 날아갔다.

"아니, 묘 속에 무슨 새야!"

"땅속에서 새가 살다니 이게 무슨 조화여!"

일꾼들이 넋을 잃고 서 있는데, 스님의 너털웃음이 터졌다.

"하하하, 삼백 냥이 날아간다. 삼백 냥이 날아가."

그제서야 원님은 모든 것을 깨달았다. 그러나 때는 이미 늦었다. 원님은 저만치 휘적휘적 내려가는 스님을 멍하니 쳐다보고 있었다. 배은망덕한 자기의 실수를 후회했지만 파랑새는 이미 사라지고 말았다.

그 뒤에 원님은 어떤 잘못으로 인해 원님의 자리에서마저 쫓겨났고, 가산도 기울어져 옛날 모습으로 되돌아가게 되었다. 바로 배은망덕의 결과였다.

● 배은망덕을 경계하고 허욕을 나무라는 이야기를 길게 한다.

효자의 운명

원북면 방갈리에는 학암포 해수욕장이 있고, 왼쪽으로 황촌리 해안에 두멍골이라는 계곡이 있다. 그 계곡을 올라가는 산허리를 뚫고 있는 천연의 동굴이 있는데, 이 동굴은 입구가 매우 좁아 사람이 겨우 비집고 들어갈 만하다. 그러나 동굴 안으로 들어가면 점점 넓어져 마당만 한 넓이의 길이 뻗어 있는데 그 끝이 보이지 않는다고 한다.

옛날 방갈리 개시내에 어머니를 모시고 사는 청년이 있었다. 어머니가 늘 병석에 누워 있었다. 아들은 좋다는 약을 다 써보았지만 어머니의 병은 더해만 갔다.

어느 날 의원에게 약을 지으러 갔더니, 의원이 "자네 어머니 병을 고칠 수 있는 약은 청나라에 가야 구할 수 있는데, 약값이 비싸고 구하기도 힘들다네."라고 했다. 그래서 청나라에 갈 궁리를 했다. 그 당시 학암포 앞 동네 개시내에는 중국의 무역선이 드나들었다. 개시내란 지명도 그때 시장이 열렸다 해서 붙여진 이름이다.

젊은이는 청나라 무역선이 들어오자 선장에게 간청했다. 청나라 선장은 처음에는 거절하다가 효성에 감동하여 같이 갈 것을 허락했다. 무역선에는 중국 사람들이 많이 타고 있었는데, 젊은이에게 행운이 따랐던지, 중국에 가면 큰 약방이 있는데, 그 약방 주인과 잘 아는 사람이 그 약방까지 안내해주겠다고 나섰다.

여러 날이 걸려 무역선은 청나라에 도착했다. 젊은이는 배에서 만난 중국인을 따라 중국에서도 큰 약방으로 꼽힌다는 약방까지 따라갔다. 중국 사람은 약방 주인에게 젊은이의 사정을 이야기하고는 다른 바쁜 일이 있다면서 먼저 갔다. 약방 주인은 그 약이 있긴 있는데 구하기 힘들고 찾는 사람이 많아서 약값이 비싸다는 말을 했다.

그리고 젊은이에게 그만한 돈이 있느냐고 물었다. 젊은이에게 그만한 돈이 있을 리 없었다. 솔직히 주머니에 돈이 한 푼도 없었던 것이다.

"그런 무일푼으로 어떻게 약을 구하겠다고 왔는가?"

"죄송합니다. 약값은 후일 꼭 드릴 터이니, 외상으로 주시면 고맙겠습니다."

그러나 약방 주인은 그것만은 안 된다고 거절했다.

젊은이는 눈앞이 캄캄했다. 다시 울며불며 사정했지만 약방 주인은 역시 거절했다. 한두 푼짜리라면 몰라도 젊은이가 일 년 내내 품삯을 모아도 모자랄 엄청난 금액의 약을 외상으로 줄 수는 없다는 것이었다.

"그럼, 제가 주인 밑에서 열심히 일을 할 터이니 품삯으로 약을 주시면 안 되겠습니까?"

젊은이의 이 말에는 주인도 거절할 수가 없었다. 효성으로 보아서는 약을 그냥 주고도 싶었지만 너무 비싼 약이라 그럴 수가 없었던 것이다.

마침 일꾼이 한 사람 필요했기 때문에 젊은이를 고용하기로 했다.

"그럼, 내 집에서 일을 하겠나?"

"무슨 일이든 하겠습니다."

이렇게 하여 젊은이는 약방에서 약을 썰고 약봉지를 싸고, 집안 청소까지 맡아 열심히 일했다. 평소에도 부지런한 젊은이는 금방 주인의 눈에 들었다. 부지런하고 심성이 착하고 효성스런 젊은이가 정이 들어 반년쯤 되자 자기 식구처럼 생각됐고, 이제는 약을 주어 보내는 것이 도리라고 생각했다.

어느 날, 주인이 젊은이를 불렀다.

"우리 집에 온 지도 반년이 지났네. 그동안 수고가 많았는데, 자네의 어머니가 지금 어떤 상황인지도 모르니 내일 무역선을 타고 가게."

"그럼, 약을 주시는 겁니까?"

"주고말고. 약값으로 따지자면야, 아직도 자네 품삯으로는 부족하지만, 자네의 효성에 내가 그냥 주는 것일세."

"감사합니다."

젊은이는 가슴이 뛰었다. 반년 만에 집으로 가게 됐다는 기쁨보다도 어머니의 약을 구했다는 기쁨으로 그는 밤잠을 설쳤다.

그런데 그날 밤 젊은이는 주인집 외동딸로부터 사랑의 고백을 받았다. 약방에는 외동딸이 있었는데 젊은이의 나이와 비슷했다. 처녀는 이따금 마주치는 젊은이를 짝사랑하고 있었던 것이다. 기회를 보아 부모님께 먼저 말씀드리고 젊은이에게 청혼을 하려 했는데, 갑자기 내일 떠난다니 처녀는 당황하지 않을 수 없었다.

그래서 그녀는 용기를 내어 젊은이의 방을 찾아갔다.

"다시 돌아올 수 있나요?"

"그럴 수는 없습니다. 제게는 어머니 한 분이 계시는데 이제 약을 구했으니 건강을 찾으시면 제가 모시고 고향에서 살아야 합니다."

젊은이도 이따금 마주치는 주인집 딸이 마음에 들었다. 예쁜 몸매, 상냥한 마음씨, 거기다 부잣집 외동딸이 아닌가.

그러나 젊은이는 어머니를 생각했다. 집으로 돌아가야 한다는 생각뿐이었다.

"그럼, 제가 조선으로 가겠습니다. 그곳에 가서 살겠사오니 허락해주십시오."

"그건 안 됩니다. 낭자께서도 부모님이 계신데 낭자가 집에 없으시면 부모님이 얼마나 서운해하시겠습니까?"

이 같은 사실을 약방 주인도 알고 있었다. 그리고 사윗감으로 점찍고 있었지만, 이국 청년을 사위로 삼는 것은 딸 하나를 그냥 잃어버리는 것 같아 쉽게 말을 못 한 것뿐이었다.

그런데 이제 딸의 마음을 알았으니 주저할 것이 없었다.

"여기서 조선까지는 수천 리가 되지만 무역선도 드나니 자주 왕래할 수 있을 것이네. 어머니 병환이 완쾌되시거든 식을 올리도록 하세."

이렇게 하여 젊은이는 어머니의 약을 구하고, 또 예쁜 색시까지 얻고는 다음 날 무역선을 타고 조선으로 향했다.

그러나 젊은이의 어머니는 날마다 병이 악화되어 죽을 날만 기다리면서 죽기 전에 아들이나 보고 죽어야겠다는 생각에 매일 아들을 기다렸다. 무역선이 언제 들어오는지 동네 사람을 시켜 알아보기도 하면서 아들을 기다리느라 얼마나 속을 태웠던지 어머니는 아들을 보지도 못하고 눈을 감고 말았다. 이런 사실을 모르는 아들은 약을 구한 것이 기뻐서 배가 빨리 고향에 닿기를 빌며 배 위에서 안절부절못하고 있었다.

여러 날이 걸려 배가 개시내 앞바다에 닻을 내렸다. 젊은이는 뛰다시피 배에서 내려 집으로 달려갔다. 가는 도중에 동네 사람을 만나 어머니 안부를 물었으나, 동네 사람의 대답은 하늘이 무너져 내리는 소리와 같았다. "자네 어머니는 자네를 애타게 기다리다가 세상을 뜨셨네. 저 또루봉 언덕에 자네 자당의 묘가 있으니 그리로 가게."

젊은이는 어머니 무덤에 가서 밤낮없이 사흘을 울었다. 그런데 사흘이 되던 날, 갑자기 천둥 번개와 함께 폭우가 쏟아지더니 어머니의 무덤이 갈라지고, 어머니와 아들이 빗줄기에 실려 지금의 두멍골 동굴 속으로 빨려 들어가는 것이 아닌가? 그리고 아무 일도 없었다는 듯이 하늘은 다시 맑아졌다. 이 광경을 본 동네 사람들은 효성스런 아들을 영원히 어머니와 같이 살도록 하늘이 동굴 속으로 데려갔다고 믿었다.

한편 중국에서는 처녀가 아무리 기다려도 청년이 돌아오지 않았다. 겨울이 지나고 봄이 와도 사랑하는 사람에게서는 아무런 소식이 없었다.

"마음이 변한 것이야, 내가 직접 가봐야겠어."

처녀는 부모님을 졸라 무역선에 몸을 싣고 조선으로 왔다. 그러나 조선 땅에서는 슬픔만을 전해주었다. 처녀는 동굴 근처에서 밤낮 없이 울었다. 사랑하는 이의 얼굴이라도 나타났으면 하는 간절한 마음으로 음식도 먹지 않고 울었다.

동네 사람들이 중국으로 돌아가기를 권했지만 처녀는 듣지 않았다.

"내 평생 낭군으로 모실 사람이 죽었으니, 내가 살아 무엇 하리."

이렇게 죽기를 각오한 처녀 앞에, 어느 날 젊은이의 혼이 나타났다.

"고향으로 돌아가시오."

"싫습니다. 당신 있는 곳으로 나도 데려가주십시오."

"안 될 말, 내일 무역선이 떠나니 고향으로 가시오."

젊은이는 이렇게 냉정히 말하고 사라졌다.

그러나 처녀는 그 자리에서 꼼짝도 하지 않고 기어이 굶어 죽고 말았다. 그 처녀의 넋은 두견새로 변해 동굴 주위를 맴돌며 슬피 울었다. 지금도 두견새는 봄만 되면 찾아와 구슬피 울며 애틋한 사랑 이야기를 되살리고 있어 듣는 이의 마음을 서글프게 하고 있다.

● 효성이 지나치고 효도의 방법이 빗나가 어머니가 홀로 세상을 떠나게 방치하고 중국에 가서 노력해서 얻은 성과를 모두 무효가 되게 했다. 사람의 행위를 평가하는 데 의도가 중요한지 결과가 중요한지 심각하게 따지게 한다.

태안 즐기기

시골밥상 한정식

소박하면서도 귀한 찬들이 한상차림으로 올라온다. 12가지 정도나 되는 반찬이 자연의 맛을 낸다. 가격도 너무 저렴해 놀랍다.

충남 태안군 소원면 대소산길 368(송현리 584-1)
041-675-3336
주요 음식 : 한식

호박무침, 고사리무침, 가지무침, 파래초무침, 취나물무침, 도라지무침, 시래기무침, 감자표고전, 들깨시래기된장국 등등 12가지나 되는 찬으로 차린 밥상이다. 간결하고 긴한 음식들이 소담스럽다. 신선하고 구수한 자연의 맛이다. 양념은 충분히 넣었으되 화학조미료는 들어가지 않았음을, 식재료 고유의 맛이 개운하게 살아 있음을 통해 충분히 감지할 수 있다.

감자표고전은 살짝 들어간 표고의 향이 좋고, 쫄깃거리는 식감과 감자의 진한 맛이 좋다. 들깨시래기된장국은 이 음식 값에 먹을 수 있는 수준을 넘어선다. 감동을 넘어 미안한 마음이다. 오랜 준비와 숙련된 솜씨 아니고는 이런 맛을 낼 수 없다. 들깨 덕분에 시래기가 헛헛하지 않고 고소하다.

나물류는 원재료의 맛이 살아 있어 반찬마다 먹기 즐겁다. 고사리도 뻣뻣하지 않고 부드러우면서도 양념 맛이 부드럽게 스며 있어서 먹기 좋다. 호박은 마요네즈를 넣어 무쳤으나 시금자깨, 당근 등을 충분히 넣어 실한 맛을 낸다. 파래초무침은 식초가 적당히 들어가 먹기 부담스럽지 않다. 시래기무침은 참기름 맛이 향긋하다. 김치는 마늘을 조금 넣고 배추 맛을 살려 청량하다. 도라지무침과 더불어 개운하고 정갈한 한상에 마음이 뿌듯해진다.

밥도 무한리필, 반찬도 무한리필, 손님

◀ 시골정식

을 위해 존재하는 식당이다. 화학조미료 없이 이런 맛을 내려면 천연 양념에 얼마나 신경을 써야 할까? 인간애가 아니면 이런 음식을 낼 수 없다. 젊은 주인 부부는 2시까지 영업을 하고 오후에는 나물류를 직접 가꾸고 채취한다. 앞 텃밭이 바로 이들 부부가 직접 농사짓는 곳이다. 음식에 담긴 인간애가 우연이 아니라 마음 깊이 자리한 것이다.

먹고 살면서 남녀관계를 가지는 것이 일상인의 삶이다. 도의를 위하지 않는다고 해서 나쁜 것이 아니라 그 자체로 선이다. 삶을 누리는 것이 선이고, 삶을 유린하는 것이 악이다. 박지원이 「호질」에서 임성주, 홍대용을 이어 제시한 견해이다. 한국인의 선악관이다.

삶을 누리는 것은 잘먹고 잘사는 것이다. 우리가 잘 먹고 살아 삶을 누리도록, 손님을 자기 자신처럼 사랑하는 거, 그것이 선이고, 그렇게 하는 젊은 부부 그들이 선인이다. 음식으로 더 좋은 세상을 만들

것이다. 그들을 위해 할 수 있는 것은 기복(祈福)뿐이었다.

천리포수목원이 5분 지근거리에 있다. 아시아에서 가장 아름다운 수목원이라니 놓치지 말고 가보자.

충남문화 찾아가기

홍성
洪城

내포
신도시

홍북면

갈산면   백월산▲   ▲철마산
         홍성군청●   금마산
              홍성읍

서부면   구항면

청룡산▲   홍동면
      ●고산사
   결성면 은하면

         광천읍

              장곡면

         ▲오서산

▲ 청룡산 고산사

　　충청남도 중서쪽 서해안에 있다. 전에는 홍주(洪州)라고 했다. 동·남·북쪽이 모두 산
지로 둘러싸여 있으며, 서쪽은 천수만(淺水灣)에 면하고 있다. 천수만 연안은 수심이 얕
고 간만의 차이가 커서 간석지로 이용된다. 금마천(金馬川) 유역에는 넓은 홍성분지가
형성되어 있으며, 그 밖의 하천 유역에도 평야가 있어 농사가 잘 된다. 홍성은 강진이
발생한 지역이기도 하다. 오서산은 갈대가 보기 좋다. 청룡산의 고산사가 오래된 절이
다. 조선시대의 성삼문(成三問), 이달(李達), 한원진(韓元震), 근래의 한용운(韓龍雲), 김좌진
(金佐鎭)이 이 고장 출신이다. 광천(廣川) 새우젓이 유명하고, 홍성 한우는 육질이 뛰어나
다고 자부한다.

홍성 알기

홍성의 옛이름 홍주

홍주에서(洪州卽事)　　　　　　　　　　　이승소(李承召)

높은 평원 바둑판과 같아 넓고 평평하며,	高原如局勢寬平
구름 위엄 있게 두른 곳에 옛 성이 있다.	睥睨連雲有古城
막막한 바다와 산에 해가 저물려 하고,	漠漠海山天欲暮
기장과 벼 잘 자란 들에 비가 개려 한다.	離離禾黍雨初晴
들밥 운반하는 아낙네 아이 업고 가고,	田間饁婦携兒去
밭을 갈고 있는 소는 송아지 데리고 있네.	壟上耕牛帶犢行
굿이 끝난 마을 숲에서 모두 취해서	賽罷社林人盡醉
신나서 돌아가는 길 여름 바람 서늘하다.	婆娑歸路暑風淸

● 조선 초기 시인이 본 홍주는 이와 같았다. 풍광이나 생활을 인상 깊게 그렸다. 넉넉한 마음으로 사는 고장임을 알려준다.

백제의 원혼이 서린 상여바위

도산리 뒷산 꼭대기에 가면 바위가 하나 있다. 모양이 상여처럼 생겨서 상여바위라고 부른다. 이곳이 옛날에 백제가 망하고 나서 부흥 운동을 벌였던 본거지였다.

아주 오래전 저 산 아래 사는 사람들이 밤에 이상한 꿈을 꾸었다. 꼭 옛날 군복을 입은 군인들이 자꾸만 꿈에 보이는 것이었다. 꿈속에서 이 산 저 산으로 부산하게 뛰어다니기도 하고 전쟁을 하는 모습들이 자꾸만 보였다. 그리고 날이 궂으면 산꼭대기에서 상여 나가는 소리가 들렸다. 어떤 때는 사람들이 슬프게 곡을 하며 우는 소리가 들리기도 했다. 알고 보니 여러 사람이 그런 꿈을 일제히 꾸었다.

이곳이 옛날에 백제가 부흥 운동을 벌이던 본거지였다는 것을 알게 되었다. 이곳에서 많은 사람들이 전쟁을 하면서 죽었으나, 결국은 백제 부흥 운동이 실패하고 말았다. 그래서 그때 죽은 원혼들이 너무 슬프고 원통해서 저 산꼭대기 바위에 서려 있는 게 아니냐는 이야기가 전해져 오고, 그 뒤로 그 바위를 상여바위라고 부르게 되었다.

● 사실을 확인하는 단순한 전설이다.

최영 장군과 말

최영(崔瑩) 장군이 이 고장 사람이라고 하면서 전설이 전승된다. 장군은 홍성군 백월산에서 훌륭한 말을 얻어 무예를 닦고 있었다. 어느 날 최영 장군은 말과 내기를 하였는데, 화살을 쏘고 말을 달려 목적지에 도착한 후

주변을 찾아보아도 화살이 보이지 않자 말의 목을 쳤다. 그때 화살이 말에 꽂혀서 최영 장군은 말을 부둥켜안고 후회하면서 말을 묻어주었다. 그곳을 금마총이라고 한다.

● 최영이 화살보다 늦다고 말을 죽인 장수라고 한다.

자유로운 시인, 이달

홍성 군청 뒤에 비석이 하나 있는데, 허균(許筠)이 스승인 손곡(蓀谷) 이달(李達)을 기리는 비석이다.

허균은 「손곡산인전(蓀谷山人傳)」에서 말했다. 손곡산인(蓀谷山人) 이달은 "어머니가 천인(賤人)이어서 세상에 쓰일 수 없었다."고 했다. 이달은 용모가 아담하지 못하고 성품도 호탕하여 검속(檢束)하지 않았다. 더구나 시속(時俗)의 예법에 익숙하지도 못하여 이런 것들 때문에 시류(時流)에 거슬렸다. 평생 동안 몸을 붙일 곳도 없어 사방으로 유리(流離)하며 걸식(乞食)까지 했으니, 사람들이 대부분 천하게 여겼다. 그렇지만 궁색한 액운으로 늙어갔음은, 말할 나위도 없이, 시 짓는 일에만 몰두했던 탓이었다. 그러나 그의 몸이야 곤궁했어도 불후(不朽)의 명시를 남겼으니 한때의 부귀로 어떻게 그와 같은 명예를 바꿀 수 있으랴!

이달의 아버지가 홍성 구항면 황곡리에 살았는데, 생활 형편이 어려워 나무장사를 하러 다녔었다. 아버지가 돌아가시자 삼년상을 치르느라 삼년 동안 부인과 동침하지 못했다. 삼년상을 마치고 안방에 들어가 부인과 동침하려 했는데, 부인이 거절했다.

다음 날 산에서 나무를 베어 나무장사를 하러 떠났다. 늘 나무를 가져다

준 아전의 집에 갔는데, 아전의 부인이 속옷 차림으로 나오더니 날이 추우니 안방으로 들어오라고 했다. 안방에 들어가니 아전의 부인이 이불을 들추며 이불 안으로 들어오라고 했다. 날이 춥고 하여 그 이불 속으로 들어갔고, 그러다 보니 아전의 부인과 동침을 하게 되었다.

아전의 부인은 나무장사와 동침 후에 아들을 낳았다. 아전은 손곡이 자신의 아들로 알고 있으나, 실은 나무장사의 아들이었다. 손곡이 자라 예닐곱이 되었을 때 아버지로 알고 있는 아전을 따라 동헌을 들락날락거렸다.

그러던 어느 날 살인사건 송사가 들어왔다. 사건의 내용은 시어머니가 베 올리는 들겻으로 며느리를 때려서 죽인 것이다. 이 송사를 마치고 기록을 남겨야 하는데, 베를 올리는 들겻을 한자로 뭐라고 적어야 할지 고민을 하고 있었다. 이에 손곡이 "십자승마목(十字乘馬木)"이라고 알려줘서 기록을 하게 되었다. 이 말을 들은 원님은 감탄했다고 한다.

손곡의 영특함은 와룡천 물 색깔과도 연관이 있다고 한다. 그 물의 색이 검은 것은 손곡이 와룡천 위에 있는 바위에 먹물로 글을 써서 그렇게 되었다고 전해진다.

● 사실과 전설은 차이가 있지만, 이달은 비정상적으로 태어난 영특한 인물이라는 것은 같다. 허균이 지은 전에서는 이달이 비렁뱅이로 지내면서 불후의 명시를 남겼다고 했다. 전설에서는 이달이 재주가 뛰어나고 노력도 많이 했다고 했다.

쌍설매바위

충청남도 홍성의 광천읍에는 오서산이 있다. 쌍설매폭포가 흐르고, 그 밑에 쌍설매바위라고 하는 바위 두 개가 나란히 마주 보는 듯이 서 있다.

먼 옛날 광천 고을에 해마다 이상한 일이 일어났다. 꼭 칠월 보름이 되면 그해 20세의 청년이 비명 소리만 남기고 사라지는 것이었다. 보름이 되길 기다려 여러 힘센 사내들이 20세가 되는 사내를 둘러싸고 보호를 해도 소용없는 일이었다.

이런 일이 해마다 있어서 사람들은 두려움에 떨기 시작하였다. 그런데 이런 일을 보다 못한 한 청년이 있었다. 설랑이라 불리는 청년이었다. 그 해에는 자신의 친구가 20세가 되었다.

"가지 마십시오." 설랑을 사모하는 매화라는 여인이 흐느끼듯 말렸다. 그러나 평소에 연마해온 검술로 친구를 구하려는 설랑의 의지를 아무도 말릴 수 없었다.

슬픔에 젖어 있는 매화를 달래고는 곧장 친구의 집으로 향했다. 친구는 앞으로 일어날 일에 대한 두려움으로 떨고 있었다. 설랑 역시 떨렸지만 호흡을 가다듬고 자정을 기다렸다. 자정이 되었을 쯤 갑자기 이상한 수풀이 사각거리는 소리가 났다. 거기엔 큰 구렁이가 기어오르고 있었다. 그 구렁이는 이내 작은 뱀으로 변하더니 설랑 친구의 방으로 들어갔다.

설랑은 잽싸게 방으로 뛰어들어 힘찬 일격의 검을 휘둘렀다. 그러자 연기와 함께 한 아리따운 여인이 나타났다.

"설랑, 그렇게 명을 재촉할 필요 없잖아. 내년에는 네 차례일 테니 말이야. 호호호."

여인은 차가운 미소를 흘렸다. 설랑은 다시 한번 일격을 가했다. 그러자 주위의 모든 불이 꺼지면서 어두워졌다. 서늘한 웃음소리와 함께 설랑 친구의 비명이 들렸다. 이번에도 여전히 당하고 만 것이었다.

그런 일이 있은 후 세월은 흘러 다음 해 봄이 되어 설랑이 20세가 되었다. 그것 때문에 매화는 산신령에게 매일 기도를 했다. 어떻게든 설랑을 구하고 싶었던 것이다.

그렇게 매일매일 기도하던 중 백 일이 되던 날이었다. 그날도 여전히 기도를 하는데 깜박 잠이 들게 되었다. 꿈에서 산신령의 목소리가 들려왔다.

"들거라. 칠월 보름 자정을 전후 하여 폭포수에 가면 큰 구렁이가 나와 여인으로 변해 해치려 할 것인데 그때 칼을 휘두르도록 하라."

이윽고 보름날이 되었다. 꿈 이야기를 떠올린 설랑은 폭포수 쪽으로 갔다. 그리고 자정이 되었는데 정말 구렁이가 나타났다. 바짝 긴장하는 둘에게 오더니 여인의 모습으로 변했다.

"난 구렁이가 아니고 원래 사람이었소. 어느 날 종을 데리고 여기 왔다가 그만 이런 지경이 되어버렸소. 매년 보름 20세의 총각 열 명만 폭포수에 바치면 다시 사람이 될 수 있다오."

작년까지 아홉 명이고, 올해 설랑을 열 번째를 죽이면 끝나는 것이었다. 설랑은 훌쩍 구렁이에게 몸을 날렸다. 엎치락뒤치락 하다가 칼을 놓치고 맨주먹으로 끝까지 버텼다. 피를 튀기는 싸움이 계속되어 구렁이는 죽어버리고, 설랑도 그만 목숨을 잃었다. 그러자 구렁이는 사람으로, 여자의 모습으로 완전히 돌아왔다. 이걸 지켜본 매화는 부르짖으며 울었다. 그러다 그만 폭포수 밑으로 몸을 던졌다.

그 이후 폭포 아래 두 개의 바위가 생겨났다. 설랑과 매화의 이름을 따서 쌍설매바위라고 하는 바위이다.

● 사건의 개요는 간단하지만, 여자인 사람이 변해서 생겨난 구렁이가 20세 청년 열 명을 죽이면 다시 사람이 된다는 것이 어떤 의미를 가지는지 이해하기 어렵다.

홍성 즐기기

만수무강 어죽

민물고기를 갈아 국수와 수제비를 넣어
만든 어죽이 별미다. 바삭바삭한 미꾸라지
튀김도 보양식으로 좋다.

충남 홍성군 홍성읍 홍장북로 103(송월
리 103-6)
041-631-2441
주요 음식 : 어죽, 미꾸라지매운탕, 장어
구이

어죽은 비린내가 없이 고소해서 국수를
먹는 기분이다. 수제비를 추가하면 쫄깃한
수제비의 씹히는 맛을 즐길 수 있다. 깊은
맛과 고소한 맛이 이것이 정말 민물고기에
서 나온 맛인지 믿어지지 않을 정도다.
들깻잎나물, 동치미, 콩나물, 생김치 등
곁반찬이 모두 허술하지 않고 고루 맛있
다. 싱싱한 재료와 적절한 간 덕분이다. 고

▲ 어죽

춧가루 양념 없는 밑반찬이어서 매운 어죽
과 잘 어울린다. 깔끔하면서도 맛깔스러운
생김치는 색깔에서도 맛이 느껴진다. 미꾸
라지 튀김은 바삭하고 고소하여 별미를 부
담스러워하는 사람도 편하게 즐길 수 있
다.

충청도 음식은 전라도 옆동네라서인지
별로 뚜렷한 특색도 맛도 보이지 못하는
지역으로 기억된다. 한국음식은 젓갈이 차
지하는 비중이 큰데, 충청남도는 넓은 갯
벌을 가져서 좋은 젓갈이 많이 난다. 또 부

▲ 미꾸라지 튀김

족하지 않은 경지가 있어 식재료 공급도 문제가 없다. 제몫의 음식과 맛을 가질 만한 곳이다. 맛에 대한 관심이 더해진다면 좋은 음식을 기대할 만하다.

　그 가능성의 실현이 바로 이런 음식이 아닌가 한다. 어죽이나 미꾸라지 음식은 『규합총서』에서도 찾아볼 수 없다. 더구나 이 어죽은 전라도 어죽과도 또 다르다. 맛도 문화다. 이런 음식을 키워내는 지역민의 관심과 수준은 충청도만의 훌륭한 지역 음식문화를 이루어갈 것이라는 기대의 근거가 된다. 한국음식은 덕분에 더 다양해질 것이다.

●●● 저자

조동일

서울대학교에서 국문학을 전공해 문학박사 학위를 받았으며, 계명대학교, 영남대학교, 한국학대학원, 서울대학교 교수를 거쳐, 현재 서울대학교 명예교수, 대한민국학술원 회원이다. 『한국문학통사』『하나이면서 여럿인 동아시아 문학』『소설의 사회사 비교론』『탈춤의 원리 신명풀이』『의식 각성의 현장』『동아시아문명론』『한국학의 진로』『해외여행 비교문화』『서정시 동서고금 모두 하나』『시조의 넓이와 깊이』를 비롯해 다방면의 저서가 있다.

허 균

홍익대학교 대학원에서 미학미술사학을 전공해 문학석사 학위를 받았으며, 한국학중앙연구원 책임편수연구원, 우리문화연구원장, 문화재청 문화재전문위원, 국립문화재연구소 외부용역과제 평가자문위원, 대한민국전승공예대전 심사위원, KBS 〈TV쇼 진품명품〉 자문위원을 역임했다. 현재 한국민예미술연구소장과 한국민화학회 고문이다. 『한국의 정원, 선비가 거닐던 세계』『사찰 100美 100選』『한국의 서원, 넓고 깊은 사색의 세계』를 비롯해 다수의 저서가 있다.

이은숙

전북대학교와 한국학중앙연구원 한국학대학원에서 국문학을 전공해 문학박사 학위를 받았으며, 중국인민대학에서 공부하였다. 북경어언대학, 북경외국어대학, 순천향대학교 초빙교수를 거쳐 현재 외국인을 위한 한국어문화교육에 종사하고 있다. 『신작구소설 연구』『계서야담』(공역)『한류와 한국어 교육』및『한국문화, 한눈에 보인다』(공저)를 비롯해 다수의 저서가 있다.

충남문화
찾아가기

인쇄 · 2020년 3월 15일
발행 · 2020년 3월 25일

지은이 · 조동일, 허 균, 이은숙
펴낸이 · 한봉숙
펴낸곳 · 푸른사상사

주간 · 맹문재 | 편집 · 지순이 | 교정 · 김수란
등록 · 1999년 7월 8일 제2-2876호
주소 · 경기도 파주시 회동길 337-16 푸른사상사
대표전화 · 031) 955-9111(2) | 팩시밀리 · 031) 955-9114
이메일 · prun21c@hanmail.net / prunsasang@naver.com
홈페이지 · http://www.prun21c.com

ⓒ 조동일 · 허 균 · 이은숙, 2020

ISBN 979-11-308-1606-7   03300
값 22,000원

충남문화
찾아가기